一本书读懂
无人驾驶汽车

崔胜民 编

化学工业出版社

·北京·

内容简介

本书对汽车技术人员、管理人员以及爱好者所关心的无人驾驶汽车问题进行了精心汇集和分类，主要内容包括无人驾驶汽车的架构、无人驾驶汽车的环境感知、无人驾驶汽车的精准定位、无人驾驶汽车的决策与规划、无人驾驶汽车的控制与执行、无人驾驶汽车的新一代信息技术。

本书图文并茂，用简单易懂的文字和图的形式对无人驾驶汽车涉及的172个问题进行了全面解答，通过对本书的阅读，可以让读者更快、更好地掌握无人驾驶汽车的基础知识和前沿技术以及未来发展方向，也可以快速查到所关心的问题。

图书在版编目（CIP）数据

一本书读懂无人驾驶汽车/崔胜民编．—北京：化学工业出版社，2024.5
ISBN 978-7-122-44709-8

Ⅰ．①一⋯　Ⅱ．①崔⋯　Ⅲ．①无人驾驶-汽车驾驶-普及读物　Ⅳ．①U469.79-49

中国国家版本馆CIP数据核字（2024）第070889号

责任编辑：陈景薇　　　　　　　　　　　文字编辑：冯国庆
责任校对：李露洁　　　　　　　　　　　装帧设计：王晓宇

出版发行：化学工业出版社（北京市东城区青年湖南街13号　邮政编码100011）
印　　装：天津裕同印刷有限公司
710mm×1000mm　1/16　印张16¹/₂　字数282千字　2024年7月北京第1版第1次印刷

购书咨询：010-64518888　　　　　　　　售后服务：010-64518899
网　　址：http://www.cip.com.cn
凡购买本书，如有缺损质量问题，本社销售中心负责调换。

定　　价：98.00元　　　　　　　　　　　　　　　　　　　版权所有　违者必究

前言 PREFACE

无人驾驶汽车是汽车智能化和网联化的终极发展目标。无人驾驶汽车是汽车发展的方向，人类在不久的将来会用上智能型无人驾驶汽车。无人驾驶汽车的核心是自动驾驶技术，自动驾驶技术涉及传感器技术、V2X（车用无线通信技术）、人工智能技术等多种技术的组合应用。自动驾驶技术将进一步提高人们的出行体验，缓解城市拥堵，减少事故发生率。随着自动驾驶技术的不断升级，无人驾驶汽车的成本将会逐渐降低，进一步提高其商业化和普及的可能性。无人驾驶汽车已经在物流配送和公共交通等领域取得了一定的进展。在未来，自动驾驶技术将被广泛应用于其他领域，如货运和商业用车，不仅仅局限于私家用车。

随着自动驾驶技术的不断提高，需要了解无人驾驶汽车知识和技术的人也不断增加，各大汽车企业都开展了无人驾驶汽车的开发，从事传统汽车开发的技术人员和管理人员迫切需要了解无人驾驶汽车技术，各高校车辆工程相关专业也将无人驾驶汽车纳入教学中。

本书以问答的形式全面系统地介绍了无人驾驶汽车的172个问题，其中涉及架构的问题19个，涉及环境感知的问题63个，涉及精准定位的问题25个，涉及决策与规划的问题17个，涉及控制与执行的问题18个，涉及新一代信息技术的问题30个。这些问题既包括无人驾驶汽车的基础知识，也包括无人驾驶汽车的前沿技术和未来发展方向，特别是对人工智能技术解决无人驾驶问题以及未来无人驾驶汽车可能应用的新技术进行了较详细的阐述。

在本书编写过程中，引用一些网上资料，特向其作者和图片拍摄者、制作者表示深切的谢意。

由于笔者学识有限，书中不足之处在所难免，恳盼读者给予指正。

希望本书的出版能对普及无人驾驶汽车知识及发展无人驾驶汽车起到积极的引导和促进作用。

编者

目录

Chapter 1 架构——无人驾驶汽车的"骨骼" /001

1-1 什么是无人驾驶汽车？ / 001
1-2 无人驾驶汽车的技术原理是怎样的？ / 001
1-3 汽车驾驶自动化是如何分级的？ / 002
1-4 智能网联汽车与无人驾驶汽车是什么关系？ / 004
1-5 自动驾驶汽车与无人驾驶汽车有什么区别？ / 004
1-6 车联网与无人驾驶汽车是什么关系？ / 005
1-7 无人驾驶汽车的优势和风险有哪些？ / 005
1-8 无人驾驶汽车的技术架构是怎样的？ / 007
1-9 什么是百度Apollo？ / 008
1-10 百度Apollo具有哪些特点？ / 009
1-11 百度Apollo的技术架构是怎样的？ / 009
1-12 汽车电子电气架构的升级路径是怎样的？ / 014
1-13 汽车电子电气架构的升级主要体现在哪些方面？ / 017
1-14 无人驾驶汽车的产业链是怎样的？ / 018
1-15 无人驾驶汽车对芯片有哪些要求？ / 019
1-16 自动驾驶技术主流芯片类型主要有哪些？ / 020
1-17 无人驾驶汽车的典型应用场景有哪些？ / 021
1-18 无人驾驶汽车的关键技术主要有哪些？ / 025
1-19 无人驾驶汽车的发展趋势有哪些？ / 026

Chapter 2 环境感知——无人驾驶汽车的"眼睛" /028

2-1 什么是无人驾驶汽车的环境感知？ / 028

目录 CONTENTS

2-2 无人驾驶汽车环境感知系统的硬件有哪些？ / 029

2-3 无人驾驶汽车环境感知的对象有哪些？ / 030

2-4 百度Apollo感知系统是怎样的？ / 032

2-5 百度Apollo感知开发流程有什么特点？ / 033

2-6 无人驾驶汽车环境感知技术的发展趋势有哪些？ / 035

2-7 什么是超声波雷达？ / 037

2-8 超声波雷达的组成是怎样的？ / 038

2-9 超声波雷达的工作原理是怎样的？ / 040

2-10 超声波雷达有什么特点？ / 041

2-11 超声波雷达的技术参数有哪些？ / 041

2-12 超声波雷达在无人驾驶汽车上有哪些应用？ / 042

2-13 什么是毫米波雷达？ / 046

2-14 毫米波雷达有哪些类型？ / 047

2-15 毫米波雷达的组成是怎样的？ / 049

2-16 毫米波雷达的工作原理是怎样的？ / 050

2-17 毫米波雷达有什么特点？ / 052

2-18 毫米波雷达的技术参数有哪些？ / 053

2-19 毫米波雷达在无人驾驶汽车上有哪些应用？ / 054

2-20 什么是激光雷达？ / 056

2-21 激光雷达有哪些类型？ / 056

2-22 激光雷达的组成是怎样的？ / 058

2-23 激光雷达的工作原理是怎样的？ / 059

2-24 激光雷达有什么特点？ / 061

2-25 激光雷达的技术参数有哪些？ / 062

2-26 激光雷达在无人驾驶汽车上有哪些应用？ / 063

2-27 激光雷达感知流程是怎样的？ / 064

目录

CONTENTS

2-28 如何接收激光点云数据？　/ 064
2-29 如何对激光点云进行运动畸变补偿？　/ 066
2-30 如何利用传统方法对激光点云进行数据处理？　/ 067
2-31 基于深度学习的激光点云目标检测主要有哪些方法？　/ 071
2-32 什么是视觉传感器？　/ 073
2-33 视觉传感器有哪些类型？　/ 074
2-34 视觉传感器的组成是怎样的？　/ 077
2-35 视觉传感器的工作原理是怎样的？　/ 077
2-36 视觉传感器有什么特点？　/ 078
2-37 视觉传感器的技术参数有哪些？　/ 080
2-38 视觉传感器在无人驾驶汽车上有哪些应用？　/ 085
2-39 利用视觉传感器进行障碍物检测有哪些算法？　/ 085
2-40 传感器标定的目的是什么？　/ 087
2-41 视觉传感器坐标系有哪些？　/ 089
2-42 什么是相机畸变？　/ 090
2-43 如何利用棋盘格对相机的外部参数进行标定？　/ 090
2-44 为什么要对多传感器进行融合？　/ 092
2-45 多传感器融合有哪些特点？　/ 093
2-46 多传感器融合的过程是怎样的？　/ 093
2-47 多传感器融合的基本要求是什么？　/ 094
2-48 什么是时间同步？　/ 094
2-49 什么是空间同步？　/ 095
2-50 什么是软件同步？　/ 096
2-51 什么是硬件同步？　/ 096
2-52 多传感器融合的体系架构是怎样的？　/ 098
2-53 多传感器融合的级别是如何分类的？　/ 099

目录 CONTENTS

2-54 多传感器融合的算法主要有哪些？ / 101
2-55 什么是多传感器后融合？ / 103
2-56 什么是多传感器前融合？ / 103
2-57 什么是鸟瞰图感知？ / 104
2-58 鸟瞰图感知技术有哪些优势？ / 105
2-59 如何利用深度学习进行道路检测？ / 106
2-60 如何利用深度学习进行车辆检测？ / 107
2-61 基于深度学习的行人检测方法主要有哪些？ / 111
2-62 交通标志检测方法有哪些？ / 115
2-63 如何利用深度学习进行交通信号灯检测？ / 116

Chapter 3

精准定位——无人驾驶汽车的"小脑" / 120

3-1 什么是无人驾驶汽车的定位？ / 120
3-2 无人驾驶汽车的定位方法主要有哪些？ / 120
3-3 无人驾驶汽车对定位有什么要求？ / 124
3-4 定位坐标系有哪些？ / 125
3-5 无人驾驶汽车高精度定位技术主要分哪几类？ / 128
3-6 无人驾驶汽车高精度定位的关键技术有哪些？ / 129
3-7 GPS定位原理是怎样的？ / 130
3-8 GPS定位有哪些特点？ / 131
3-9 什么是差分全球定位系统？ / 132
3-10 BDS定位原理是怎样的？ / 133
3-11 BDS定位有哪些特点？ / 134
3-12 什么是惯性导航系统？ / 134

目录 CONTENTS

3-13 惯性导航系统有哪些特点？ /135
3-14 惯性导航系统有哪些作用？ /136
3-15 什么是航迹推算技术？ /138
3-16 什么是GPS/DR组合导航？ /139
3-17 什么是SLAM？ /140
3-18 SLAM的作用是什么？ /140
3-19 视觉SLAM的框架是怎样的？ /141
3-20 激光SLAM的框架是怎样的？ /144
3-21 视觉SLAM和激光SLAM的比较是怎样的？ /145
3-22 什么是高精度地图？ /145
3-23 高精度地图与导航电子地图有什么区别？ /147
3-24 高精度地图有哪些作用？ /148
3-25 高精度地图是如何生成的？ /150

Chapter

决策与规划——无人驾驶汽车的"大脑" /154

4-1 什么是无人驾驶汽车的决策与规划？ /154
4-2 什么是全局路径规划和局部路径规划？ /155
4-3 路径规划的步骤主要包括哪些？ /155
4-4 环境模型建立方法主要有哪些？ /156
4-5 路径规划算法是如何分类的？ /159
4-6 路径规划的传统规划算法主要有哪些？ /161
4-7 路径规划的智能算法主要有哪些？ /164
4-8 基于采样的路径规划算法主要有哪些？ /167
4-9 无人驾驶汽车换道轨迹模型主要有哪些？ /168

4-10 如何利用人工势场法进行路径规划？　/ 170
4-11 什么是无人驾驶汽车的行为决策？　/ 171
4-12 无人驾驶汽车决策机制流程是怎样的？　/ 172
4-13 无人驾驶汽车的行为决策方法主要有哪些？　/ 173
4-14 如何利用有限状态机法对驾驶行为进行决策？　/ 175
4-15 如何利用支持向量机对驾驶行为进行决策？　/ 178
4-16 如何利用马尔可夫决策过程对驾驶行为进行决策？　/ 180
4-17 如何利用强化学习对驾驶行为进行决策？　/ 182

Chapter 5

控制与执行——无人驾驶汽车的"四肢"　/ 184

5-1 什么是无人驾驶汽车的控制？　/ 184
5-2 无人驾驶汽车的控制是如何分类的？　/ 185
5-3 自动驾驶传统控制方法主要有哪些？　/ 186
5-4 自动驾驶智能控制方法主要有哪些？　/ 189
5-5 什么是线控底盘技术？　/ 192
5-6 为什么说线控底盘是未来无人驾驶汽车的必要条件？　/ 193
5-7 什么是线控转向系统？　/ 194
5-8 线控转向系统有什么特点？　/ 195
5-9 线控转向系统的组成是怎样的？　/ 196
5-10 线控转向系统的工作原理是怎样的？　/ 198
5-11 什么是线控制动系统？　/ 198
5-12 线控制动系统有什么特点？　/ 199
5-13 线控制动系统的组成是怎样的？　/ 200
5-14 线控制动系统的工作原理是怎样的？　/ 201

目录

5-15 什么是线控油门？　/ 202

5-16 线控油门有什么特点？　/ 202

5-17 燃油汽车线控油门的组成与工作原理是怎样的？　/ 203

5-18 电动汽车线控油门的组成与工作原理是怎样的？　/ 203

Chapter 6 新一代信息技术——无人驾驶汽车的"灵魂"　/ 205

6-1 什么是人工智能技术？　/ 205

6-2 人工智能技术在无人驾驶汽车中有什么应用？　/ 206

6-3 什么是机器学习？　/ 207

6-4 机器学习是如何分类的？　/ 208

6-5 机器学习的常用算法有哪些？　/ 209

6-6 机器学习在无人驾驶汽车中有什么应用？　/ 212

6-7 什么是深度学习？　/ 213

6-8 深度学习有哪些特点？　/ 213

6-9 深度学习在无人驾驶汽车中有什么应用？　/ 214

6-10 什么是语义分割？　/ 216

6-11 语义分割和目标检测有什么区别？　/ 218

6-12 语义分割在无人驾驶汽车中有什么应用？　/ 219

6-13 什么是卷积神经网络？　/ 220

6-14 卷积神经网络的处理程序是怎样的？　/ 221

6-15 什么是大数据技术？　/ 230

6-16 大数据有哪些特征？　/ 231

6-17 大数据技术在无人驾驶汽车中有什么应用？　/ 232

6-18 什么是云计算技术？　/ 233

6-19 云计算有哪些特点？ / 233

6-20 云计算技术在无人驾驶汽车中有什么应用？ / 234

6-21 什么是边缘计算技术？ / 235

6-22 边缘计算技术在无人驾驶汽车中有什么应用？ / 236

6-23 什么是区块链技术？ / 237

6-24 区块链技术在无人驾驶汽车中有什么应用？ / 238

6-25 什么是5G技术？ / 239

6-26 5G移动通信技术具有哪些特点？ / 239

6-27 5G技术在无人驾驶汽车中有什么应用？ / 241

6-28 什么是V2X技术？ / 242

6-29 什么是C-V2X通信技术和LTE-V通信技术？ / 244

6-30 V2X技术在无人驾驶汽车中有什么应用？ / 245

参考文献 / 251

Chapter

架构——无人驾驶汽车的"骨骼"

1-1 什么是无人驾驶汽车?

无人驾驶汽车是指通过车载环境感知系统感知道路环境,自动规划和识别行车路线并控制车辆到达预定目的地的智能汽车。它利用环境感知系统来感知车辆周围环境,并根据感知所获得的道路状况、车辆位置和障碍物信息等,控制车辆的行驶方向和速度,从而使车辆能够安全、可靠地在道路上行驶。

无人驾驶汽车能够在限定的环境乃至全部环境下完成全部的驾驶任务。图1-1所示为百度公司开发的无人驾驶出租车。

无人驾驶汽车是汽车智能化、网联化的终极发展目标。无人驾驶汽车是未来汽车发展

图1-1 百度公司开发的无人驾驶出租车

的方向,人类在不久的将来会用上智能型无人驾驶汽车。总体来看,我国无人驾驶汽车的发展还需要多方面共同努力。汽车供应商对于各种车辆驾驶辅助功能的研究是无人驾驶汽车技术不断向前发展的原动力;网络信息与安全技术的发展是无人驾驶汽车技术进一步飞跃的保证;政策和法律的制定与实施,又是无人驾驶汽车真正上路的前提。

1-2 无人驾驶汽车的技术原理是怎样的?

无人驾驶汽车的技术原理是利用车载传感器来感知车辆周围环境,并根据感知所获得的道路、车辆位置和障碍物信息,控制车辆的转向和

速度,从而使车辆能够安全、可靠地在道路上行驶,如图1-2所示。

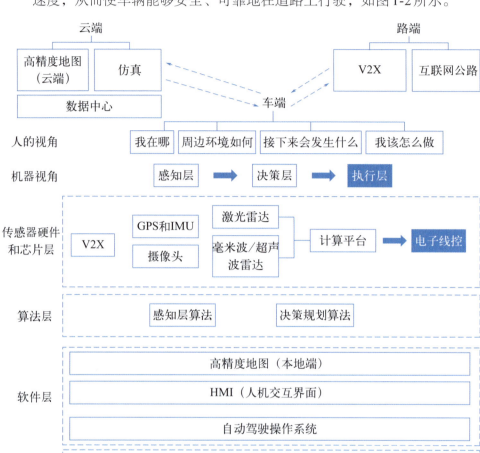

图1-2 无人驾驶汽车的技术原理

1-3 汽车驾驶自动化是如何分级的?

美国汽车工程师学会(society of automotive engineers,SAE)对汽车驾驶自动化的分级见表1-1。

表1-1 SAE对汽车驾驶自动化的分级

分级	L0	L1	L2	L3	L4	L5
名称	无驾驶自动化	驾驶支持	部分自动化	有条件自动化	高度自动化	完全自动化

续表

定义	由驾驶员全权驾驶汽车,在行驶过程中可以得到警告	通过驾驶环境对转向盘和加减速中的一项操作提供支持,其余由驾驶员操作	通过驾驶环境对转向盘和加减速中的多项操作提供支持,其余由驾驶员操作	由无人驾驶系统完成所有的驾驶操作,根据系统要求,驾驶员提供适当的应答	由无人驾驶系统完成所有的驾驶操作,根据系统要求,驾驶员不一定提供所有的应答;限定道路和环境条件	由无人驾驶系统完成所有的驾驶操作,驾驶员在可能的情况下接管;不限定道路和环境条件
主体 驾驶操作	驾驶员	驾驶员/系统	系统			
主体 周边监控		驾驶员			系统	
主体 支援		驾驶员			系统	
主体 系统作用域	无		部分			全域

《汽车驾驶自动化分级》(GB/T 40429—2021)把智能网联汽车驾驶自动化分为0级(应急辅助)、1级(部分驾驶辅助)、2级(组合驾驶辅助)、3级(有条件自动驾驶)、4级(高度自动驾驶)和5级(完全自动驾驶),见表1-2。

表1-2 中国对汽车驾驶自动化的分级

分级	名称	车辆横向和纵向运动控制	目标和事件探测与响应	动态驾驶任务后援	设计运行范围
0级	应急辅助	驾驶员	驾驶员及系统	驾驶员	有限制
1级	部分驾驶辅助	驾驶员和系统	驾驶员及系统	驾驶员	有限制
2级	组合驾驶辅助	系统	驾驶员及系统	驾驶员	有限制
3级	有条件自动驾驶	系统	系统	动态驾驶任务后援用户(执行接管后成为驾驶员)	有限制
4级	高度自动驾驶	系统	系统	系统	有限制
5级	完全自动驾驶	系统	系统	系统	无限制

两个标准不同点在于：SAE将自动紧急制动等先进驾驶辅助功能和非驾驶自动化功能都放在0级，归为"无驾驶自动化"；而我国则将其称为"应急辅助"，与非驾驶自动化功能分开。此外，在"3级驾驶自动化"中明确增加了对驾驶员接管能力监测和风险减缓策略的要求，明确最低安全要求，减少实际应用安全风险。

1-4 智能网联汽车与无人驾驶汽车是什么关系？

智能网联汽车是指搭载先进的车载传感器、控制器、执行器等装置，并融合现代通信与网络技术，实现车与X（车、路、行人、云端等）的智能信息交换和共享，具备复杂环境感知、智能决策、协同控制等功能，可实现车辆"安全、高效、舒适、节能"行驶，并最终可实现替代人来操作的新一代汽车。

智能网联汽车的4级（高度自动驾驶）和5级（完全自动驾驶）或L4级（高度自动化）和L5级（完全自动化）被认为是无人驾驶汽车，而1级（部分驾驶辅助）、2级（组合驾驶辅助）和3级（有条件自动驾驶）不属于无人驾驶汽车。

因此，无人驾驶汽车和智能网联汽车不能完全等同，智能网联汽车是智能汽车新技术的阶段，无人驾驶汽车是智能汽车的最高阶段，也是汽车的终极发展目标。

1-5 自动驾驶汽车与无人驾驶汽车有什么区别？

自动驾驶汽车是指在特定的道路和场景下，由车辆内部的电脑和传感器控制车辆的行驶方向、速度和停车等操作，但是需要人类驾驶员时刻准备接管车辆。而无人驾驶汽车则是指完全由车辆内部的电脑和传感器控制车辆的行驶方向、速度和停车等操作，不需要人类驾驶员进行干预。

自动驾驶汽车的技术相对成熟，已经在一些特定场景下开始实现商业化运营，例如在一些主要的物流园区、公共交通和出租车服务中。而无人驾驶汽车的技术相对较新，还需要进一步完善和测试。

需要注意的是，虽然自动驾驶汽车和无人驾驶汽车的技术存在区别，但是它们的目的都是提高出行的安全性和便利性。而且，随着技术的不断进步和应用场景的不断拓展，这两种汽车的差异也将逐渐消失。

1-6 车联网与无人驾驶汽车是什么关系？

车联网是指车辆之间的通信和互联技术，旨在实现车辆之间的实时数据交换和协同工作。车联网通过车辆之间的相互通信，提供了更高级的驾驶辅助和安全功能。车联网的目标是增强车辆之间的感知能力和协同能力，以提高交通安全、减少事故发生率，并提供更加高效的出行体验。通过车联网技术，车辆可以相互传递信息，如位置、速度、方向、制动状态等，从而实现实时的车辆位置跟踪和动态信息共享。

无人驾驶技术是指车辆能够在没有人类驾驶员干预的情况下完成行驶任务的技术。无人驾驶技术通常依赖于多种传感器和智能算法，以感知环境、分析数据并做出相应的驾驶决策。

车联网和无人驾驶技术之间存在密切的关系。车联网技术提供了车辆之间的实时通信和信息共享，可以为无人驾驶系统提供更全面的环境感知和决策依据。通过车联网，无人驾驶汽车可以获取周围车辆的位置、速度、意图等信息，从而更好地预测和应对交通情况。

此外，车联网还为无人驾驶汽车提供了更高级的安全功能。通过车联网技术，无人驾驶汽车可以实时与其他车辆进行通信，共享安全信息并避免潜在的碰撞。例如，当一辆车检测到突发状况时，它可以通过车联网向周围的车辆发出警报，促使它们采取适当的行动来避免事故。

因此，车联网技术为无人驾驶汽车的感知、决策和安全提供了重要支持，使无人驾驶技术能够更加可靠和高效地实现。

1-7 无人驾驶汽车的优势和风险有哪些？

无人驾驶汽车是一种利用人工智能、传感器和控制系统来自动驾驶的汽车，它可以在没有人类干预的情况下完成各种交通任务。

（1）无人驾驶汽车的优势　无人驾驶汽车具有以下潜在的优势。

① 可以减少交通事故，提高道路安全。据统计，我国机动车造成的死亡人数在整个交通事故死亡人数的占比大约为90%，而由于驾驶员违反交通规则所造成的交通事故占比为95%。无人驾驶汽车采用人工智能算法，可以让汽车在行驶过程中完全符合交通法规，并且自动识别交通状况，不断调整，以达到最安全的状态，从而降低交通事故的发生概率。

② 可以实现交通"零"拥堵。采用智能算法，配合车联网技术，无

人驾驶汽车可以根据整个城市道路的车辆情况，选择最优的行车路线，甚至选择停车场。这样就可以充分利用每一条道路，让车辆比较均匀地分布在道路上，最大限度地降低拥堵情况。

③ 可以节省时间，提高效率。无人驾驶汽车可以在任何时间、任何地点出行，不受天气、路况和驾驶员疲劳等因素的影响。无人驾驶汽车还可以通过智能调度和协同，优化路线和速度，提高运输效率。

④ 可以节省成本，提高经济效益。无人驾驶汽车可以降低驾驶员的成本和需求，从而减少劳动力投入和培训费用。无人驾驶汽车还可以降低油耗和维修费用，从而减少运营成本和环境污染。

⑤ 可以增加舒适度，提高生活质量。无人驾驶汽车可以让乘客在行驶过程中自由地休息、娱乐或工作，不用担心交通规则和安全问题。无人驾驶汽车还可以根据乘客的个性化需求，调整温度、音乐和灯光等环境因素，提升乘坐体验。

（2）无人驾驶汽车的风险　无人驾驶汽车也存在以下潜在的风险。

① 可能出现技术故障，导致事故发生。无人驾驶汽车虽然可以利用先进的技术来自动驾驶，但是它仍然可能遇到一些无法预料或应对的情况，比如传感器失灵、网络中断或黑客攻击等。这些情况可能导致无人驾驶汽车失去控制或做出错误的决策，从而引发事故。

② 可能引起法律责任和道德困境的问题。无人驾驶汽车在发生事故时，可能涉及一些复杂的法律责任和道德困境的问题，比如谁应该承担责任、如何分配赔偿、如何处理伤亡等。这些问题可能导致一些争议和纠纷，甚至影响到社会秩序和公平正义。

③ 可能影响到传统行业和就业市场的变化。无人驾驶汽车的普及可能会对传统的交通行业和就业市场产生一定的冲击和影响，比如减少了对驾驶员、保险、维修等相关行业的需求，从而导致一些岗位的消失或转型。同时，无人驾驶汽车也会带来新的就业机会和创新模式，比如车载电子信息和娱乐产品的开发、汽车共享出行服务的提供、汽车平台应用程序的编写。因此，无人驾驶汽车对传统行业和就业市场的影响是复杂而多元的，需要相关部门和从业者及时调整应对。

总之，无人驾驶汽车是一种具有创新性和前瞻性的交通工具，它有可能改变人们的出行方式和生活质量，为社会带来诸多的好处，如安全、便利、节能、环保等。然而，无人驾驶汽车也面临着一些技术、法律、道德、社会等方面的挑战和风险，如故障、责任、冲突、就业等。因此，在推进无人驾驶汽车发展的同时，也要注意防范和解决可能出现的问题，建立完善的规范和制度，保障无人驾驶汽车的安全和效率。

无人驾驶汽车的发展充满机遇和挑战，需要不断地探索和创新，也需要理性和审慎地对待。应该积极地拥抱无人驾驶汽车带来的变革，也应该谨慎地处理无人驾驶汽车引发的问题，以期实现无人驾驶汽车与社会的和谐共赢。

1-8 无人驾驶汽车的技术架构是怎样的？

无人驾驶汽车的技术架构如图 1-3 所示，其核心包括环境感知与定位、决策与规划、控制与执行三部分。新一代信息技术作为支撑，保障环境感知与定位、决策与规划、控制与执行的顺利执行。新一代信息技术主要包括人工智能、大数据、云计算、边缘计算、区块链、5G、V2X 技术等。

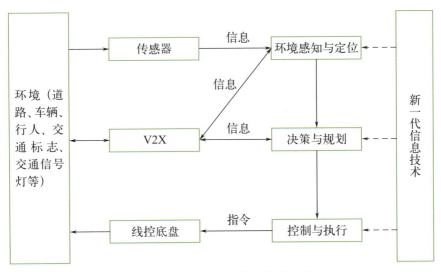

图 1-3　无人驾驶汽车的技术架构

（1）环境感知与定位　环境感知特指对于环境的场景理解能力，例如障碍物的位置，道路车道线的检测，行人和车辆的检测等数据。为了确保无人驾驶汽车对环境的理解和把握，无人驾驶汽车的环境感知部分通常需要获取周围环境的大量信息，包括障碍物的位置、速度以及可能的行为，可行驶的区域，交通规则等。无人驾驶汽车通常通过激光雷达、毫米波雷达、超声波雷达、视觉传感器或多种传感器的融合来获取这些信息，也可以通过 V2X 获取这些信息。

定位是无人驾驶汽车确定其相对于环境位置的能力。在无人驾驶汽车感知层面,定位非常重要。无人驾驶汽车需要知道自己相对于环境的一个确切位置,这里的定位不能存在超过10cm的误差,试想一下,如果无人驾驶汽车定位误差是30cm,那么这将是一辆非常危险的无人驾驶汽车(无论是对行人还是乘客),因为无人驾驶汽车的规划和执行层并不知道它存在30cm的误差,它们仍然按照定位精准的前提来做出规划和控制,那么对某些情况做出的规划就是错的,从而造成事故。由此可见,无人驾驶汽车需要高精度的定位。

(2)决策与规划　无人驾驶汽车的规划分为全局路径规划和局部路径规划。全局路径规划也称为任务规划,是确定一条从起点到终点的路径规划问题;局部路径规划也称为运动规划,是在当前位置周围小范围内搜索出一条可行路径。

无人驾驶汽车的行为决策也称为行为规划,主要任务是按照任务规划的目标和当前的局部情况(其他车辆和行人的位置及行为、当前的交通规则等),做出下一步无人驾驶汽车应该执行的决策。可以把行为决策理解为车辆的副驾驶,它依据目标和当前的交通情况指挥驾驶员是跟车还是超车,是停车等行人通过还是绕过行人等。

(3)控制与执行　无人驾驶汽车的控制与执行是自动驾驶的保障。无人驾驶汽车的控制与执行就是把行为决策转化成具体的车辆控制指令,包括油门控制、转向控制、制动控制等,实现车辆的自主安全行驶。

1-9 什么是百度Apollo?

百度Apollo是百度公司推出的自动驾驶平台。它是一个开放式、完整的自动驾驶解决方案,包括自动驾驶软硬件平台、感知、决策和控制等。

百度Apollo平台提供了一套完整的自动驾驶开发工具包,包括传感器融合,高精度定位,智能感知、规划和控制等功能,可以帮助汽车制造商、供应商和开发者快速构建和部署自动驾驶汽车。

百度Apollo平台采用了深度学习和人工智能技术,通过大规模的数据采集和处理,不断提升自动驾驶车辆的感知、决策和控制能力。百度Apollo还与多家合作伙伴合作,包括汽车制造商、传感器供应商、地图提供商等,形成了全球领先的自动驾驶生态系统。

百度Apollo自动驾驶平台已经在全球范围内进行了多个自动驾驶项目的应用，包括出租车、公交车、货车和乘用车等多种类型的车辆。百度Apollo也积极推动自动驾驶技术的标准化和法规制定，为自动驾驶技术的商业化应用和推广做出了积极贡献。

1-10 百度Apollo具有哪些特点？

百度Apollo在自动驾驶领域表现出色，取得了一系列显著的成果。以下是一些百度Apollo的特点。

（1）**高精度地图** 百度Apollo在全球范围内构建了高精度地图，提供了车辆在自动驾驶过程中所需的精准位置和环境信息。这对于实现自动驾驶车辆的精确定位和路径规划至关重要。

（2）**感知技术** 百度Apollo采用了深度学习和人工智能技术，开发了先进的自动驾驶感知系统，能够对周围环境进行高精度识别和理解，包括车辆、行人、交通标志、道路标线等，并能够实现实时的障碍物检测、跟踪和预测。

（3）**决策和控制技术** 百度Apollo通过自主研发的决策和控制算法，使自动驾驶车辆能够进行智能规划和决策，包括车道规划、路径规划、速度控制、轨迹跟踪等，从而实现安全、高效和智能的驾驶行为。

（4）**开放性和合作性** 百度Apollo采用开放式的合作模式，积极与汽车制造商、供应商、地图提供商、研究机构等合作，形成了全球领先的自动驾驶生态系统。百度Apollo还提供了完整的自动驾驶开发工具包，帮助开发者加速自动驾驶技术的研发和应用。

（5）**商业化应用** 百度Apollo的自动驾驶技术已经在多个实际应用场景中得到了商业化应用，包括出租车、公交车、货车和乘用车等不同类型的车辆。例如，在北京、重庆等城市，百度Apollo自动驾驶出租车服务已经在实际道路上进行了测试和运营。

总体来说，百度Apollo在自动驾驶领域取得了显著的进展，展现了强大的技术实力和市场推动能力，并在全球范围内推动了自动驾驶技术的发展和应用。

1-11 百度Apollo的技术架构是怎样的？

百度Apollo自2017年问世以来，经过多年的发展，相继推出了百度Apollo1.0、百度Apollo1.5、百度Apollo2.0、百度Apollo2.5、百度Apollo3.0、百度Apollo3.5、百度Apollo5.0、百度Apollo5.5、百度Apollo6.0、百度Apollo7.0、百度Apollo8.0共11个版本。

（1）**百度Apollo1.0** 百度Apollo1.0主要实现循迹功能，可在封闭的场地（例如测试跑道或停车场）中工作。

（2）**百度Apollo1.5** 百度Apollo1.5主要增加了巡航功能，适用于固定车道巡航，通过添加激光雷达，车辆可以更好地感知周围环境，并且可以更好地绘制其当前位置并规划其轨迹，从而在车道上进行更安全的操控。

（3）**百度Apollo2.0** 百度Apollo2.0主要增加了城市避障换道功能、红色信号灯停车功能，支持在简单的城市道路上自动驾驶车辆。车辆能够安全地在道路上行驶，避免与障碍物碰撞，在交通信号灯处停车以及在需要时改变车道以到达目的地。

（4）**百度Apollo2.5** 百度Apollo2.5主要增加了高速车辆保持，允许车辆通过摄像头在高速公路上自主行驶，以进行障碍物检测。车辆能够保持车道控制、行驶并避免与前方车辆发生碰撞。

（5）**百度Apollo3.0** 百度Apollo3.0主要增加了封闭园区低速控制，重点是为开发人员提供一个在封闭场所、低速环境中进行构建的平台。车辆能够保持车道控制、行驶并避免与前方车辆发生碰撞。图1-4所示为百度Apollo3.0技术架构。OTA（over the airtechnology）为空中下载技术；OS（operating system）为操作系统；DuerOS为对话式人工智能

量产解决方案	量产低速园区自动驾驶方案			小度车载OS
	自动接驳小客车	自主泊车	无人作业小车	
云端服务平台	高精地图 | 仿真服务 | 数据平台 | 安全 | OTA | DuerOS			量产服务器件
开源软件平台	地图引擎 | 高精定位 | 感知 | 规划 | 控制 | 端到端解决方案			人机交互接口
	运行环境			
	实时操作系统			
硬件开发平台	车载计算单元 | 组合导航系统 | 摄像头 | 激光雷达 | 毫米波雷达 | 超声波雷达 | HMI硬件 | 黑盒子			传感器融合单元
车辆认证平台	线控车辆			开放车辆接口标准

图1-4 百度Apollo3.0技术架构

操作系统；HMI（human machine interface）为人机接口。

（6）百度Apollo3.5　百度Apollo3.5主要增加了市区360°环视，能够在复杂的驾驶场景中导航，例如住宅区和市区。该汽车具有360°可视性，并具有升级的感知算法，可以应对不断变化的城市道路状况，从而使汽车更安全、更醒目。基于场景的计划可以在复杂的场景中导航，包括未保护的转弯和狭窄的街道，这些街道通常出现在居民区和带有停车标志的道路中。

（7）百度Apollo5.0　百度Apollo5.0主要增加了全面感知深度学习模型，旨在支持地理围栏自动驾驶的批量生产。搭载Apollo5.0的汽车具有360°可视性，可以处理复杂路况的变化情况，从而使汽车能更加安全地行驶。基于场景的计划已得到增强，以支持其他场景，例如，过马路和穿越交叉路口。

（8）百度Apollo5.5　百度Apollo5.5主要增加了点到点城市自动驾驶，通过引入路边对道路的驾驶支持，增强了复杂的城市道路自动驾驶能力。搭载百度Apollo5.5的汽车具有完整的360°可视性，以及升级的感知深度学习模型和全新的预测模型，可应对复杂道路和交会处场景的变化情况，从而使汽车更安全、更醒目。

（9）百度Apollo6.0　百度Apollo6.0开始迈向无人化自动驾驶，Apollo6.0在算法模块上引入了三个新的基于深度学习的模型，在感知上引入了基于PointPillars算法的激光点云障碍物识别模型，在预测上引入了基于语义地图的低速行人预测模型，在规划上引入了基于语义地图的模仿学习；集成了无人驾驶的相关内容；将主要工具、依赖库都升级到了新的版本；对Apollo5.0发布的云服务也进行了全面升级；对V2X车路协同方案做了重大升级，首发对象级别的车端感知与路侧感知融合。图1-5所示为百度Apollo6.0技术架构。ASU（apollo sensor unit）为Apollo传感器单元，用于收集各传感器的数据，通过PCIE（peripheral component interconnect express，一种高速串行计算机扩展总线）传输至车载计算单元。此外，车载计算单元对车辆的控制指令也需通过ASU向CAN发送。AXU（apollo extension unit）为Apollo扩展单元，用于满足额外算力、存储的需求，以图形处理器、现场可编程门阵列形式接入已有硬件平台。

Apollo Cyber RT（Apollo平台计算框架）是专为自动驾驶定制的一个开源、高性能的运行框架。它为自动驾驶场景而设计，并对自动驾驶的高并发、低时延、高吞吐量进行了大幅优化。

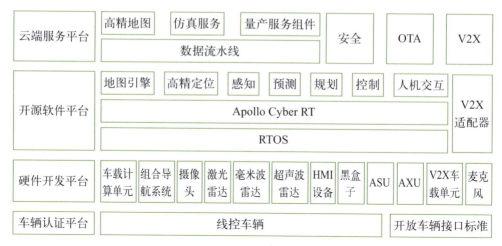

图 1-5 百度 Apollo6.0 技术架构

使用 Apollo Cyber RT 具有以下优势。

① 加速开发。Apollo Cyber RT 具有数据融合功能的定义和明确的任务接口，处理数据需要一些应用程序编程接口，而且 Apollo Cyber RT 还提供了一些方便的接口，提供了一系列开发工具，提供了大量的传感器驱动程序。

② 简化部署。Apollo Cyber RT 具有高效自适应的消息通信机制；具有有资源意识的可配置用户级调度程序，不同模块的优先级不同，在算力有限的情况下，要根据优先级进行合理分配；可移植，依赖更少。

③ 为自动驾驶赋能。Apollo Cyber RT 是一个开源的高性能运行框架，为自动驾驶搭建专用模块。根据 Cyber RT 可以如搭积木般实现自动驾驶方案。

RTOS（real time operating system，实时操作系统）是指能在给定时间内完成特定任务的操作系统，它能够在较短时间内对处理系统收集的数据进行分析计算并输出执行指令。实时操作系统中包含一个实时任务调度器，这个任务调度器与其他操作系统的最大不同便是强调要严格按照优先级来分配中央处理器时间。在自动驾驶的应用场景中，必须保证重要的任务被优先执行。例如当无人驾驶车辆发现前方有障碍物时，它必须及时分析障碍物是行人、汽车还是其他物体，预测出它的运动方向和速度并决定采取减速还是刹车的动作，车辆便会立即响应这个动作。

（10）百度 Apollo7.0　百度 Apollo7.0 实现了共创汽车机器人连接。自动驾驶开放平台作为百度多元汽车机器人落地的重要支撑，百度Apollo7.0实现了从代码到工具、从开源平台到工具化平台的里程碑式完整进化。在云端服务、开源软件、硬件开发、车辆认证四大开源平台基础上，提供了包括一站式实践云平台Apollo Studio、业内领先仿真服务、高效新模型在内的一系列升级，不仅代码全部开放，还能提供自动驾驶全栈工具链，更易用、更领先、更高效地帮助开发者运用平台的能力。在云端服务平台层面，Apollo7.0将Apollo6.0版本中的"数据流水线"服务正式升级为Apollo Studio，涵盖开发者从上机到上车实践的全流程云端工具链，为开发者提供一站式实践平台体验；在仿真平台层面，Apollo7.0推出强化学习模型训练与仿真评测平台，具有数据真实、功能强大、评测标准全面、架构可扩展等多重优势，有望为强化学习研究提供统一的验证标准；在开源软件平台层面，Apollo7.0对感知和预测算法模块进行升级，引入MaskPillars、SMOKE、Inter-TNT三个基于深度学习的模型，有效减少漏检、抖动等问题。

（11）百度Apollo8.0　百度Apollo8.0是"为开发者而生"，其技术架构如图1-6所示。

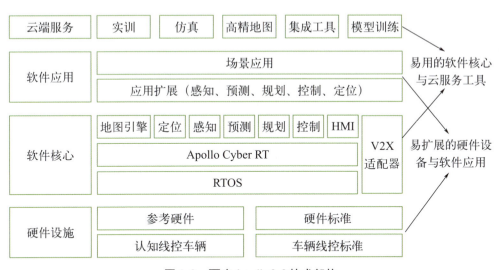

图1-6　百度Apollo8.0技术架构

百度Apollo8.0感知模型中已引入三个深度学习模型：PETR模型、CenterPoint模型、CaDDN模型。

① PETR模型是自动驾驶视觉BEV领域中的代表性模型，模型创新性地将3D坐标信息与图像特征相融合，借助Transfomer的结构进行端到端的3D目标检测，实现了基于视觉的360°障碍物感知，模型整体架

构设计简洁，在速度和精度之间取得了很好的权衡。

② CenterPoint模型是点云检测方向的前沿模型，该模型是锚点的三维物体检测器，基于关键点检测的方式回归物体的尺寸、方向和速度。相比于有的三维物体检测器，CenterPoint模型不需要人为设定尺寸，面向物体尺寸多样不一的场景时其精度表现更好。

③ CaDDN模型是基于单目3D检测的前沿模型，针对单张图像预测3D物体的病态问题。CaDDN模型创新性地提出了使用每个像素的预测分类深度分布，将丰富的上下文特征信息投射到3D空间中适当深度区间，并使用计算效率高的鸟瞰投影和单级检测器来生成最终的输出包围框，将单目3D的模型指标提到了一个新的高度，在KITTI数据集（由德国卡尔斯鲁厄理工学院和丰田美国技术研究院联合创办，是目前国际上自动驾驶场景下常用的数据集之一）中达到了较高的精度指标。

1-12 汽车电子电气架构的升级路径是怎样的？

汽车电子电气架构是指把汽车中的各类传感器、执行器、电子控制单元、线束和电子电气分配系统整合在一起，完成运算、动力和能量的分配，进而实现整车的各项功能。

汽车电子电气架构的升级路径表现为分布式电子电气阶段（模块化→集成化）、域集中式电子电气架构（域控制集中→跨域融合）、车辆集中式电子电气架构（车载电脑→车-云计算）。即分布式电子控制单元（每个功能对应一个电子控制单元）逐渐模块化和集成化，向域控制器（一般按照动力域、底盘域、车身域、信息娱乐域和先进驾驶辅助域等）方向发展，然后部分域开始跨域融合发展（如底盘域和动力域功能安全、信息安全相似），并发展整合为中央计算平台（即一台电脑），最后向云计算和车端计算（中央计算平台）发展。其中车端计算主要用于车内部的实时处理，而云计算作为车端计算的补充，为智能汽车提供非实时性（如座舱部分场景可允许微秒级别的时延）的数据交互和运算处理。目前正处于从过去的分布式电子电气架构迈向域集中式电子电气架构的转变过程中。电子电气架构的发展之路如图1-7所示。

（1）模块化阶段 在模块化阶段，一个电子控制单元对应一个具体功能，如车上的灯光对应有一个控制器，门对应有一个控制器，无钥匙系统对应有一个控制器，电子控制单元嵌入软件，线束布置复杂，通信成本高。随着汽车功能增多，这种架构日益复杂，无法持续。

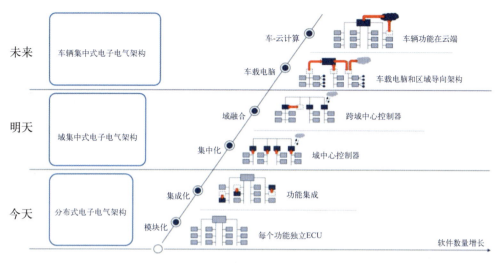

图 1-7 电子电气架构的发展之路

（2）集成化阶段　在集成化阶段，电子控制单元进行合并，单个电子控制单元负责多个功能，电子控制单元数量较模块化阶段减少，线束布置和通信成本有所降低。在模块化阶段和集成化阶段，汽车电子电气架构仍处于分布式阶段，电子控制单元功能集成度较低。

（3）集中化阶段　域集中后根据功能划分域控制器，如动力域、底盘域、车身域、座舱域和自动驾驶域等。域控制器间通过以太网和CAN FD总线相连，其中座舱域和自动驾驶域由于要处理大量数据，算力需求逐步增长。动力总成域、底盘域、车身域主要涉及控制指令计算及通信资源，算力要求较低。在集中化阶段，电子控制单元功能弱化，主要由域控制器主导，域控制器功能更强大，搭载多核处理器。

（4）域融合阶段　在集中化阶段基础上，为进一步降低成本和增强协同，出现了跨域融合，即将多个域融合到一起，形成多域控制器，可以将不同功能域的数据整合在一起进行融合处理。比如将动力总成域、底盘域、车身域合并为整车控制域，从而将五个功能域（自动驾驶域、动力总成域、底盘域、座舱域、车身域）过渡到三个中央计算+位置域阶段。

（5）车载电脑阶段　车载电脑阶段即中央计算+位置域阶段。随着功能域的深度融合，功能域逐步升级为更加通用的计算平台，从功能域跨入位置域（如中域、左域、右域）。区域控制器平台是整车计算系统中某个局部的感知、数据处理、控制与执行单元，它负责连接车上某一个区域内的传感器、执行器以及电子控制单元等，并负责该位置域内的传感器数据的初步计算和处理，还负责本区域内的网络协议转换。位置域实现就近布置线束，降低成本，减少通信接口，更易于实现线束的自动化组装，从而提高效率。传感器、执行器等就近接入附近的区域控制器中，能更好地实现硬件扩展，区域控制器的结构管理更容易。区域接入+中央计算保证了整车架构的稳定性和功能的扩展性，新增的外部部件可以基于区域网关接入，硬件的可插拔设计支持算力不断提升，充足的算力支持应用软件在中央计算平台迭代升级。

（6）车-云计算阶段　车-云计算阶段，将区域控制器中的部分复杂算法集成在云端，由云端算法来控制汽车的功能，从而实现车-云计算，使车内架构进一步简化，车的各种传感器和执行器可被软件定义和控制，汽车的零部件逐步变成标准件，彻底实现软件定义汽车功能。车-云计算阶段也是电子电气架构演进的最高阶段，未来随着汽车智能化技术的不断发展，电子电气架构将逐步朝着最高阶段进发。

由此可见，随着汽车电子电气架构的改变，车载以太网有望替代CAN总线成为无人驾驶汽车车载网络的主干网络。行业内主流车企的电子电气架构如图1-8所示。未来无人驾驶汽车电子电气架构如图1-9所示。

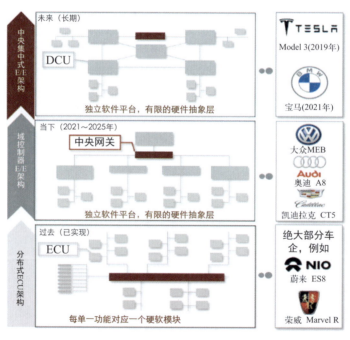

图1-8　行业内主流车企的电子电气架构

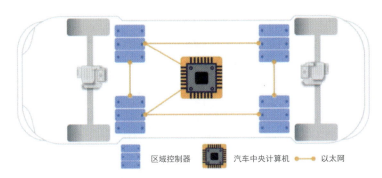

■ 区域控制器　■ 汽车中央计算机　— 以太网

图1-9　未来无人驾驶汽车电子电气架构

1-13 汽车电子电气架构的升级主要体现在哪些方面？

汽车电子电气架构的升级主要体现在硬件架构升级、软件架构升级和通信架构升级。

（1）硬件架构升级　硬件架构升级是从分布式向域控制再向中央集中式方向发展。硬件架构升级具有以下优势。

① 硬件架构升级有利于提升算力利用率，减少算力设计总需求。一般芯片在参数设计时按照需求值设计并留有余量，以保证算力冗余，主要是因为汽车在实际运行过程中，大部分时间仅部分芯片执行运算工作，而且并未满负荷运算，导致对于整车大部分运算处理能力处于闲置中，算力有效利用率较低。例如泊车使用的倒车影像等仅泊车时段才执行运算操作。采用域控制器方式可以在综合情况下，设计较低的总算力，仍能保证整车在工作时总算力满足设计要求。

② 硬件架构升级有利于数据统一交互，实现整车功能协同。传统主机厂方案采用一个功能对应一套感知-决策-执行硬件，感知数据难以交互，也无法协同执行。而实现真正意义上的高级自动驾驶，不仅需要多传感器共同感知外部环境，还需要对车内部各运行数据进行实时监控，统一综合判断，并且执行机构协同操作。域控制/中央集中架构可对采集的数据信息统一处理，综合决策，协同执行。

③ 硬件架构升级有利于缩短线束，降低故障率，减轻质量。采用分布式架构，电子控制单元增多后线束会更长，错综复杂的线束布置会导致互相电磁干扰，故障率提升，此外也意味着更重；域控制/中央集中架构可减少线束长度，减轻整车质量。

（2）软件架构升级　软件架构升级是从软硬件高度耦合向分层解耦

方向发展。软件架构升级具有以下优势。

① 软件架构升级有利于软硬件解耦分层,有利于实现软件/固件的在线升级、软件架构的软实时、操作系统可移植。传统汽车嵌入式软件与硬件高度耦合,为应对越来越复杂的自动驾驶应用和功能安全需要,以汽车开放系统架构为代表的软件架构提供接口标准化定义,模块化设计,促使软件通用,实现软件架构的软实时、在线升级、操作系统可移植等。

② 软件架构升级有利于采集数据信息多功能应用,有效减少硬件需求量,真正实现软件定义汽车。若未实现软硬件解耦,一般情况下增加一个应用功能则需要单独增加一套硬件装置,采集的数据信息仅一个应用功能可以利用。现阶段,自动泊车超声波雷达和自适应巡航的摄像头、毫米波雷达采集的数据不可交互,若打通整个汽车软件架构,各数据特征有效利用,可实现多个应用共用一套采集信息,有效减少硬件需求数量。

(3)通信架构升级 通信架构升级由CAN/LIN总线向以太网方向发展。通信架构升级具有以下优势。

① 通信架构升级可以满足高速传输和低时延等性能需求。由于无人驾驶汽车应用越来越复杂,大量的非结构化数据(如图片、视频等)虽然携带的信息非常丰富,但其对数据传输要求极高。例如一个激光雷达模块产生约70Mbit/s的数据流量,一个摄像头产生约40Mbit/s的数据流量,一个毫米波雷达模块产生约0.1Mbit/s的数据流量,若L2级自动驾驶汽车需要使用8个毫米波雷达和3个摄像头,需要最大传速率超过120Mbit/s,而无人驾驶汽车对传输速率要求更高,传统汽车电子电气架构的CAN/LIN总线不能满足高速传输的需求。以太网因具备大带宽、高通量、低时延等优势,将成为应用于汽车主干网络的主要方案。

② 采用以太网方案线束更短,同时也可减少安装、测试成本。线束在重量和成本方面都位列汽车零部件第三,其中在成本方面,线束安装占人工成本的50%。据统计,达到同等性能条件下,通过使用非屏蔽双绞线的以太网电缆和更小的紧凑型连接器,连接成本最多可降低80%,线缆重量最多可减轻30%。

1-14 无人驾驶汽车的产业链是怎样的?

无人驾驶汽车的产业链包括:硬件组件激光雷达、摄像头等各类传感器、集成计算处理平台，以及发动机、车身、集成控制总线等传统汽车组件；软件组件无人驾驶操作系统（包括感知、规划、控制以及汽车互联、数据平台接口等），高精度地图数据等；整车制造；运营服务等，如图1-10所示。

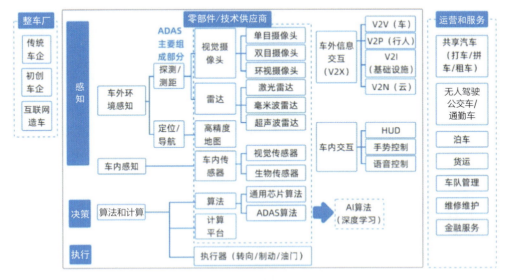

图1-10 无人驾驶汽车的产业链

1-15 无人驾驶汽车对芯片有哪些要求？

无人驾驶汽车对芯片具有以下要求。

（1）运算能力　无人驾驶汽车需要进行复杂的计算和数据处理，因此高性能的芯片至关重要。芯片的运算速度越快，处理能力越强，就越有助于实现无人驾驶汽车的性能。

（2）图像处理能力　无人驾驶汽车需要能够准确地识别道路和交通信号等，并做出相应的驾驶决策。因此，低功耗、高分辨率和高动态范围的图像处理芯片是必不可少的。

（3）低功耗能力　无人驾驶汽车需要能够在长时间内保持低功耗运行，以节省电池电量。低功耗芯片能够有效降低汽车运行能耗，延长汽车电池寿命。

（4）系统控制能力　无人驾驶汽车需要能够稳定运行，不受外部因素的影响。因此，低电压、低噪声、低功耗的系统控制能力是非常重要的。

（5）可靠性和耐久性 无人驾驶汽车需要能够安全运行，避免事故发生。因此，可靠性和耐久性高的芯片能够在事故发生时保护汽车安全。

总之，无人驾驶汽车对芯片的要求非常高，不同的功能和场景对芯片的性能、能耗、分辨率和可靠性要求也有所不同。

1-16 自动驾驶技术主流芯片类型主要有哪些？

自动驾驶技术主流芯片类型主要有图形处理器（graphics processing unit，GPU）、现场可编程门阵列（field-programmable gate array，FPGA）、专用集成电路芯片（application specific integrated circuit，ASIC）。

（1）图形处理器 图形处理器是一种由大量运算单元组成的大规模并行计算架构，早先从中央处理器中分出来专门用于处理图像并行计算数据，专为同时处理多重并行计算任务而设计。图形处理器中也包含基本的计算单元、电子控制单元和存储单元。

自动驾驶技术中最重要的技术范畴之一是深度学习，基于深度学习架构的人工智能如今已被广泛应用于计算机视觉、自然语言处理、传感器融合、目标识别、自动驾驶等汽车行业的各个领域，从自动驾驶初创企业、互联网公司到各大原始设备制造商，都正在积极探索通过利用图形处理器构建神经网络实现最终的自动驾驶。图形处理器加速计算诞生后，为企业数据提供了多核并行计算架构，支撑了以往中央处理器架构无法处理的数据源。根据对比，为了完成相同的深度学习训练任务，使用图形处理器计算集群所需要的成本只是中央处理器计算集群的1/200。

无论是让汽车实时感知周边环境，还是迅速规划行车路线和动作，这些都需要依赖汽车"大脑"快速的响应，因此对计算机硬件厂商提出了巨大挑战，自动驾驶的过程中时刻需要深度学习或者人工智能算法应对无限可能的状况，而人工智能、深度学习和无人驾驶的蓬勃发展，带来了图形处理器计算发展的黄金时代。

（2）现场可编程门阵列 现场可编程门阵列是作为专用集成电路领域中的一种半定制电路而出现的，既解决了定制电路的不足，又克服了原有可编程器件门电路数有限的缺点。

自动驾驶和高级驾驶辅助系统细分市场正在经历蜕变，对计算和传感器功能提出了新的复杂需求。现场可编程门阵列拥有其他芯片解决方案无法比拟的独特优势，是满足自动驾驶行业不断发展变化的优良选择。现场可编程门阵列是芯片领域的一种特殊技术，一方面能够通过软件工具进行反复多次配置，另一方面拥有丰富的 I/O 接口和计算单元。因此，现场可编程门阵列能够根据应用场景的具体需求，同时处理流水线并行和数据并行，具有计算性能高、时延低、功耗小等优势。现场可编程门阵列具备高吞吐量、高能效以及实时处理等多项优点，非常契合自动驾驶所需要的技术需求。高级辅助驾驶系统、车载体验应用的标准和要求正在快速演变，系统设计人员关注的问题主要包括出色的灵活性和更快的开发周期，同时维持更高的性能功耗比。通过可重新编程的现场可编程门阵列和不断增多的汽车级产品相结合，支持汽车设计师满足设计要求，在不断变化的汽车行业中始终保持领先。

（3）**专用集成电路芯片**　专用集成电路芯片可根据终端功能不同分为 TPU（tensor processing unit）芯片、DPU（data processing unit）芯片和 NPU（neural processing unit）芯片等。其中，TPU 为张量处理单元，专用于机器学习；DPU 为数据处理单元，可为数据中心等计算场景提供引擎；NPU 为神经网络处理单元，是一种专门用于进行神经网络计算的芯片，在电路层模拟人类神经元和突触，并用深度学习指令集直接处理大规模电子神经元和突触数据。

专用集成电路芯片技术路线是有限开放的，芯片公司需要面向与驾驶相关的主流网络、模型、算子进行开发。在相同性能下，芯片的面积更小、成本更低、功耗更低。专用集成电路芯片技术路线未来的潜力会很大，选择专用集成电路芯片路线并不意味着要对不同车型开发不同的专用集成电路芯片，或进行不同的验证。因为不同车型需要实现的功能大致相同，而且芯片面对模型和算子进行有限开放，算法快速迭代不会影响到芯片对上层功能的支持。车厂与芯片设计公司合作，进行差异化定制，或是进行更好的选择。因为即使进行差异化的定制，芯片内部 50% 的部分也是通用的。芯片设计公司可以在原有版本的基础上进行差异化设计，实现部分差异功能。

1-17 无人驾驶汽车的典型应用场景有哪些？

无人驾驶是汽车产业与人工智能、高性能计算、大数据、物联网等新一代信息技术以及交通出行、城市管理等多领域深度融合的产物，对降低交通拥堵、事故发生率，帮助城市构建安全、高效的未来出行结构,以及汽车产业变革和城市交通规划具有深远的影响。

不过现阶段,无人驾驶主要用在一些限定和低速场景,比如出租车行业、物流配送、共享出行、公共交通、环卫作业、港口码头、智能矿山、无人零售等领域。

图1-11　无人驾驶出租车

（1）出租车行业　在出租车行业,无人驾驶技术为其提供人工智能驾驶员,根据地理位置进行定制化设计,并提供城市及动态条件下的车载导航功能,帮助出租车实现自动化。图1-11所示为无人驾驶出租车。

图1-12　无人驾驶重卡演示避让行人

（2）物流配送　借助无人驾驶技术,装卸、运输、收货、仓储、运送等物流作业流程将逐渐实现无人化和机械化,促使物流配送领域整个产业链降本增效,革新升级。自无人驾驶行业起步以来,无人物流一直是各大企业的必争之地,尤其是电商快递企业。国内一汽、东风、上汽、重汽等商用车重卡物流车企启动无人驾驶重卡测试,同时阿里菜鸟、百度、美团、京东、图森未来、主线科技等企业,物流领域的无人驾驶应用也开始布局。

图1-12所示为无人驾驶重卡演示避让行人。图1-13所示

图1-13　无人快递配送车

为无人快递配送车。

（3）**共享出行** 基于共享平台的多样性和极具吸引力的流量，汽车共享出行为无人驾驶提供了一个真实的道路测试平台。无人驾驶技术解决了目前共享汽车领域诸多痛点，从人找车、人找位，变成车找人、车找位，还可实现一键叫车、一键泊车。目前，国内一些企业已经开始无人驾驶共享汽车的应用测试，如百度、滴滴、优步、中智行科技、驭势科技、零跑科技和美团等企业。图1-14所示为正在测试的共享出行无人驾驶汽车。

图1-14　正在测试的共享出行无人驾驶汽车

（4）**公共交通** 车速慢、距离短、线路固定、专用道行驶等特点，让公交车具备无人驾驶的基础条件。应用于公交车的无人驾驶系统，能及时对突发状况做出反应，可实现无人驾驶下的行人车辆检测、减速避让、紧急停车、障碍物绕行变道、自动按站停靠等功能。国内已有不少企业开启了无人驾驶在公共交通领域的技术研究和测试。图1-15所示为无人驾驶公交车。

图1-15　无人驾驶公交车

（5）**环卫作业** 环卫领域属于劳动密集型行业，成本高、过程乱、质量差、风险大、经验少一直是环卫行业的痛点。无人驾驶清扫车通过自主识别道路环境，规划路线并自动清洁，实现全自动、全工况、精细化、高效率的清洁作业，如图1-16所示。国内的智

图1-16　无人驾驶清扫车

行者、酷哇、高仙、智澜科技、仙途智能等企业，已展开对无人驾驶技术环卫领域的探索。

（6）港口码头 我国港口众多，每年都要完成大量的货物吞吐，对卡车驾驶员的需求量大。对港口而言，以经济可行的方案，实现已建集装箱水平运输自动化，是向世界一流港口看齐的必由之路。无人驾驶技术在港口码头场景的转化应用，可有效解决传统人工驾驶时存在的行驶线路不精准、转弯造成视线盲区、驾驶员疲劳驾驶等问题，节约人工成本。目前，国内已有多个港口迈出了关键性的一步。西井、振华、图森未来、主线科技、踏歌智行、西井科技、智加科技等企业，正在为港口码头实现自动化提供解决方案。图1-17所示为无人驾驶集装箱运输车。

（7）智能矿山 智能矿山的说法由来已久，无人驾驶技术对于矿山开采而言可以说是刚需。在矿山开采中，通过无人驾驶技术支撑，矿山开采整体能耗下降，综合运营效益提升，提高了矿区安全生产工作，加快了智慧矿区的建设。近年来，矿山开采自动化已经成为大势所趋。踏歌智行、河南跃薪、慧拓智能、易控智驾、东风汽车、西井科技等企业，都在积极参与无人驾驶卡车的研制和应用。图1-18所示为无人驾驶矿车。

图1-17 无人驾驶集装箱运输车

（8）无人零售 有业内人士认为，新零售的下一个"战场"就是无人移动零售。无人驾驶技术让零售实体店突破以往的区域限制，打破线下有形场景与线上无形场景的边界，实现零售业态的全面升级。深兰、极智无限、新石器等企业在零售领域的无人驾驶场景应用上也已拥有较为成熟的技术方案。图1-19所示为无人驾驶零售车。

图1-18 无人驾驶矿车

图 1-19 无人驾驶零售车

1-18 无人驾驶汽车的关键技术主要有哪些？

无人驾驶汽车的关键技术包括环境感知技术、精准定位技术、决策与规划技术、控制与执行系统、高精度地图与车联网V2X等。其中，环境感知技术、决策与规划技术、控制与执行系统涉及了人工智能的应用。

（1）环境感知技术 环境感知可以理解成汽车利用传感器套件对车身周围的动态和静态对象进行3D重构。目前，环境感知技术有两种技术路线：一种是以特斯拉为代表的以视觉传感器为主导的多传感器融合方案；另一种是以谷歌、百度为代表的以激光雷达为主导，其他传感器为辅助的技术方案。

（2）精准定位技术 精准定位技术就是让汽车知道自己所在的物理位置，这就涉及卫星导航系统、惯性导航系统以及即时定位与地图构建等。

（3）决策与规划技术 根据环境感知和导航子系统，无人驾驶汽车的行为决策与路径规划系统结合给定的起始点和终点进行信息处理。

（4）控制与执行系统 车辆控制平台是无人驾驶汽车的核心部件，控制着车辆的各种控制系统。车辆控制系统可以分为纵向控制（采用油门和制动综合控制的方法实现对预定车速的跟踪）和横向控制（包括对驾驶员行为的模拟和车辆动力学的分析）两个环节。

（5）高精度地图与车联网V2X 为了更好地规避潜在风险，帮助车辆预知路面复杂信息，如坡度、曲率、航向等，无人驾驶汽车往往需要结合实时的高精度地图，而这种实时性可以通过车联网实现。

V2X技术使车辆和其他可联网物体的无线信息互联成为可能。V2X技术处于非常早期阶段的时候，能够帮助扩展激光雷达、毫米波雷达和摄像头等视野探测类传感器的限制。V2X传感器可以探测道路险况、堵车和视野外的盲区。

1-19 无人驾驶汽车的发展趋势有哪些？

无人驾驶汽车的发展具有以下趋势。

（1）人工智能的使用 人工智能是自动驾驶技术的重要组成部分，因为它使车辆能够根据实时数据和信息做出决策。人工智能还可以帮助车辆从经验中学习，并随着时间的推移提高驾驶性能。

（2）端到端架构逐渐进入视野 端到端指的是对于一个人工智能模型，只要输入原始数据就可以输出最终结果。对于无人驾驶汽车，端到端的最终结果就是加速还是制动，左转向还是右转向，即指挥无人驾驶汽车如何操作。端到端自动驾驶最直观的变化就是将多个小模型整合成了一个"大模型"，是自动驾驶的终极目标。相较于传统模块化的架构，端到端通过一个大模型实现了感知、规划、控制等模块的功能，也就是通过传感器采集到原始数据，同时将原始数据输入到一个统一的深度学习神经网络（大模型），并直接输出驾驶命令。

（3）自动驾驶进入3.0时代 自动驾驶1.0属于硬件驱动，自动驾驶2.0属于软件驱动，自动驾驶3.0属于数据驱动。自动驾驶3.0时代依然是以人工智能技术为基础，但内涵却已发生变化：一个是大模型已取代传统深度学习成为新的训练模式；另一个是自动驾驶行驶里程迈上新台阶，数据越来越"大"，这给大模型驱动的自训练自动驾驶创造了条件，极大地加速了自动驾驶的落地进程，而当自动驾驶行驶里程从百万千米级到千万千米级再到一亿千米级规模以上时，量变也将引发质变。自动驾驶3.0主要体现在：规模——围绕真实道路场景，数据规模更大、多样性更充分，行驶里程将迈进一亿千米级；感知——以大模型人工智能为基础，雷达、视觉等传感器联合工作，多模态共同输出结果；认知——在各类场景下模拟人的认知行为，结合人类的驾驶常识决策，提高行车舒适性；模式——不再是人工强监督、强规划、强介入的深度学习模式，而是基于大数据大模型的人工智能，海量大数据自训练，基于数据通道和计算中心实现更高效的数据积累，将数据转化为知识。

（4）高精度地图的应用 高精度地图提供有关道路的详细信息，例如车道标记、交通信号和路标。车辆的人工智能系统可以使用这些信息来更准确、更安全地导航。

（5）人机协作将成为重要的趋势　无人驾驶汽车将能够在需要时自动转由人类接管驾驶，在高风险或复杂的情况下确保安全性。这将提高无人驾驶汽车的安全性和可靠性。

（6）云端技术将成为无人驾驶技术的重要组成部分　通过云端技术，无人驾驶汽车可以连接到互联网和其他车辆，实现协同驾驶和共享数据。这将有助于提高无人驾驶汽车的安全性和效率。

无人驾驶汽车的发展趋势将是融合先进的新一代信息技术、传感器和高精度地图，让车辆更安全、更高效地运行。

Chapter 2

环境感知——无人驾驶汽车的"眼睛"

2-1 什么是无人驾驶汽车的环境感知?

环境感知是指通过安装在无人驾驶汽车上的车载传感器或V2X通信技术获取道路、车辆、行人、交通标志和交通信号灯等环境信息,并将这些信息传输给车载控制中心,应用于自动驾驶系统,保障无人驾驶汽车安全、准确地到达目的地,如图2-1所示。

图2-1 无人驾驶汽车的环境感知

无人驾驶汽车主要利用状态感知和V2X网联通信获取和处理环境信息。状态感知主要通过车载传感器对周边及本车环境信息进行采集和处理,包括交通状态感知和车身状态感知。V2X网联通信是指利用融合现代通信与网络技术,实现无人驾驶汽车与外界设施和系统硬件配置方案之间的信息共享、互联互通和控制协同。

交通状态感知功能的实现依赖于环境感知传感器及相应的感知技术。

按照获取交通环境信息的途径，可将这些传感器分为被动环境传感器和主动环境传感器。被动环境传感器是指传感器自身不会发射信号，而是通过接收外部反射或辐射的信号获取环境信息，主要包括摄像头等视觉传感器；主动环境传感器是指传感器主动向外部环境发射信号进行环境感知，主要指激光雷达、毫米波雷达和超声波雷达。

车身状态感知功能的实现主要基于全球定位系统（global position system，GPS）、北斗卫星导航系统（BeiDou navigation satellite system，BDS）、惯性导航系统（inertial navigation system，INS）等设备，旨在获取无人驾驶汽车的行驶速度、姿态方位等信息，为无人驾驶汽车的定位和导航提供有效数据。

V2X（vehicle to everything，车辆同所有交通参与者）网联通信强调了车辆、道路、行人三者之间的联系，主要利用射频识别、拍照设备、云服务器等获得实时路况、道路信息、行人信息等一系列交通信息，从而提高驾驶安全性和驾驶效率。

环境感知相当于无人驾驶汽车的"眼睛"，它的性能将决定无人驾驶汽车能否在复杂多变的交通环境中安全行驶。

2-2 无人驾驶汽车环境感知系统的硬件有哪些？

无人驾驶汽车环境感知的硬件设备有很多，主要包括视觉传感器、激光雷达、毫米波雷达、超声波雷达、GPS、BDS、INS等，目前无人驾驶汽车上采用的配置方案往往是多种型号或多种类型设备的组合。

一般来讲，感知设备种类越多、价格越贵，精度相对越高，识别范围相对越大，但是每种感知设备都有其局限性。

无论是单目摄像头、双目摄像头，还是多目摄像头、深度摄像头，无论像素再清晰、采样速率再高，也无法解决所有图像采集和处理的难题。由于道路环境、天气环境的多样性、复杂性以及无人驾驶汽车本身的运动特性，摄像头容易受到光照、视角、尺度、阴影、污损、背景干扰和目标遮挡等诸多不确定因素的影响。而在驾驶过程中，车道线、交通灯等交通要素存在一定程度的磨损、反光是常态。

雷达对光照、色彩等干扰因素具有很强的鲁棒性，激光雷达、毫米波雷达和超声波雷达也都有各自的优势。但是安装多少数量/种类的雷达、选取多高的采样速率，都不可能彻底解决凹坑反射、烟尘干扰和雨、雪、雾等恶劣天气条件下的探测难题，也难以实现真正的全天候、全天时、全三维。

定位导航系统为无人驾驶汽车提供了高精度、高可靠定位、导航和授时服务，RTK（real-time kinematic，载波相位差分技术）+INS组合更是为实时精准定位和位置精度保持奠定了重要基础。但是无论位置服务公共平台多好、陀螺精度多高，还是存在采样频率不够、地理环境过于复杂、初始化时间过长、卫星信号失效等问题。

可见，没有完美的感知设备，设备不理想是常态，也不存在完美无缺的设备组合方案。然而对于不同的驾驶任务，需要不同的感知设备种类和类型，并非要配置最全、最多、最贵的感知设备才能完成驾驶任务，而是要以任务需求为导向，有针对性地选取合适的感知设备，组合实现优化配置。

2-3 无人驾驶汽车环境感知的对象有哪些？

无人驾驶汽车环境感知的对象就是车载传感器检测的对象和V2X通信技术传递的信息，主要包括车辆的行驶道路、车辆周围的交通参与者、驾驶状态和驾驶环境等。

（1）行驶道路 行驶道路分为结构化道路和非结构化道路，如图2-2所示。结构化道路的行驶路径主要检测行驶车辆的两侧车道线和各种车道标线；非结构化道路的行驶路径主要检测车辆的可行驶区域。

(a) 结构化道路　　　　　　　　(b) 非结构化道路

图2-2　结构化道路和非结构化道路

（2）车辆周围的交通参与者 车辆周围的交通参与者主要包括行驶车辆周围的其他车辆、行人、地面上可能影响车辆通过和安全行驶的其他各种移动或静止物体、各种交通标志和交通信号灯等，如图2-3所示。

（3）驾驶状态 驾驶状态主要包括驾驶员自身状态、车辆自身行驶状态和车辆周围其他车辆行驶状态。

(a) 交通标志　　　　　　　　(b) 行人与车辆

图2-3　车辆周围的交通参与者

（4）驾驶环境　驾驶环境主要包括路面状况、道路交通拥堵情况和天气状况等，如图2-4所示。

无人驾驶汽车最主要的感知对象有车辆、行人、交通标志、交通信号灯和车道标线，其中车辆和行人既有运动状态，也有静止状态。对于运动的对象，除了要识别以外，一般还要进行跟踪。

图2-4　驾驶环境

图2-5所示为城市工况下的环境感知对象，主要有静止目标、运动目标、道路标线、车道标线、交通信号灯和交通标志。

图2-5　城市工况下的环境感知对象

由此可见，环境感知的对象有静态环境、动态障碍物、状态和场景。静态环境主要是指路面信息（车道线、转弯标识、停车线、人行横道等）、路标（限速牌、禁停标志等）、红绿灯等其他静态信息；动态障碍物主要是指机动车、自行车、行人、其他动态交通参与者；状态是指障碍物的位置、速度、种类、预测轨迹、红绿灯状态、红绿灯读秒器显示等；场景是指高速公路、十字路口、无保护左转、停车场、天气（雨、雪、雾）等。

2-4 百度Apollo感知系统是怎样的？

百度Apollo感知系统包括感知模块、感知基本流程和感知算法流程。

（1）百度Apollo感知模块 百度Apollo感知模块如图2-6所示，它涉及车辆传感器收集数据并将这些数据处理成对车辆周围世界的理解，为基于学习的规控系统模块提供必要信息。

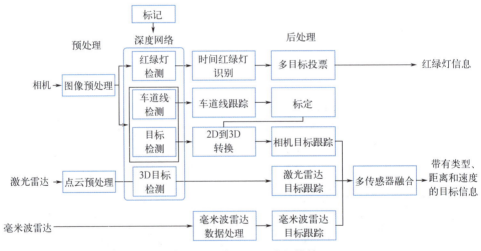

图2-6 百度Apollo感知模块

百度Apollo感知模块的输入包括128线激光雷达数据、16线激光雷达数据、毫米波雷达数据、相机（视觉传感器）数据、雷达传感器标定的外部参数、前置摄像头标定的内外参数、主车辆的速度和角速度；百度Apollo感知模块的输出包括3D障碍物跟踪（航向、速度和分类信息）以及红绿灯检测和识别的输出。

百度Apollo感知模块主要用到的传感器类型包括相机、激光雷达和毫米波雷达，相机和激光雷达的目标检测部分都是利用深度学习网络完成的，然后都进行了目标跟踪，最后设计了一个融合模块，用来融合三种传感器跟踪后的目标序列，获得更加稳定可靠的感知结果。

（2）百度Apollo感知基本流程 百度Apollo感知基本流程如图2-7所示。

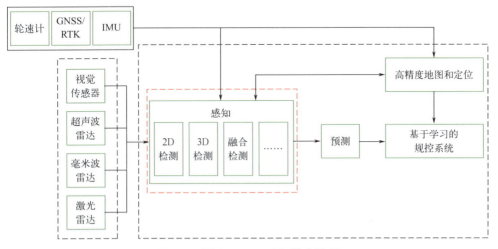

图2-7 百度Apollo感知基本流程

（3）百度Apollo感知算法流程 百度Apollo感知算法流程如图2-8所示。无论是传统算法还是深度学习基础的算法，都遵循数据-前处理-表征学习-特征提取-算法任务-后处理到需要结果的流程，根据实际场景和业务需求的不同，前、后处理和表征学习过程可省略或者由端到端模型整体处理。

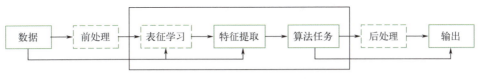

图2-8 百度Apollo感知算法流程

2-5 百度Apollo感知开发流程有什么特点？

为了帮助开发者更好地提升感知模块的开发效率，百度Apollo8.0提供了一套完整的端到端自动驾驶感知开发流程，在数据、模型、框架和验证4个主要环节都做了提升，同时迭代优化了任务流程和工具，帮助开发者快速实现自动驾驶感知的开发、部署和验证，提高感知开发效率。

图2-9所示为百度Apollo8.0端到端自动驾驶感知开发流程。

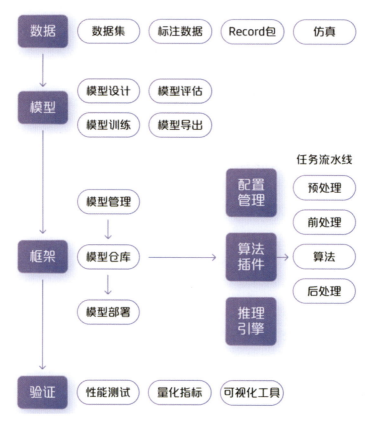

图2-9 百度Apollo8.0端到端自动驾驶感知开发流程

百度Apollo8.0的端到端自动驾驶开发流程具有以下特点。

（1）**清晰的任务流水线，多样的算法插件** 开发者可以根据不同的感知任务类型来创建对应的流水线，并通过配置文件来定义流水线任务。每个任务的运行流程更加清晰，同时还方便进行扩展。此外，开发者还可以根据需要选择不同的算法插件，比如Apollo感知模块提供4种检测器，开发者可以根据配置文件，选择不同的检测器来验证检测效果，通过算法插件，算法工程师更加专注于算法本身，而不需要过多关注框架的实现。

（2）**全新的模型训练，易用的深度学习模型** 百度Apollo8.0提供了端到端的自动驾驶模型开发解决方案，覆盖了从自动驾驶数据集到模型训练、模型评估和模型导出的算法开发全流程。开发者比较关心的自动驾驶的 3D 目标检测和分割任务，Apollo8.0 提供了最新 SOTA 的算法模型，包括单目相机检测、激光雷达点云目标检测和多模态的目标检测模型，开发者开箱即用。同时还提供模型的基准，包括速度、精度等指标以及预训练好的模型。开发者可以实时跟踪最新的 3D 目标检测和分割模型实现，保持自动驾驶感知算法上的先进性。

（3）高效的模型管理，便捷的模型验证　为了更方便快捷地将训练好的模型部署到 Apollo 系统中，Apollo8.0 中引入了模型元信息和模型管理。其中模型元信息包含了模型的基本信息，如名称、任务类型、传感器类型、框架和训练所需的数据集，同时还包含了模型的标准输入、输出、前后处理、模型文件存放的路径等。同时，Apollo8.0 还提供模型管理工具，开发者可以通过该工具下载安装模型仓库中的模型，展示系统中已经安装的模型和模型的详细信息。通过对模型进行标准化和模型管理工具，开发者可以非常方便地安装部署训练好的模型，并且管理这些模型，实现模型部署效率的提升。

此外，在感知模型验证中，提供了基于数据集的数据包，方便开发者直接基于数据集的数据来在线验证模型的检测效果，保证训练和部署是同一套基线，快速测试模型性能。除了提供测试数据包之外，Apollo8.0 还提供了可视化工具链，通过可视化的图形界面，展示传感器的原始数据和目标检测结果，方便开发者查看模型检测效果，调试感知模型。

2-6 无人驾驶汽车环境感知技术的发展趋势有哪些？

随着无人驾驶技术的发展和普及，环境感知技术主要有以下发展趋势。

（1）4D 毫米波雷达应用增多　4D 毫米波雷达相比传统的毫米波雷达，除了可以计算出被测目标的距离、速度、水平角信息外，还能计算出目标的俯仰角信息，进而提供汽车周围的环境信息。

4D 毫米波雷达其实在功能上与激光雷达有一些类似，而与激光雷达相比，4D 毫米波雷达甚至在恶劣天气的环境下表现会更好。在价格方面，4D 毫米波雷达的成本可以控制在千元以内，但激光雷达受限于元器件以及光学器件等复杂程度，成本短时间内还无法跌至与 4D 毫米波雷达相近的水平。从分辨率的角度来看，4D毫米波雷达目前仍与一些高线数的激光雷达无法相比，而且4D毫米波雷达可能会受到复杂电磁环境的干扰。

（2）激光雷达进入高线数时代 当前主流的前向激光雷达的激光线束数一般在等效128线，而目前量产线数最高的是图达通猎鹰固态激光雷达，为等效150线前视1550nm激光雷达，高功率探测距离更远。远探测距离可达500m，10%反射率可达250m。镭神智能推出的图像级1550nm光纤车规激光雷达最高线数达到400线，而北醒的新一代激光雷达AD2更是高达512线。

激光线数高所带来的效果就是分辨率可以达到更高，北醒用一个平放在路面上22cm高的轮胎举例，512线的激光雷达AD2通过让垂直分辨率达到0.05°，将有效探测识别距离提高至126m，在100km/h的行驶速度下，可为智能驾驶系统争取到额外2.1s的时间进行系统的决策、规划与控制，大幅提高智能驾驶的安全性。

（3）视觉传感器的像素持续升高 搭载800万像素接触式图像传感器的视觉传感器在量产车型上已使用一段时间，但高像素随之带来的是对算力需要的高涨，所以算力硬件的升级和传感器数量以及规格升级其实也是密不可分的。随着算力硬件的发展，能够看得更远、更清晰的800万像素摄像头自然会得到更广泛的应用。800万像素甚至更高像素接触式图像传感器在车载摄像头中的渗透率会持续升高，并保持较高的增速。

（4）惯性测量单元的重要性越来越高 惯性测量单元（IMU）传感器主要由三个陀螺仪+三个加速度计组成，可提供超过六个自由度的测量值。陀螺仪用于测量车辆三个不同方向的角速率，同时角速率随时间积分生成横滚、俯仰及偏航三个旋转轴数据，进而输出物体的姿态信息。而加速度计则用于测量车辆前后、左右、上下方向上的线性加速度，随着时间推移，加速度积分生成速度数据，最终生成行进距离。

在无人驾驶汽车中，IMU会作为安全防线，保障自动驾驶安全。如在隧道或者外部天气恶劣的情况下，导航系统失效，或是激光雷达、摄像头等传感器失效时，IMU可以估算出行驶路径，保障自动驾驶的正常运作。

（5）多模态感知技术 多模态感知技术指通过多种传感器和摄像头等设备对周围环境进行多维度感知和识别，从而提高环境感知的准确度和精度。多模态感知技术将成为环境感知技术发展的重要方向。

（6）**人工智能技术**　人工智能技术可以实现对环境数据的智能化处理和分析，从而实现对环境的智能化感知和预测。人工智能技术将成为环境感知技术发展的重要支撑。

（7）**云计算技术**　云计算技术可以实现对海量数据的存储和处理，从而提高环境感知技术的数据处理能力和效率。云计算技术将成为环境感知技术发展的重要基础。

（8）**鸟瞰图感知融合技术将得到推广应用**　随着无人驾驶技术的发展，鸟瞰图（bird's eye view，BEV）感知融合技术将会变得越来越重要。BEV在无人驾驶中的应用将会越来越广泛，并且成为核心技术之一。通过BEV，无人驾驶汽车可以全方位地观察周围环境，更为精准地规划路线和行驶路径，实现安全驾驶。

通过不断地改进计算机视觉技术、图像判断技术和深度学习算法，BEV技术将会更加精细，分辨率更高，能够提取更多的环境信息和细节。随着无人驾驶技术的发展，系统对于环境信息的解析和理解能力需要不断提高。未来的BEV技术将会结合更多的智能科技，比如机器学习、人工智能等，以更好地理解和识别环境中的各种物体和障碍物。BEV技术在未来将会得到广泛应用和发展，而随着核心技术的不断加强，它将会在无人驾驶领域等多个领域中发挥越来越重要的作用。

2-7 什么是超声波雷达？

超声波是指频率大于20kHz的声波，人耳听不到超声波。超声波可以被聚焦，具有能量集中的特点。超声波的指向性好，能量集中，穿透能力强；在遇到两种介质的分界面时，能产生明显的反射和折射现象，超声波的频率越高，其声场指向性越好。超声波检测广泛应用在工业、国防、生物医学等方面，如超声波探伤仪、超声波诊断仪、超声波测距仪等。

超声波雷达是利用超声波的特性研制而成的传感器，是在超声波频率范围内将交变的电信号转换成声信号或将外界声场中的声信号转换为电信号的能量转换器件。图2-10所示为超声波雷达发送和接收信号。图2-11所示为超声波雷达外形。

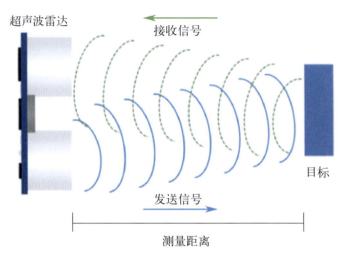

图2-10 超声波雷达发送和接收信号

图2-11 超声波雷达外形

2-8 超声波雷达的组成是怎样的？

超声波雷达的典型结构如图2-12所示，它采用双晶振子（压电晶片），即把双压电陶瓷片以相反极化方向粘在一起，在长度方向上，一片伸长另一片就缩短。在双晶振子的两面涂覆薄膜电极，上面用引线通过金属板（振动板）接到一个电极端，下面用引线直接接到另一个电极端。双晶振子为正方形，正方形的左右两边由圆弧形凸起部分支撑着。这两处的支点就成为振子振动的节点。金属振动板的中心有圆锥形振子，发送超声波时，圆锥形振子有较强的方向性，因而能高效地发送超声波；接收超声波时，超声波的振动集中于振子的中心，所以能产生高效率的高频电压。超声波雷达采用金属或塑料外壳，其顶部有屏蔽栅。

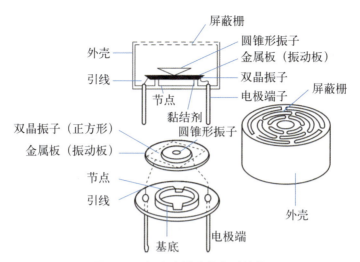

图 2-12　超声波雷达的典型结构

通过超声换能结构,配以适当的收发电路,就可以使超声能量定向传输,并按预期接收反射波,实现超声测距、遥控、防盗等检测功能。超声波雷达主要由发射头(器)、接收头(器)和电路组成,如图 2-13 所示。发射头和接收头安装在同一面上,在有效的检测距离内,发射头发射特定频率的超声波,遇到检测面反射部分超声波;接收头接收返回的超声波,由芯片记录声波的往返时间,并计算出距离值;电路包括发送电路和接收电路,控制超声波雷达的工作。

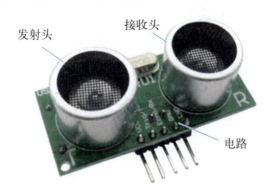

图 2-13　超声波雷达的组成

不同用途的超声波雷达,其内部结构是有一定差异的。汽车超声波雷达有专用型和兼用型两种:专用型是指发送器用作发送超声波,接收器用作接收超声波;兼用型是指发送器和接收器为一体的超声波雷达,既可发送超声波,也可接收超声波。

2-9 超声波雷达的工作原理是怎样的？

超声波雷达的工作原理如图2-14所示。超声波发射头发出的超声波脉冲，经媒质（空气）传到障碍物（目标物）表面，反射后通过媒质（空气）传到接收头，测出超声波脉冲从发射到接收所需的时间，根据媒质中的声速，求得从超声波到障碍物（目标物）表面之间的距离。设超声波到障碍物（目标物）表面的距离为 L，超声在空气中的传播速度为 v（约为340m/s），从发射到接收所需的传播时间为 t，当发射头和接收头之间的距离远小于超声波到障碍物（目标物）之间的距离时，则有 $L=vt/2$。只要能测出传播时间，即可求出测量距离。图2-15所示为某超声波雷达的电路原理。

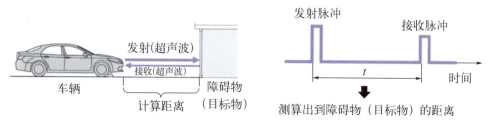

图2-14 超声波雷达的工作原理

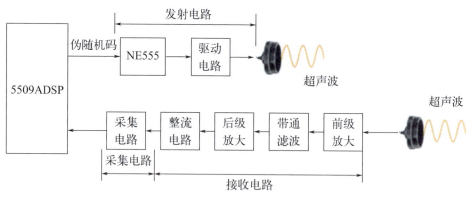

图2-15 某超声波雷达的电路原理

（1）超声波发射的工作原理 主处理芯片5509ADSP产生伪随机码作为使能信号加到定时器NE555上，控制NE555发出带有伪随机二进制序列的信号来驱动超声波换能器，NE555发出高电平信号，超声波换能器发出信号，反之则不发出。

(2) 超声波接收的工作原理　接收回波后，经过前端放大、带通滤波、后级放大、整流电路，采集电路以脉冲的形式回到主处理芯片 5509ADSP，在主处理芯片 5509ADSP 中进行相关性判别和距离的运算。

2-10 超声波雷达有什么特点？

（1）超声波雷达的优点

① 超声波雷达的频率都相对固定，如 23kHz、40kHz、75kHz、200kHz 和 400kHz 等，频率越高，超声波在空气中传播时衰减越大，检测距离变得越短。汽车使用的超声波雷达，频率有 40kHz、48kHz 和 58kHz 等，频率不同，探测的范围也不同。

② 超声波雷达结构简单，体积小，成本低，信息处理简单可靠，易于小型化与集成化，并且可以进行实时控制。

③ 超声波雷达灵敏度较高。

④ 超声波雷达抗环境干扰能力强，对天气变化不敏感。

⑤ 超声波雷达可在室内、黑暗中使用。

（2）超声波雷达的缺点

① 超声波雷达适合于低速，在速度很快的情况下测量距离具有一定的局限性。这是因为超声波的传播速度容易受天气情况的影响，在不同的天气情况下，超声波的传播速度不同，而且传播速度较慢，当汽车高速行驶时，使用超声波测距无法跟上汽车的车距实时变化，误差较大。

② 超声波有一定的扩散角，只能测量距离，不可以测量方位，所以只能在低速（如泊车）时使用，而且必须在汽车的前、后保险杠不同方位上安装多个超声波雷达。

③ 对于低矮、圆锥、过细的障碍物或者沟坎，超声波雷达不容易探测到。

④ 超声波的发射信号和余振的信号都会对回波信号造成覆盖或者干扰，因此在小于某一距离后就会丧失探测功能，这就是普通超声波雷达的探测有盲区的原因之一，若在盲区内，则系统无法探测障碍物。因此，比较好的解决办法是在安装超声波雷达的同时安装摄像头。

2-11 超声波雷达的技术参数有哪些？

超声波雷达的技术参数主要有测量距离、测量精度、探测角度、工作频率和工作温度等。

（1）测量距离 超声波雷达的测量距离取决于其使用的波长和频率；波长越长，频率越小，测量距离越大。测量汽车前后障碍物的短距超声波雷达测量距离一般为0.15～2.5m；安装在汽车侧面、用于测量侧方障碍物距离的长距超声波雷达测量距离一般为0.3～5.0m。

（2）测量精度 测量精度是指传感器测量值与真实值的偏差。超声波雷达测量精度主要受被测物体体积、表面形状、表面材料等影响。被测物体体积过小、表面形状凹凸不平、物体材料吸收声波等情况都会降低超声波传感器的测量精度。测量精度越高，感知信息越可靠。

（3）探测角度 由于超声波雷达发射出去的超声波具有一定的指向性，波束的截面类似椭圆形，所以探测的范围有一定限度，探测角度分为水平视场角和垂直视场角。

（4）工作频率 工作频率直接影响超声波的扩散和吸收损失、障碍物反射损失、背景噪声，并直接决定传感器的尺寸。一般选择40kHz左右，这样传感器方向性尖锐，且避开了噪声，提高了信噪比；虽然传播损失相对低频有所增加，但不会给发射和接收带来困难。

（5）工作温度 由于超声波雷达应用广泛，有的应用场景要求温度很高，有的应用场景要求温度很低，因此，超声波雷达必须满足工作温度的要求。

2-12 超声波雷达在无人驾驶汽车上有哪些应用？

汽车上常见的超声波雷达有两种：第一种是安装在汽车前后保险杠上的，也就是用于探测汽车前后障碍物的传感器，测量距离一般为0.15～2.5m，称为超声波驻车辅助传感器（ultrasonic parking assistant，UPA）；第二种是安装在汽车侧面的，用于测量停车位长度的超声波雷达，测量距离一般为0.3～5.0m，称为自动泊车辅助传感器（automatic parking assistant，APA）。

超声波雷达在无人驾驶汽车上主要用于泊车系统。根据汽车自动驾驶级别不同，泊车系统可以分为自动泊车辅助系统、远程遥控泊车辅助系统、自学习泊车辅助系统和自动代客泊车辅助系统。无人驾驶汽车主要使用的是自动代客泊车。

（1）自动泊车辅助系统 在汽车低速巡航时，自动泊车辅助系统使用超声波雷达感知周围环境，帮助驾驶员找到大小合适的空车位，并在驾驶员发送泊车指令后,将汽车泊入车位。

自动泊车辅助系统使用的传感器包括8个安装于汽车前、后的UPA超声波雷达和4个安装于汽车两侧的APA超声波雷达,自动泊车超声波雷达的感知范围如图2-16所示。

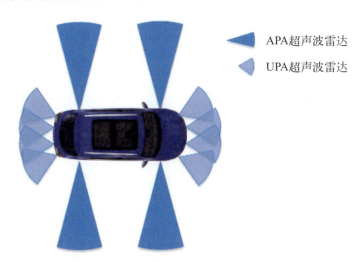

图2-16 自动泊车超声波雷达的感知范围

APA超声波雷达的探测范围远而窄,常见的APA最远测量距离为5m;UPA超声波雷达的探测范围近而宽,常见的UPA测量距离为3m。不同的探测范围决定了它们不同的分工。APA超声波雷达的作用是在汽车低速巡航时,完成空库位的寻找和校验工作。如图2-17所示,随着汽车低速行驶过空库位,安装在前侧方的APA超声波雷达的测量距离有一个先变小,再变大,再变小的过程。一旦汽车控制器探测到这个过程,可以根据车速等信息得到库位的宽度以及是否是空库位的信息。后侧方的APA在汽车低速巡航时也会探测到类似的信息,可根据这些信息对空库位进行校验,避免误检。

图2-17 APA超声波雷达检测库位原理

使用APA超声波雷达检测到空库位后，汽车控制器会根据自车的尺寸和库位的大小，规划出一条合理的泊车轨迹，控制转向盘、变速器和油门踏板进行自动泊车。在泊车过程中，安装在汽车前后的8个UPA会实时感知环境信息，实时修正泊车轨迹，避免碰撞。

自动泊车辅助系统需要驾驶员在车内实时监控，以保证泊车顺利完成，属于SAE L2级别的自动驾驶技术。自动泊车辅助系统的技术盘点如图2-18所示。

（2）远程遥控泊车辅助系统

远程遥控泊车辅助系统是在自动泊车技术的基础之上发展而来的，车载传感器的配置方案与自动泊车辅助系统类似。它解决了停车后难以打开自车车门的尴尬场景，比如在两边都停了车的车位，或在比较狭窄的车库。远程遥控泊车辅助系统常见于特斯拉、宝马7系、奥迪A8等高端车型中。

在汽车低速巡航并找到空车位后，驾驶员将汽车挂入停车挡，就可以离开汽车了。在车外，使用手机发送泊车指令，控制汽车完成泊车操作。遥控泊车涉及汽车与手机的通信，目前汽车与手机最广泛且稳定的通信方式是蓝牙，虽然没有4G/5G传输的距离远，但4G/5G信号并不能保证所有地方都能做到稳定通信。

远程遥控泊车辅助系统相比于自动泊车辅助系统加入了与驾驶员通信的车载蓝牙模块，不再需要驾驶员坐在车内监控汽车的泊车过程，仅需要在车外观察即可。远程遥控泊车辅助系统的技术盘点如图2-19所示。

传感器 配置方案	APA超声波雷达 × 4 UPA超声波雷达 × 8
传感器 布局	◢ APA超声波雷达 ◣ UPA超声波雷达
典型 应用场景	驾驶员在车内 垂直库位、平行库位
SAE等级	L2

图2-18　自动泊车辅助系统的技术盘点

传感器 配置方案	APA超声波雷达 × 4 UPA超声波雷达 × 8
传感器 布局	车载蓝牙 ◢ APA超声波雷达 ◣ UPA超声波雷达
典型 应用场景	驾驶员在车内/车外5m 狭窄停车位、车库
SAE等级	L2+

图2-19　远程遥控泊车辅助系统的技术盘点

（3）自学习泊车辅助系统 自学习泊车辅助系统能够学习驾驶员的泊入和泊出操作，并在以后自主完成这个过程。自学习泊车辅助系统的核心技术是即时定位与地图构建。

驾驶员在准备停车前，可以在库位不远处开启"路线学习"功能，随后慢慢将汽车泊入固定车位，系统就会自学习该段行驶和泊车路线。泊车路线一旦学习成功，汽车便可达到"过目不忘"。完成路线的学习后，在录制时的相同起点下车，用手机蓝牙连接汽车，启动自学习泊车辅助系统，汽车就能够模仿先前录制的泊车路线，完成自动泊车。

驾驶员除了让汽车学习泊入车库的过程外，还能够学习汽车泊出，并行驶到办公楼的过程。"聪明的"汽车能够自动驾驶到我们面前，即使在大雨天也不用害怕冒雨取车。

自学习泊车辅助系统相比于自动泊车辅助系统和远程遥控泊车辅助系统加入了360°环视相机，而且泊车的控制距离从5m内扩大到了50m内，有了明显提升。自学习泊车辅助系统的技术盘点如图2-20所示。

（4）自动代客泊车辅助系统 最理想的泊车辅助场景应该是驾驶员把车开到办公楼下后，直接去办正事，把找停车位和停车的工作交给汽车，汽车停好后，发条

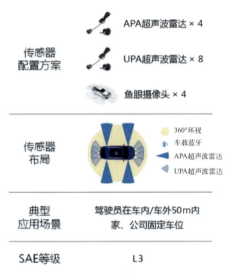

图2-20 自学习泊车辅助系统的技术盘点

信息给驾驶员，告知自己停在哪。在驾驶员下班时，给汽车发条信息，汽车即可远程启动、泊出库位，并行驶到驾驶员设定的接驳点。

自动代客泊车辅助系统是为了解决日常工作、生活中停车难的痛点，其主要的应用地点通常是办公楼或者大型商场的地上或地下停车场。

相比于前面三种泊车辅助产品，自动代客泊车辅助系统除了要实现泊入车库的功能外，还需要解决从驾驶员下车点低速（小于20km/h）行驶至库位旁的问题。为了能尽可能地安全行驶到库位旁，必须提升汽车远距离感知的能力，前视摄像头成为最优的传感器方案。地上/地下停车场不像开放道路，场景相对单一，高速运动的汽车较少，对于保持低

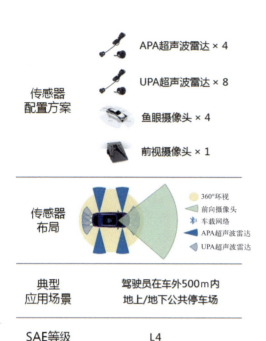

速运动的自车来说，更容易避免突发状况的发生。自动代客泊车辅助系统的技术盘点如图2-21所示。

除了超声波雷达和视觉传感器外，实现自动代客泊车还需要引入停车场的高精度地图，再配合激光雷达SLAM（simultaneous localization and mapping，即时定位与地图构建）或视觉匹配定位的方法，才能够让汽车知道它现在在哪，应该去哪里寻找停车位。除了自行寻找停车位外，具备自动代客泊车功能的汽车还可以配合智能停车场更好地完成自动代客泊车的功能。对于智能停车场，需要在停车场内安装一些必要的基础设施，比如摄

图2-21 自动代客泊车辅助系统的技术盘点

像头、地锁等。这些传感器不仅能够获取停车位是否被占用，还能够知道停车场的道路上是否有车辆等信息。将这些信息建模后发送给汽车，汽车就能够规划出一条更为合理的路径行驶到空车位处。

2-13 什么是毫米波雷达？

毫米波是指波长为1～10mm、频率为30～300GHz的电磁波，带宽高达270GHz。

毫米波雷达是工作在毫米波频段的雷达，它通过发射与接收高频电磁波来探测目标，后端信号处理模块利用回波信号计算出目标的距离、速度和角度等信息，如图2-22所示。毫米波雷达是无人驾驶汽车核心传

图2-22 毫米波雷达

感器之一，主要用于自适应巡航控制系统、自动紧急制动系统、盲区监测系统和变道辅助系统等。

毫米波位于微波与远红外波相交叠的波长范围，所以毫米波兼有这两种波谱的优点，同时也有自己独特的性质。根据波的传播理论，频率越高，波长越短，分辨率越高，穿透能力越强，但在传播过程中的损耗也越大，传输距离越短；相对地，频率越低，波长越长，绕射能力越强，传输距离越远。所以与微波相比，毫米波的分辨率高，指向性好，抗干扰能力强，探测性能好。与红外波相比，毫米波的大气衰减小，对烟雾和灰尘具有更好的穿透性，受天气影响小。

2-14 毫米波雷达有哪些类型？

毫米波雷达可以按照工作原理、探测距离、安装位置、频段和测量参数进行分类。

（1）按工作原理分类 毫米波雷达按工作原理的不同可以分为脉冲式毫米波雷达与调频式连续毫米波雷达两类。

① 脉冲式毫米波雷达。脉冲式毫米波雷达是通过发射脉冲信号与接收脉冲信号之间的时间差来计算目标距离的。脉冲式毫米波雷达多用于近距离目标信息测量，技术成熟，测量过程简单，测量精度较高；当目标近距离时，脉冲收发时间短，需要采用高速信号处理技术，结构要求复杂，成本上升，高分辨率需要占用较大带宽，发射功率限制导致作用距离近，车载毫米波雷达一般不采用脉冲式毫米波雷达。

② 调频式连续毫米波雷达。调频式连续毫米波雷达是利用多普勒效应测量得出不同目标的距离和速度的。调频式连续毫米波雷达能同时测出多个目标的距离和速度信息，可对目标连续跟踪，系统敏感性高，错误报警率低；不易受外界电磁噪声的干扰；测量距离远，分辨率高；所需发射功率低；成本低；信号处理难易程度及实时性可达到系统要求。目前，大多数车载毫米波雷达都采用调频式连续毫米波雷达。

（2）按探测距离分类 毫米波雷达按探测距离可分为短程、中程和远程毫米波雷达。

① 短程毫米波雷达。短程毫米波雷达探测距离小于60m，主要装在车身周围，实现停车辅助、十字交通报警等功能。

② 中程毫米波雷达。中程毫米波雷达探测距离为100m左右，主要装在车身四角，实现盲区监测、变道辅助等功能。

③ 远程毫米波雷达。远程毫米波雷达探测距离大于200m，主要装在车辆前方和后方，实现自适应巡航控制、自动紧急制动系统等功能。

有的企业生产的毫米波雷达只分为短程和远程，具体探测距离以产品说明书为准。

（3）按安装位置分类　毫米波雷达按安装位置可以分为角雷达和前雷达。

① 角雷达。角雷达安装在车辆后部和前部两侧，一般用短程毫米波雷达作为角雷达，前角雷达主要实现横穿车辆预警、行人和自行车识别，后角雷达主要实现盲区监测、变道辅助功能。

② 前雷达。前雷达安装在车辆格栅和前保险杠上，一般用中程毫米波雷达和远程毫米波雷达作为前雷达，前雷达主要实现自适应巡航控制和自动紧急制动系统功能。

（4）按频段分类　毫米波雷达按频段可分为24GHz、60GHz、77GHz和79GHz毫米波雷达。主流可用频段为24GHz和77GHz，其中24GHz适合近距离探测，77GHz适合远距离探测。

从24GHz过渡到77GHz，距离分辨率和精度将会提高约20倍。例如，24GHz毫米波雷达的距离分辨率为75cm，而77GHz毫米波雷达则提高到4cm，这使其可以更好地探测多个彼此靠近的目标，如图2-23所示。

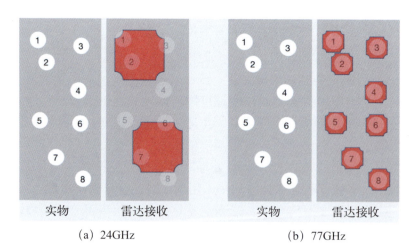

图2-23　24GHz和77GHz毫米波雷达的分辨率

目前77GHz毫米波雷达逐渐成为主流。因为汽车法规对智能驾驶安全性要求越来越高，从最开始检测到前面一辆车，变为要求检测到多个车、行人、自行车等，这要求毫米波雷达的测距、测速、测方位性能都需要大幅提升。从原理上讲，77GHz毫米波雷达在测距、测速、测方位性能上都比24GHz毫米波雷达更强，因此77GHz毫米波雷达取代24GHz毫米波雷达已经是大势所趋。

（5）**按测量参数分类**　毫米波雷达按测量参数可以分为3D毫米波雷达和4D毫米波雷达。

3D毫米波雷达是指传统毫米波雷达，它能够测量目标的距离、速度和方位角。

4D毫米波雷达是3D毫米波雷达的升级版，4D指的是距离、速度、水平角度、垂直高度四个维度。相比传统3D毫米波雷达，4D毫米波雷达增加了"高度"的探测，将第四个维度整合到传统毫米波雷达中，这使得4D毫米波雷达获取信息的维度更加丰富，可以测量俯仰角度，且角度分辨率可以达到1°左右，探测距离更长，探测距离可达300m以上；目标点云更密集，可以形成点云成像级的输出，进而可以使用数据驱动的方式进行图像识别。总之，4D毫米波雷达具有更好的探测能力，更高的分辨率和精度，在人工智能技术的加持下，能够实现更加智能化的感知和跟踪，从而为自动驾驶、智能交通等领域提供更加可靠的数据支持。

2-15 毫米波雷达的组成是怎样的？

图2-24所示为某毫米波雷达的内部结构，主要由整流罩、支架、连接器、PCB（printed circuit board，印制电路）板、MMIC（monolithic microwave integrated circuits，单片微波集成电路）和底板等组成，其中核心部件是MMIC和PCB板。

整流罩是包含PCB板和MMIC的防水外壳，减少电磁波的衰减；支架用于固定整流罩、PCB板和MMIC；连接器用于连接信号传输线；PCB板集成微带阵列，实现天线的功能，需要在较小的集成空间中保持天线足够

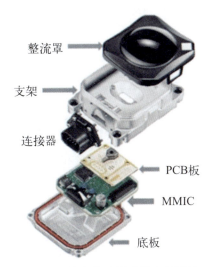

图2-24　某毫米波雷达的内部结构

的信号强度；MMIC包括多种功能电路，如低噪声放大器、功率放大器、混频器甚至收发系统等功能，MMIC具有电路损耗小、噪声低、频带宽、动态范围大、功率大、附加效率高、抗电磁辐射能力强等特点；底板用于固定毫米波雷达的组件。

不同企业、不同型号的毫米波雷达的结构是不一样的，但毫米波雷达的基本组成是一样的，主要是发射模块、接收模块、信号处理模块及天线，如图2-25所示。

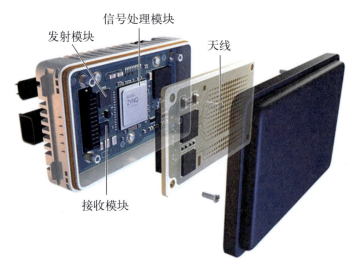

图2-25　毫米波雷达的基本组成

毫米波雷达在工作状态时，发射模块生成射频电信号，通过天线将电信号（电能）转化为电磁波发出；接收模块接收到射频信号后，将射频电信号转换为低频信号；再由信号处理模块从信号中获取距离、速度和角度等信息。

2-16 毫米波雷达的工作原理是怎样的？

毫米波雷达的工作原理示意如图2-26所示。毫米波雷达利用高频电路产生特定调制频率的电磁波，并通过天线发送电磁波和接收从目标反射回来的电磁波，通过发送和接收电磁波的参数来计算目标的各个参数。毫米波雷达可以同时对多个目标进行测距、测速以及方位测量；测距和测速是根据多普勒效应进行的，而方位测量是通过天线的阵列方式来实现的。

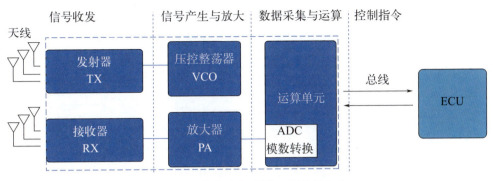

图 2-26　毫米波雷达的工作原理示意

（1）测距和测速　毫米波雷达通过发射源向给定目标发射毫米波信号，并分析发射信号频率和反射信号频率之间的差值，精确测量出目标相对于毫米波雷达的距离和速度等信息。

毫米波雷达通过发射模块发射毫米波信号，发射信号遇到目标后，经目标的反射会产生回波信号，发射信号与回波信号相比形状相同，时间上存在差值；当目标与毫米波雷达信号发射源之间存在相对运动时，发射信号与回波信号之间除存在时间差外，还会产生多普勒频率，如图 2-27 所示。图 2-27 中，Δf 为调频带宽；f_d 为多普勒频率；f' 为发射信号与反射信号的频率差；T 为信号发射周期；Δt 为发射信号与回波信号的时间间隔。

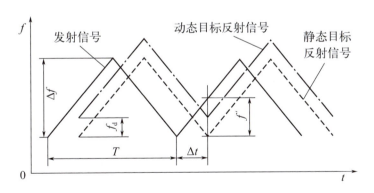

图 2-27　毫米波雷达测距测速原理

（2）方位测量　毫米波雷达通过发射天线发射出毫米波信号后，遇到被监测目标反射回来，通过与毫米波雷达并列的接收天线，接收到同一监测目标反射信号的相位差，就可以计算出被监测目标的方位角。毫米波雷达方位测量原理如图 2-28 所示。毫米波雷达发射天线 TX 向目标

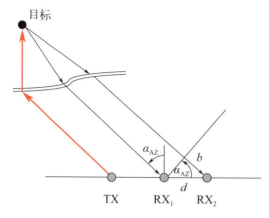

图2-28 毫米波雷达方位测量原理

发射毫米波,两个接收天线RX_1和RX_2接收目标反射信号。通过毫米波雷达接收天线RX_1和接收天线RX_2之间的几何距离d以及两根毫米波雷达天线所收到反射回波的相位差b的三角函数计算得到被监测目标的方位角α_{AZ}的值。

由于毫米波雷达具有监测目标的位置、速度和方位角的优势,再结合毫米波雷达较强的抗干扰能力,可以全天候、全天时稳定工作,因此,毫米波雷达成为无人驾驶汽车核心传感器之一。

2-17 毫米波雷达有什么特点?

(1)毫米波雷达的优点

① 探测距离远。毫米波雷达探测距离远,可达200m以上。

② 探测性能好。毫米波波长较短,汽车在行驶中的前方目标一般都由金属构成,这会形成很强的电磁反射,其探测不受颜色与温度的影响。

③ 响应速度快。毫米波的传播速度与光速一样,并且其调制简单,配合高速信号处理系统,可以快速地测量出目标的距离、速度和角度等信息。

④ 适应能力强。毫米波具有很强的穿透能力,在雨、雪、大雾等恶劣天气依然可以正常工作,而且不受颜色和温度的影响。

⑤ 抗干扰能力强。毫米波雷达一般工作在高频段,而周围的噪声和干扰处于中低频区,基本上不会影响毫米波雷达的正常运行,因此,毫米波雷达具有抗低频干扰的特性。

(2)毫米波雷达的缺点

① 毫米波雷达是利用目标对电磁波的反射来发现并测定目标位置的,而充满杂波的外部环境给毫米波雷达感知经常带来虚警问题。

② 覆盖区域呈扇形,有盲点区域。

③ 无法识别交通标志。

④ 无法识别交通信号灯。

2-18 毫米波雷达的技术参数有哪些？

毫米波雷达的技术参数主要有最大探测距离、距离分辨率、距离测量精度、最大探测速度、速度分辨率、速度测量精度、视场角、角度分辨率和角度测量精度等。

（1）**最大探测距离** 最大探测距离是指毫米波雷达所能检测目标的最大距离，不同的毫米波雷达，最大探测距离是不同的。毫米波雷达最大探测距离主要取决于数模转换器采样率、调频斜率和输出功率，而数模转换器采样率主要由MMIC芯片本身性能所决定。

（2）**距离分辨率** 距离分辨率是指毫米波雷达分辨相同距离上相临两个目标的能力，取决于扫频带宽。在毫米波雷达测量中，当两个目标位于同一方位角，但与毫米波雷达的距离不同时，两者被毫米波雷达区分出来的最小距离即是距离分辨率。毫米波雷达的距离分辨率是由脉冲的宽度决定的，即可以通过减小脉冲宽度以达到期望的距离分辨率，这需要较大的带宽。

（3）**距离测量精度** 距离测量精度表示毫米波雷达测量单目标的距离测量精度，取决于扫频带宽和系统信噪比。系统信噪比主要受MMIC芯片的噪声系数、相位噪声等指标的影响。

（4）**最大探测速度** 最大探测速度是指毫米波雷达能够探测目标的最大速度，取决于Chirp周期。调频连续波毫米波雷达发射的一个信号称为Chirp。

（5）**速度分辨率** 速度分辨率表示毫米波雷达在速度维中区分两个同一位置的目标的能力，取决于有效帧周期。

（6）**速度测量精度** 速度测量精度表示毫米波雷达测量单目标的速度测量精度，取决于信噪比和有效帧周期。

（7）**视场角** 视场角分为水平视场角和垂直视场角，是指毫米波雷达能够探测的角度范围，取决于天线间距。

（8）**角度分辨率** 角度分辨率表示毫米波雷达在角度维中分离相同距离、速度目标的能力，取决于天线间距和天线数量。毫米波雷达的角度分辨率一般较低，在实际情况下，由于距离、速度分辨率较高，目标一般可以在距离和速度维中区分开。

（9）**角度测量精度** 角度测量精度表示毫米波雷达测量单目标的角

度测量精度，取决于天线间距和方位角。

在4D毫米波雷达中，增加了最大俯仰角、俯仰角精度和俯仰角分辨率三个指标。

4D毫米波雷达探测性能包括距离、速度、方位角、俯仰角四个方面：在距离探测中，主要性能指标包括最大探测距离、距离精度、距离分辨率，主要影响因素是数模转换器采样率、调频斜率、输出功率、扫频带宽和信噪比等；在速度探测中，主要性能指标包括最大探测速度、速度精度、速度分辨率，主要影响因素是Chirp周期、有效帧周期和信噪比等；在方位角探测中，主要性能指标包括视场角、角度精度、角度分辨率，主要影响因素是天线间距、方位角和天线数量等；在俯仰角探测中，主要性能指标包括最大俯仰角、俯仰角精度和俯仰角分辨率，主要影响因素是天线间距、方位角和天线个数等。

4D毫米波雷达测距三大指标和测速三大指标由雷达"一个帧的基本参数"决定，而这些参数都是根据毫米波雷达设计的性能参数来设定的。"一个帧的基本参数"包括Chirp周期、扫频带宽、调频斜率、帧周期、一个帧内包含的Chirp数、数模转换器采样率。

毫米波雷达测速和测距性能进步主要取决于MMIC芯片本身性能提升。对于4D毫米波雷达，最大探测距离主要受限于数模转换器采样率、调频斜率、输出功率、系统设计等因素，这些与MMIC芯片本身性能、设计息息相关；距离精度和速度精度主要取决于毫米波雷达系统信噪比的提升，系统信噪比主要受到MMIC芯片的噪声系数、相位噪声等指标的影响。因此，MMIC芯片的各类参数对于距离和速度的探测质量至关重要。天线的口径决定雷达的角度分辨率，因此，天线的间距、设计方式（级联/单芯片）对于角度探测质量至关重要。

2-19 毫米波雷达在无人驾驶汽车上有哪些应用？

毫米波雷达在无人驾驶汽车上的应用主要有自适应巡航控制系统、自动紧急制动系统、变道辅助系统等。

（1）自适应巡航控制系统　自适应巡航控制系统是一种可以依据设定的车速或距离跟随前方车辆行驶，或根据前车速度主动控制本车行驶速度，最终将车辆与前车保持在安全距离的辅助驾驶功能，如图2-29所示。

（2）自动紧急制动系统
自动紧急制动系统是指利用毫米波雷达测出与前车或障碍物的距离，然后利用数据分析模块将测出的距离与警报距离、安全距离进行比较，小于警报距离时就进行警报提示，而小于安全距离时，该系统会启动，使汽车自动制动，从而确保驾驶安全，如图2-30所示。

图2-29 基于毫米波雷达的自适应巡航控制系统

（3）变道辅助系统 变道辅助系统是指通过毫米波雷达、摄像头等传感器，对车辆相邻两侧车道及后方进行探测，获取车辆侧方及后方物体的运动信息，并结合当前车辆的状态进行判断，让自动驾驶系统掌握最佳变道时机，防止变道引发的交通事故，同时对后向碰撞也有比较好的预防作用。变道辅助系统包括盲区监测、变道预警和后向碰撞预警三个功能，可以有效地防止变道、转弯、后方追尾等交通事故的发生，极大地提升了汽车变道操作的安全性能，如图2-31所示。

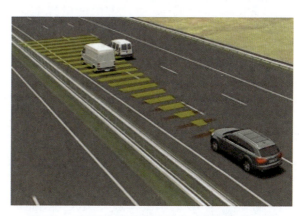

图2-30 基于毫米波雷达的自动紧急制动系统

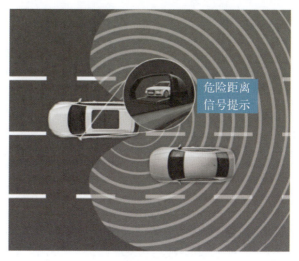

图2-31 基于毫米波雷达的变道辅助系统

2-20 什么是激光雷达?

激光是原子(分子)系统受激辐射的光放大,是利用物质受激辐射原理和光放大过程产生出来的一种具有高亮度、高方向性的单色性和相干性的光。激光具有方向性好、单色性好、相干性好、能量集中、亮度最高等特性。

激光雷达是激光探测及测距系统的简称,是一种以激光器作为发射光源,采用光电探测技术手段的主动遥感设备。激光雷达是在光波频段工作的雷达,它利用光波频段的电磁波先向目标发射探测信号,然后将其接收到的回波信号与发射信号相比较,从而获得目标的位置(距离、方位和高度)、运动状态(速度、姿态)等信息,实现对目标的探测、跟踪和识别。

少线激光雷达主要用于智能网联汽车的先进驾驶辅助系统,多线激光雷达主要用于无人驾驶汽车的3D建模及精准定位,并可进行道路和车辆的识别等。

图2-32所示为40线机械式激光雷达,雷达外壳内,有40对固定安装在转子上的激光发射器和激光接收器,通过电动机旋转进行水平360°的扫描;该激光雷达探测距离为0.3~200m,水平视场角为360°,垂直视场角为–16°~7°,线束1~6相邻两条线之间的垂直角分辨率为1°,线束6~30相邻两条线之间的垂直角分辨率为0.33°,线束30~40相邻两条线之间的垂直角分辨率为1°。

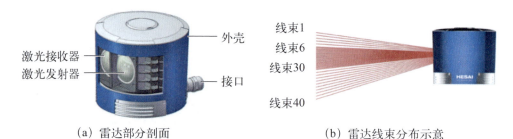

(a) 雷达部分剖面　　　　　(b) 雷达线束分布示意

图2-32　40线机械式激光雷达

2-21 激光雷达有哪些类型?

激光雷达按有无机械旋转部件,可分为机械激光雷达、固态激光雷达和混合固态激光雷达。

图2-33　HDL-64E机械激光雷达

图2-34　固态激光雷达

图2-35　40线混合固态激光雷达

（1）机械激光雷达　机械激光雷达带有控制激光发射角度的旋转部件，体积较大，价格昂贵，测量精度相对较高，一般置于汽车顶部。

图2-33所示为激光雷达厂商威力登（Velodyne）生产的HDL-64E机械激光雷达，它采用64线激光规格，性能出众，能够描绘出周围空间的3D形态，精度极高，甚至能够探测出百米内人类的细微动作。

（2）固态激光雷达　固态激光雷达依靠电子部件来控制激光发射角度，无须机械旋转部件，故尺寸较小，可安装于车体内。

图2-34所示为国内某公司生产的固态激光雷达，最大探测距离为150m，水平视场角为-60°～60°，垂直视场角为-12.5°～12.5°，视场角分辨率为0.2°，尺寸为120mm×110mm×50mm，质量为0.8kg，可用于障碍物检测、障碍物识别分类、动态目标跟踪和可行驶区域检测。

为了降低激光雷达的成本，也为了提高可靠性，满足车规的要求，激光雷达的发展方向是从机械激光雷达转向固态激光雷达。

（3）混合固态激光雷达　混合固态激光雷达没有大体积旋转结构，采用固定激光光源，通过内部玻璃片旋转的方式改变激光光束方向，实现多角度检测的需要，并且采用嵌入式安装。图2-35所示为国内某公司生产的40线混合固态激光雷达。

根据线束数量的多少，激光雷达又可分为单线激光雷达与多线激光雷达。

单线激光雷达扫描一次只产生一条扫描线，其所获得的数据为2D数据，因此无法区别有关目标物体的3D信息。不过，由于单线激光雷达具有测量速度快、数据处理量少等特点，多被应用于安全防护、地形测绘等领域。单线激光雷达成本低，只能测量距离。

多线激光雷达扫描一次可产生多条扫描线，目前市场上多线激光雷

(a) HDL-64E　(b) HDL-32E　(c) VLP-16E

图2-36　多线激光雷达

达产品包括4线、8线、16线、32线、64线等，其细分可分为2.5D激光雷达及3D激光雷达。2.5D激光雷达与3D激光雷达最大的区别在于垂直视野的范围，前者垂直视野范围一般不超过10°，而后者可达到30°甚至40°以上，这也就导致两者对于激光雷达在汽车上的安装位置要求有所不同。图2-36所示为美国威力登公司开发的64线、32线和16线的激光雷达。

2-22 激光雷达的组成是怎样的？

激光雷达主要由发射系统、接收系统以及信号处理与控制系统组成，如图2-37所示。激光发射系统中激光电源周期性地驱动激光器发射激光脉冲，激光调制器通过光束控制器控制发射激光的方向和线数，最后通过发射光学天线将激光发射至目标物体；激光接收系统中的探测器接收目标物体反射回来的激光，产生接收信号；信息处理与控制系统中接

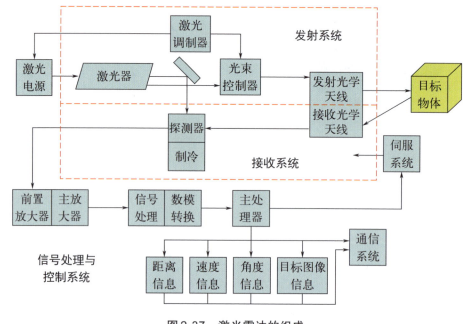

图2-37　激光雷达的组成

收信号经过放大处理和数模转换，经由主处理器计算，获取目标物体的距离信息、速度信息、角度信息、目标图像信息等，最终建立目标物体模型，并通过通信系统向外传递。激光雷达的硬件核心是激光器和探测器；软件核心是信号的处理算法。不同类型的激光雷达，其组成是有一定差异的。

威力登公司生产的机械式激光雷达 HDL-64E 的结构如图 2-38 所示。

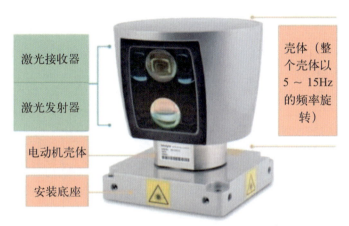

(a) 外部结构

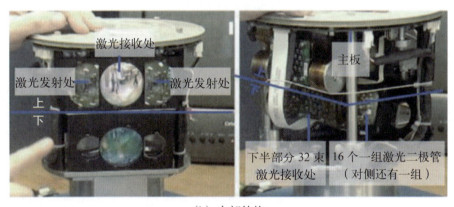

(b) 内部结构

图 2-38　机械式激光雷达 HDL-64E 的结构

2-23 激光雷达的工作原理是怎样的？

激光雷达的工作原理是通过测算激光发射信号与激光回波信号的往返时间，从而计算出目标的距离。激光雷达发出激光束，激光束碰到障碍物后被反射回来,被激光接收系统进行接收和处理,从而得知激光从发射至被反射回来并接收期间的时间,即激光的飞行时间,根据飞行时间,可以计算出障碍物的距离。

根据所发射激光信号的不同形式,激光测距方法有脉冲测距法、干涉测距法和相位测距法等。

(1) 脉冲测距法 用脉冲法测量距离时,激光器发出一个光脉冲,同时设定的计数器开始计数,当接收系统接收到经过障碍物反射回来的光脉冲时停止计数。计数器所记录的时间就是光脉冲从发射到接收所用的时间。光速是一个固定值,所以只要得到从发射到接收所用的时间就可以算出所要测量的距离,如图2-39所示。

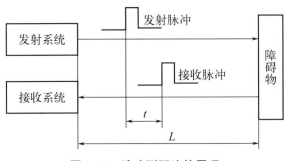

图2-39 脉冲测距法的原理

设 c 为光在空气中传播的速度,$c=3\times10^8$m/s,光脉冲从发射到接收的时间为 t,则待测距离为 $L=ct/2$。

脉冲式激光测距测得的距离比较远,发射功率较高,一般从几瓦到几十瓦不等,最大射程可达几十千米。脉冲激光测距的关键之一是对激光飞行时间的精确测量。激光脉冲测量的精度和分辨率与发射信号带宽或处理后的脉冲宽度有关,脉冲越窄,性能越好。

(2) 干涉测距法 干涉测距法的基本原理是利用光波的干涉特性而实现距离测量的方法。根据干涉原理,产生干涉现象的条件是两列有相同频率、相同振动方向的光相互叠加,并且这两列光的相位差固定。

干涉法激光的测距原理如图2-40所示,激光器发射出一束激光,通过分光镜

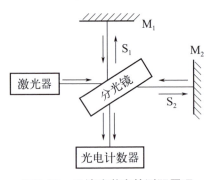

图2-40 干涉法激光的测距原理

S_1 为反射镜 M_1 发射的光波;
S_2 为反射镜 M_2 发射的光波

分为两束相干光波，两束光波各自经过反射镜 M_1 和 M_2 反射回来，在分光镜处又汇合到一起。由于两束光波的路程差不同，通过干涉后形成的明暗条纹也不同，所以传感器将干涉条纹转换为电信号之后，就可以实现测距。

干涉法测距技术虽然已经成熟，并且测量精度也很好，但是它一般用在测量距离的变化中，不能直接用它测量距离，所以干涉测距一般应用于干涉仪、测振仪、陀螺仪中。

（3）相位测距法　相位测距法的原理是利用发射波和返回波之间所形成的相位差来测量距离的。首先，经过调制的频率通过发射系统发出一个正弦波的光束，然后，通过接收系统接收经过障碍物之后反射回来的激光。只要求出这两束光波之间的相位差，便可通过此相位差计算出待测距离。相位法激光的测距原理如图 2-41 所示。

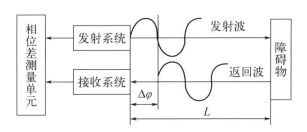

图 2-41　相位法激光的测距原理

相位测距法由于其精度高、所用仪器体积小且结构简单、昼夜可用的优点，被公认为是最有发展潜力的距离测量技术。相比于其他类型的测距方法，相位测距法朝着小型化、高稳定性、方便与其他仪器集成的方向发展。

2-24 激光雷达有什么特点？

（1）激光雷达的优点

① 探测范围广。探测距离可达 300m 以上。

② 分辨率高。激光雷达可以获得极高的距离、速度和角度分辨率。通常激光雷达的距离分辨率可达 0.1m；速度分辨率能达到 10m/s 以内；角度分辨率不低于 0.1mard，也就是说可以分辨 3km 距离内相距 0.3m 的两个目标，并可同时跟踪多个目标。

③ 信息量丰富。可直接获取探测目标的距离、角度、反射强度、速

度等信息，生成目标多维度图像。

④ 可全天候工作。激光主动探测，不依赖于外界光照条件或目标本身的辐射特性，它只需发射自己的激光束，通过探测发射激光束的回波信号来获取目标信息。

（2）激光雷达的缺点

① 与毫米波雷达相比，产品体积大，成本高。

② 不易识别交通标志和交通信号灯。

2-25 激光雷达的技术参数有哪些？

激光雷达的技术参数主要有最大探测距离、距离分辨率、测距精度、测量帧频、数据采样率、视场角、角度分辨率、波长等。

（1）最大探测距离 激光雷达的最大探测距离一般受限于发射功率和接收机的灵敏度，同时也受目标物体表面反射率、物体形状和环境光干扰等影响。目标的反射率越高，最大探测距离越远；目标的反射率越低，最大探测距离越近。因此，最大探测距离通常需要标注基于某一个反射率下的测得值，例如200m@10%反射率代表激光雷达发射光束到200m的距离可以看清最低10%光线反射率的物体。蔚来ET7搭载的图达通猎鹰激光雷达，其波长为1550nm，在10%反射率下的探测距离为250m，最远探测距离可达500m。

（2）距离分辨率 距离分辨率是指激光雷达可区分两个目标物体的最小距离。激光雷达的距离分辨率可达0.1m。

（3）测距精度 测距精度是指对同一目标进行重复测量得到的距离值之间的误差范围。目标距激光雷达越远，测距精度越低。

（4）测量帧频 测量帧频（帧率）是指激光雷达1s扫描多少次，它与摄像头的帧频概念相同，成像刷新帧频会影响激光雷达的响应速度，刷新率越高，响应速度越快，系统实时性越高。

（5）数据采样率 数据采样率是指每秒输出的数据点数，等于帧率乘以单幅图像的点云数目，通常数据采样率会影响成像的分辨率，特别是在远距离时，点云越密集，目标呈现就越精细。

例如，128线机械式激光雷达的水平视场角为360°，帧率为10Hz，水平角分辨率为0.2°，旋转一周会产生360/0.2=1800个点，激光雷达的出点数为2304000个点/s。

（6）视场角 视场角即有效扫描角度，在该角度范围内目标物体可被检测到,它分为水平视场角和垂直视场角。

水平视场角是水平面上所侦测的范围,以64线激光雷达为例,单纯的64线激光雷达的范围是远远不够的,但如果增加线束的范围又会大大增加成本,安装电机的机械式激光雷达可以配合旋转的动作形成360°水平视场角,而固态激光雷达只能看到正前方某些角度(如60°~120°)。

垂直视场角是指激光雷达垂直方向的检测角度,一般在40°以内,光束也不是垂直均匀分布的,而是中间密两边稀疏;激光光束会尽量向下偏置一定的角度,这也是为了扫描到更多的障碍物,在一定程度上可弥补近处盲区。

(7)角度分辨率 角度分辨率是指扫描的角度分辨率,等于视场角除以该方向所采集的点云数目,因此本参数与数据采样率直接相关。

角度分辨率表示两个相邻测距点的角度,它也分为水平角分辨率和垂直角分辨率。水平角分辨率和垂直角分辨率分别表示水平面上点的夹角和垂直面上点的夹角。角度分辨率的大小决定了一次扫描能返回的样本点数以及该激光雷达所能检测的最小障碍物大小,例如2个激光光束相邻测距点的角度为0.4°,则当探测距离为200m时,2个激光光束之间的距离为200m×tan0.4°≈1.4m,即在200m处,激光雷达只能检测到1.4m的障碍物。

(8)波长 激光雷达所采用的激光波长会影响雷达的环境适应性和对人眼的安全性。目前激光雷达厂商主要使用波长为905nm和1550nm的激光发射器,波长为1550nm的光线不容易在人眼中传输,这意味着采用波长为1550nm的激光雷达的功率可以相当高,而不会造成视网膜损伤。更高的功率,意味着更远的探测距离;更长的波长,意味着更容易穿透粉尘和雾霾。但受制于成本,生产波长为1550nm的激光雷达,要求使用昂贵的砷化镓材料。厂商更多选择使用硅材料制造接近于可见光波长的905nm的激光雷达,并严格限制发射器的功率,避免造成眼睛的永久性损伤。

2-26 激光雷达在无人驾驶汽车上有哪些应用?

无人驾驶汽车必须使用多线激光雷达,360°发射激光,从而达到360°扫描,获取车辆周围行驶区域的三维点云,通过比较连续感知的点云、物体的差异检测其运动,由此创建一定范围内的3D地图,如

图2-42所示。

无人驾驶汽车的精准定位和路径跟踪必须依靠激光雷达和高精度地图等，如图2-43所示。

图2-42　激光雷达获取车辆周围的3D地图

图2-43　利用激光雷达进行精准定位和路径跟踪

2-27 激光雷达感知流程是怎样的？

激光雷达感知流程如图2-44所示。

图2-44　激光雷达感知流程

激光雷达感知的流程从得到点云数据开始，先是对点云做一些必要的预处理，比如去掉一些异常值的点，只截取一定范围内的点云。然后对点云做目标检测，输出带位置信息的障碍物，再做目标跟踪，结合之前帧的障碍物信息，给这些障碍物标注跟踪地址，判断障碍物的速度和朝向，最后融合其他传感器的检测结果，输出感知检测到的障碍物信息给下游模块。

2-28 如何接收激光点云数据？

激光点云指的是由三维激光雷达设备扫描得到的空间点的数据集，

每一个点云都包含了三维坐标和激光反射强度，其中强度信息会与目标物表面材质和粗糙度、激光入射角度、激光波长以及激光雷达的能量密度有关。

激光点云是由车载激光扫描系统向周围发射激光信号，然后收集反射回来的激光信号得来的，并通过光速、激光从发射到返回的时间等信息来测得目标物的距离信息，再结合IMU、里程计、全球导航卫星系统（GNSS）等信息计算出前方目标物的三维坐标信息和距离信息。

此外，在点云的采集和分析过程中，需要根据车载激光雷达的特点与工作原理，并结合激光雷达的角分辨率、视场角等相关参数，才能更好地利用点云。

激光雷达的原始点云数据都会被存放在一个数据包里，此时数据包里面的数据都是一连串的字节符号，无法直接使用。

以威力登的16线激光雷达为例，原始点云数据的接收主要是通过用户数据报协议的形式向网络发送数据。具体来说，在激光雷达的web端进行设置或通过命令行进行设置后，技术人员会在接收端匹配激光雷达的IP地址与自身的用户数据报协议端口号，从而接收原始点云数据。

从数据的内容来看，该型号的激光雷达在垂直方向上（–15° ~ +15° ）有16线的激光束，其每帧的数据长度固定为1248字节，这些字节包括前42字节的前数据包标识、12组数据包、4字节时间戳和最后2字节雷达型号参数。

每个数据包中的数据都包含了激光光束的旋转角度、距离值、反射强度的信息，如图2-45所示。例如，“B6 07”代表了激光雷达的探测距离，“2A”代表了激光的反射强度，但这些信息都以2字节表示，需要进一步解析这些数据。

```
00000h: FF EE E0 63 B6 07 2A C4 0E 7C CB 08 17 C4 0E 85 00360h: 15 02 11 E7 0E 16 0E 02 01 EA 0E 83 01 0F 04 00
00010h: 29 0A 08 C5 0E 1A 1A 0C 02 D6 0E 82 02 0F 11 E6 00370h: 0F 93 EF 0E 19 13 0F 70 E8 0E 84 25 0F 7F E7 0E
00020h: 0E 94 A3 0E 06 DF 0E 6B CE 0E 81 0B 0F 63 CE 0E 00380h: 92 2C 0F 5E FF EE 46 65 F1 01 16 E0 0E 7C 0A 02
00030h: 94 0A 0F 64 B8 07 2A C5 0E 7C C8 08 18 BE 0E 85 00390h: 14 DA 0E 82 0D 02 1A E7 0E 17 18 02 05 ED 0E 83
00040h: 2B 0A 08 C9 0E 19 24 0C 03 D2 0E 82 07 0F 0B EA 003a0h: 08 0F 03 FE 0E 93 F0 0E 19 1A 0F 72 EC 0E 84 29
00050h: 0E 94 B0 0E 06 F1 0E 57 CF 0E 83 07 0F 64 D2 0E 003b0h: 0F 7E E5 0E 92 2C 0F 64 E8 01 1F DD 0E 7C 00 02
00060h: 94 0E 0F 5E FF EE 09 64 BA 07 2A C7 0E 7C C7 08 003c0h: 1C DE 0E 82 06 02 1B E5 0E 17 1E 02 10 F3 0E 83
00070h: 17 BF 0E 85 29 0A 08 D1 0E 19 22 0C 02 D6 0E 82 003d0h: 1A 0F 01 03 0F 93 EE 0E 18 18 0F 72 F0 0E 84 2D
00080h: 02 0F 03 E8 0E 93 E4 0E 1A 00 0F 73 D0 0E 83 FB 003e0h: 0F 7E E9 0E 92 2C 0F 64 FF EE 6E 65 E7 01 21 DD
00090h: 0E 77 D2 0E 94 14 0F 5E B6 07 2A CB 0E 7B C9 08 003f0h: 0E 7C F9 01 19 E2 0E 82 08 02 1E E7 0E 15 14 02
000a0h: 17 C1 0E 85 27 0A 08 CB 0E 18 24 0C 02 DA 0E 82 00400h: 20 F1 0E 83 00 00 0F 03 0F 93 F1 0E 14 16 0F 72
000b0h: FE 0E 01 E4 0E 93 E4 0E 20 01 0F 70 D6 0E 84 16 00410h: EE 0E 84 33 0F 7E EB 0E 92 30 0F 61 E6 01 25 E2
000c0h: 0F 7C CE 0E 94 10 0F 5E FF EE 30 64 B2 07 2C C9 00420h: 0E 7C F1 01 1B DF 0E 84 02 02 1A E6 0E 12 06 02
000d0h: 0E 7B CD 08 17 C1 0E 85 27 0A 0A CB 0E 19 23 0C 00430h: 13 EF 0E 83 1E 02 01 0A 0F 93 F2 0E 0F 1C 0F 72
000e0h: 02 DA 0E 82 E9 0E 0B E8 0E 93 E4 0E 1C FF 0E 70 00440h: EE 0E 84 35 0F 7E ED 0E 92 32 0F 5E FF EE 96 65
000f0h: D7 0E 83 15 0F 7F CE 0E 94 10 0F 64 B4 07 2C C5 00450h: E3 01 32 E5 0E 7B EB 01 27 E0 0E 82 FA 01 19 EC
00100h: 0E 7B CA 08 18 C5 0E 85 25 0A 0A CF 0E 18 21 0C 00460h: 0E 13 FF 01 17 F3 0E 83 15 02 04 09 0F 93 FA 0E
00110h: 02 D8 0E 82 EC 0E 0D EC 0E 93 E0 0E 1A FE 0E 6E 00470h: 0A 20 0F 73 F2 0E 84 31 0F 7E ED 0E 92 36 0F 5B
00120h: D7 0E 83 1B 0F 7F D7 0E 93 12 0F 64 FF EE 57 64 00480h: DE 01 38 E9 0E 7C EB 01 2D E2 0E 82 F4 01 1D EA
00130h: B6 07 29 C9 0E 7B C7 08 17 C2 0E 85 2D 0A 11 D1 00490h: 0E 12 FB 01 1C F7 0E 83 0E 02 07 09 0F 92 FD 0E
00140h: 0E 19 1D 0C 02 DA 0E 82 F0 0E 0D EF 0E 93 E0 0E 004a0h: 07 24 0F 73 F4 0E 84 37 0F 7E ED 0E 92 34 0F 5E
00150h: 1A 01 0F 70 D4 0E 83 17 0F 7F DB 0E 93 16 0F 61 004b0h: 6D 69 94 0F 37 22
```

图2-45　激光点云数据

2-29 如何对激光点云进行运动畸变补偿?

运动畸变是指在一帧时间内,激光雷达或者其载体在发生运动后,产生的点云位置不一样的问题。

要理解运动畸变补偿,首先要知道无人驾驶汽车端的激光雷达点云为什么会产生运动畸变。

激光雷达发射的一帧激光点云由多个激光点组成,而这些激光点云是由扫描器件经过一次扫描后才形成的。在静止的场景中时,车辆处于静止状态且场景中的目标物也处于相对静止状态,那么采集到的一帧点云是没有畸变的,每条激光线束最终会形成一个闭合的圆形,如图2-46所示。

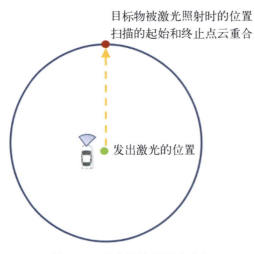

图2-46 激光雷达无运动畸变

在运动场景下,如车辆高速行驶或者转弯时,一帧点云中的起始点云和终止点云只能在不同坐标系下获得测量结果,这便导致三维环境信息产生了畸变。如图2-47所示,当车辆在运动过程中,车端上的激光雷达在扫描完一圈后,在最后一束激光照射到目标物时,与第一束激光照射到目标时相比,目标物的空间位置已发生了相对位移——该物体在两个不同时刻的点云,显示在坐标系中的信息是不同的。

运动畸变补偿就是为了解决上述问题——把激光在采集过程中的运动轨迹计算出来,并在对应的激光点云

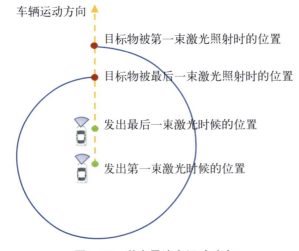

图2-47 激光雷达有运动畸变

上补偿这部分运动位移带来的变化，将同一帧的点云统一到同一时刻的坐标系下。

运动畸变有以下常见的补偿方法。

（1）纯估计方法　纯估计方法包括迭代最近点方法和速度更新的迭代最近点方法。迭代最近点方法是指采用该算法来匹配两个点云，通过不断地迭代算法后，将点云之间的误差缩至最小；速度更新的迭代最近点方法是迭代最近点方法的变种形式，模型假设车辆是在匀速运动，在进行匹配点云的同时估计车辆的自身速度。

（2）传感器辅助方法　传感器辅助方法包括惯性测量单元方法和轮式里程计方法。惯性测量单元（IMU）方法是在IMU队列中查找相邻两帧IMU的数据，然后通过球面线性插值的方式计算扫描点所在时刻的激光雷达位姿，并应用齐次坐标系变化将两个点云坐标变换至同一坐标系下；轮式里程计方法是指通过求解当前帧激光雷达数据中每个点云对应的坐标系下的里程计位姿后，再根据求得的位姿把每个点云坐标都转化到同一坐标系下（需要转化两次），最后重新封装该帧点云数据。

（3）融合的方法　融合的方法是指同时使用里程计和迭代最近点方法的融合方案，会先利用里程计方法进行矫正，去除大部分的运动畸变，再通过迭代最近点方法进行匹配，得到里程计的误差值，再把误差值均摊到每个点云上，并重新对点云位置进行修正。最后，利用迭代最近点方法进行迭代，直至误差收敛为止。

在整个点云预处理工作完成后，再将点云数据分别进行感知和定位层面的处理。在感知层面的流程中，点云数据主要用于3D目标检测，即自动驾驶系统需要识别检测出车辆感知区域内的障碍物，从而采取避障等措施。

在点云预处理工作完成后，感知层面的处理会有两个分支：一个是应用传统的3D目标检测方法，包括点云分割、目标物的聚类分析等；另一个是直接应用深度学习模型来完成3D目标检测。

2-30 如何利用传统方法对激光点云进行数据处理？

利用传统方法对激光点云进行数据处理主要包括地面点云分割、目标物的点云分割、目标物聚类分析以及匹配与跟踪。

（1）地面点云分割　在进行目标检测后，点云数据中会有很大一部分属于地面点数据，并呈现出一定的纹理状，这会对后续目标物的点云处理流程产生影响。

一方面，若不将这些地面点云数据进行分割及去除，这些无效的点云数据就会对位于地面上的物体点云数据造成干扰，会降低目标障碍物分割算法的准确性和鲁棒性；另一方面，由于点云数据量过大，会增加模型对计算量的需求。

所以，在进行后续工作前，需要先对地面点云进行过滤处理。

由于卷积神经网络模型一般会以滑窗的方式对每一块局部区域提取特征，然后做分类回归，所以深度学习的方法往往不需要预先分割出地面点云。在自动驾驶领域，考虑到硬件性能的占用、开发周期、模型成熟度等因素，一般会采用传统算法来进行地面点云分割。

地面点分割主要有以下方法。

① 平面栅格法。平面栅格法通常是根据设定好的尺寸建立平面网格（也可以做多层网格或者三维体素），然后将原始点云投影到各自的网格中，对每个网格中的点云集合提取特征，比如平均高度、最大高度、高度差、密度等。

技术亮点：平面栅格法不考虑矢量特征，让后续规划控制能更易于实现。

存在的问题：当激光雷达线束比较少的时候，比如16线激光雷达在采集道路数据时，车辆前方20m以外的地面上，能够打到的激光点已经比较少了，而且打到障碍物上的激光线束一般也只有一条。如果在栅格中采用高度特征进行地面过滤，低矮的障碍物很容易会被当成地面点过滤掉。

② 点云法向量。点云法向量是指通过设置点云的角度阈值来分割地面的点云，一般地面点云的法向量是垂直方向，只需要通过模型来求解点云法向量与地面法向量的夹角，并与设定好的阈值来做对比和分类。该方法需要其邻域点做支持，而邻域的大小一般由邻域半径值或临近点数量来表示。过大的邻域会抹平三维结构细节使得法向量过于粗糙，而过小的邻域由于包含了太少的点，受噪声干扰程度较强。

技术亮点：点云法向量可以较好地提取出道路两旁法向量突变的点云集合构成路沿，从而配合栅格化将道路区域、非道路区域、障碍物进行划分。

存在的问题：根据点云法向量方法的假设，一定要先对点云进行校正，如果不进行校正，很可能出现某一帧没有地面点被分割出来的极端情况（激光雷达倾斜角度过大）；点云法向量方法对于平台类型障碍物

（如路沿边上的长方形花坛）生成的点无法有效区分。

③ 模型拟合法——平面拟合。平面拟合是指通过随机选取的三个点云来建立平面方程，并将点云数据依次代入平面方程内，然后根据设置好的距离阈值来判定，该点是否为平面内的点。例如，阈值范围内的点为内点，而阈值外的点为外点。迭代次数最多的平面方程即为地面方程，而方程内的内点为地面点集，反之为障碍物的点云集。

技术亮点：当数据中有大量的异常数据时，该方法也能高精度地估计模型参数——能从大规模点云数据中，更容易地估计出地面点云集。

存在的问题：考虑到排水的因素，交通道路通常是中间凸起、两边低洼，类似于拱桥形状。虽然曲率不大，但是通过随机采样的一致性算法计算地平面，可能会得到倾斜于一侧的平面作为地面方程；在上下坡的时候，由于地面非绝对平面，该方法计算出的地面方程，会出现把前方地面点集作为障碍物点的情况；由于平面拟合是在点云空间随机地取三个点构建平面，如果场景中存在大块墙面时，会出现将墙面作为地面方程的情况。

④ 面元网格法。基于面元的分割可以分为局部类型或者表面类型，常采用区域增长的方式进行地面分割。其核心是基于点法线之间角度的比较，将满足平滑约束的相邻点合并在一起，以一簇点集的形式输出，每簇点集被认为是属于相同的平面。

技术亮点：面元网格法能够较好地应对地面存在曲率的情况，对于比较平缓的曲面或者平面能够达到较好的分割效果。

存在的问题：实际道路中的噪声点太多，直接使用区域增长的方式分割地面，会出现较多零星的地面点被当成障碍物点云集合的情况；区域增长算法的时耗较大，对于实时性要求较高的感知算法模块，需要进一步优化。比如将平面的区域增长降为到边缘，或者划分区域，在小范围内进行分割等。

（2）目标物的点云分割　在去除掉地面点云后，就需要将目标物点云进行有效的分割、分块，从而便于对目标物进行单独处理，即点云分割。目标障碍物的点云分割是根据空间、几何和纹理等特征对点云进行划分。

目标物点云分割主要有以下方法。

① 基于边缘的方法。基于边缘的方法是指物体的形状是用边缘来描述的，所以通过定位目标物边缘点云快速变化的点，来寻找靠近目标物边缘区域的点并进行分割。

技术亮点：基于边缘的方法采用了可重构多环网络的算法优化机制，提高了算法运行的效率。

存在的问题：基于边缘的方法较适用简单场景（如低噪声、均匀密度），不适用拥有大量三维点云的数据集；面对存在不连续边缘的目标物点云数据，若不采用点云填充，就不能直接用于识别检测。

② 基于区域增长的方法。基于区域增长的方法是指通过使用邻域信息来将具有相似属性的附近点归类，以获得分割区域，并区分出不同区域之间的差异性。该方法主要分为两类：种子区域方法和非种子区域方法。其中，种子区域方法是指通过选择多个种子点来开始做分割，以这些种子点为起始点，通过添加种子的邻域点的方式逐渐形成点云区域；非种子区域方法是指将所有点都分为一个区域，然后将其划分为更小的区域。

技术亮点：相比于基于边缘的方法，该方法的分割准确度会更高。

存在的问题：基于区域增长的方法依赖选取的起始种子点或者区域细分位置，若选取不恰当，就会导致分割过度或不足等问题。

③ 基于属性的方法。基于属性的方法是先计算目标物点云的属性，例如距离、密度、水平或垂直方向的点云分布等，并以此来定义测量点之间的领域，然后将每个方向上的法向量的斜率和点邻域的数据之差作为聚类的属性。

技术亮点：相比于前两种方法，基于属性的方法可以消除异常值和噪点的影响。

存在的问题：基于属性的方法依赖点之间邻域的定义和点云数据的点密度，在处理大量输入点的多维属性时，会导致模型对计算量的需求过大。

（3）目标物聚类分析　在目标物点云分割完后，就需要将点云图中各个已分割的点云聚类成若干个整体，即把具有相似程度较高的点云组成一组，以便降低后续模型的计算量——这个过程就被称为点云聚类。

点云聚类主要有以下方法。

① K-means聚类算法。K-means聚类算法是指将整个点云数据集分为 k 个具有某种统一特征的点云簇。首先，从每个点云簇中随机选择 k 个点作为点云簇的中心点。然后，对每个点云簇分别计算每个点云簇与上述 k 个点之间的实际距离，依据距离值最小的原则将其聚类到该点云簇。之后再对聚类的点云簇计算形心坐标，并更新点云簇中心点。最后，模型会重复上述步骤，直到点云簇中心点不再变化。

技术亮点：准确性高；可处理较大数据量；运算速度快。

存在的问题：该方法需要预先设定 k 值和初始聚类中心，实时性差。

② DBSCAN 聚类算法。DBSCAN 聚类算法是指通过引入密度的概念，即要求聚类空间中的一定区域内所包含对象的数据量不小于某一给定阈值。该方法能够在具有噪声的空间数据库中发现任意形状的簇，可将密度足够大的相邻区域连接，能够有效地处理异常数据，主要用于对空间数据的聚类。

技术亮点：可以聚类任意形状点云；可以有效去除噪声点。

存在的问题：对内存资源消耗大；对处理器的要求高；需要预先设定聚类区域的半径和触发的阈值。

③ 欧式聚类算法。欧式聚类算法（也称为欧几里得聚类算法）是指基于欧式距离聚类的方法，在激光雷达的点云数据中，同一个物体的点云簇中两点之间的距离小于一定的值，而不同物体之间的点云簇之间的距离大于一定的值。欧式聚类算法就是根据此种原理，将欧几里得距离小于设定距离阈值的点合并成一类，从而完成聚类过程。

技术亮点：该方法运算速度快，且具有良好通用性。

存在的问题：该方法需要预设固定距离的阈值，这会导致近处的目标物聚类效果较好，而远处的聚类会出现欠分割或者截断的问题。

（4）匹配与跟踪　在做完前面的部分后，匹配和跟踪就是预测下一时刻目标物出现在哪个区域。在障碍物检测中，匹配的精确度是后续多传感器融合的基础。

通常来说，匹配与跟踪的算法流程是先将目标预测的结果与测量的点云数据计算关联矩阵，然后利用匈牙利算法（其核心原理是寻找增广路径，从而达成最大匹配）进行匹配关系的确定，最后将点云数据分为匹配上的目标和未匹配上的目标两类，将其分别保存，并为跟踪做准备。

2-31 基于深度学习的激光点云目标检测主要有哪些方法？

在自动驾驶领域中，随着点云的数据量越来越大，传统的目标检测算法已经无法满足实际需求。当前点云 3D 目标检测主要采用了深度学习模型。

在感知层面的目标检测中，点云在预处理完成后，就直接放入深度学习模型中。

基于深度学习的激光点云目标检测主要有以下方法。

（1）PointNet　PointNet首先为点云中的每一个点计算特征，然后通过一个与点云顺序无关的操作将这些特征组合起来，得到属于全体点云的特征，这个特征可以直接用于任务识别。

技术亮点：直接将点云数据输入网络，而不是将其规范化；利用了旋转不变性和置换不变性。旋转不变性是指所有的点做相同的变换（旋转平移），不影响对形状的表达；置换不变性是指任意交换各点的位置，不影响对形状的表达。

存在的问题：无法获得局部特征，这使得PointNet方法很难对复杂场景进行分析。

（2）PointNet++　PointNet++是基于PointNet方法得出的，主要借鉴了卷积神经网络的多层感受野的思想。卷积神经网络通过分层不断地使用卷积和扫描图像上的像素并做内积，使得越到后面的特征图感受野越大，同时每个像素包含的信息也越多。PointNet++就是仿照了这样的结构，先通过在整个点云的局部采样并划一个范围，将里面的点作为局部的特征，用PointNet进行一次特征提取。

技术亮点：没有量化带来的信息损失，也无须调节量化超参数；忽略空白区域，避免了无效的计算。

存在的问题：无法利用成熟的基于空间卷积的2D物体检测算法；虽然避免了无效计算，但是图形处理器对于点云的处理效率远低于对网格数据的处理效率。

（3）VoxelNet　VoxelNet主要是将三维点云转化为体素结构，然后以鸟瞰图的方式来处理这个结构。此处的体素结构就是利用相同尺寸的立方体来划分三维空间，其中每个立方体称为体素。

VoxelNet有两个主要过程，第一个是体素的特征提取过程，第二个是目标检测过程。

技术亮点：可以直接在稀疏的点云数据上进行任务检测，并避免了人工特征工程带来的信息瓶颈；可以更有效地利用图形处理器的并行运算优势。

存在的问题：VoxelNet对于数据表示（为适应模型运算而重建的一种新数据结构）比较低效，并且中间层的3D卷积对计算量的需求太大，导致其运行速度只有大约2帧/s，远低于实时性的要求。

（4）SECOND　SECOND是一种基于VoxelNet方法优化后的点云检测方法，其网络的整体结构和实现大部分与原先的VoxelNet相近，同时在VoxelNet的基础上改进了中间层的3D卷积，采用稀疏卷积来完成，提高了训练的效率和网络推理的速度。同时，SECOND还提出了一个新的损失函数与点云数据增强策略。SECOND网络结构主要由三部分组成：特征提取阶段、稀疏卷积层、RPN网络。

技术亮点：利用稀疏卷积提高了模型的推理速度。

存在的问题：虽然SECOND相比VoxelNet，其速度有所提升，但仍然保留了3D卷积。

（5）PointPillar　PointPillar把落到每个网格内的点直接叠放在一起，形象地称其为柱子，然后利用与PointNet相似的方式来学习特征，最后把学到的特征向量映射回网格坐标上，得到与图像类似的数据。

技术亮点：通过学习特征而不是依赖固定的编码器，PointPillars可以利用点云表示的全部信息；通过对柱而不是体素进行操作，不需要手动调整垂直方向的装箱；网络中只使用2D卷积，不使用3D卷积，对计算量的需求小、运行高效；无须手动调整即可使用不同的点云配置。

存在的问题：点特征的学习被限制在网格内，无法有效地提取相邻区域的信息。

（6）PCT　PCT主要是利用Transformer固有的顺序不变性，避免定义点云数据的顺序，并通过注意力机制进行特征学习。网络结构整体分为三部分：输入嵌入、注意力层和点云的分类与分割。

技术亮点：PCT具有固有的置换不变性，更适合点云学习；相比于主流的PointNet网络，PCT的分割边缘更加清晰。

存在的问题：PCT是一种有效的全局特征提取网络，然而它忽略了点云深度学习中同样重要的局部邻域信息。

2-32 什么是视觉传感器？

视觉传感器是指通过对摄像头拍摄到的图像进行处理，对目标进行检测，并输出数据和判断结果的传感器。

视觉传感器在无人驾驶汽车上的应用是以摄像头（相机）形式出现的，搭载先进的人工智能算法，便于目标检测和图像处理，如图2-48所示。

图2-48　视觉传感器

2-33 视觉传感器有哪些类型?

根据镜头和布置方式的不同,视觉传感器主要分为单目摄像头、双目摄像头、三目摄像头、环视摄像头和事件相机。

(1)单目摄像头 单目摄像头如图2-49所示,一般安装在前挡风玻璃上部,用于探测车辆前方环境,识别道路、车辆、行人等。先通过图像匹配进行目标识别(各种车型、行人、物体等),再通过目标在图像中的大小去估算目标距离。

图2-49 单目摄像头

单目摄像头的算法思路是先识别后测距,首先通过图像匹配进行识别,然后根据图像大小和高度进一步估算障碍物与本车距离。在识别和估算阶段,都需要与建立的样本库进行比较。想要识别各种车,就要建立车型数据库。

单目摄像头的优点是成本低廉,能够识别具体障碍物的种类,算法成熟度高,识别准确。

单目摄像头的缺点是它的视野完全取决于镜头,焦距短的镜头,视野广,但缺失远处的信息;单目测距的精度较低;无法识别没有明显轮廓的障碍物;工作准确率与外部光线条件有关,并且受限于数据库,缺乏自学习功能。

视觉传感器的成像图是透视图,即越远的物体成像越小。近处的物体,需要用几百甚至上千个像素点描述;而处于远处的同一物体,可能只需要几个像素点即可描述出来。这种特性会导致越远的地方,一个像素点代表的距离越大,因此,对于单目摄像头,物体越远,测距的精度越低。

(2)双目摄像头 图2-50所示是博世公司生产的双目摄像头,两个摄像头之间距离为12cm,像素数为1080×960,水平视场角为45°,垂直视场角为25°,最大探测距离为50m,不仅可以用于自动制动系统,而且可以用于车道偏离预警系统和交通标志识别系统等。

双目摄像头的算法思路是先测距后识别,首先利用视差直接测量目标与本车的距离,然后在识别阶段,双目仍然要利用与单目一样的特性提取和深度学习等算法,进一步识别目标是什么。

图2-50 双目摄像头

双目摄像头通过对两幅图像视差的计算，直接对前方目标（图像所能拍摄到的范围）进行距离测量，而无须判断前方出现的是什么类型的目标。依靠两个平行布置的摄像头产生的视差，找到同一个目标所有的点，依赖精确的三角测距，就能够算出摄像头与前方目标的距离，实现更高的识别精度和更远的探测范围。

双目摄像头需要两个摄像头都有较高的同步率和采样率，因此技术难点在于双目标定及双目定位。相比单目摄像头，双目摄像头没有识别率的限制，无须先识别，可直接进行测量；直接利用视差计算距离精度更高；无须维护样本数据库。

（3）三目摄像头 三目摄像头如图2-51所示，它实质上是三个不同焦距的单目摄像头的组合。三目摄像头感知范围更大，但需要同时标定三个摄像头，工作量大。

由于三目摄像头的每个相机的视野不同，因此近处的测距交给宽视野摄像头，中距离的测距交给主视野摄像头，更远的测距交给窄视野摄像头，这样一来每个摄像头都能发挥其最大优势。

图2-51 三目摄像头

三目摄像头的缺点是需要同时标定三个摄像头，因而工作量更大一些。另外软件部分需要关联三个摄像头的数据，对算法要求也很高。

单目摄像头、双目摄像头和三目摄像头主要用于前视摄像头。图2-52所示为前视摄像头拍摄的画面。

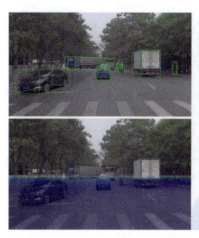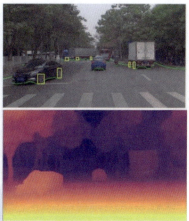

图2-52 前视摄像头拍摄的画面

（4）环视摄像头　环视摄像头一般至少包括4个鱼眼摄像头，而且安装位置是朝向地面的，能够实现360°环境感知。

环视摄像头的感知范围并不大，主要用于车身5～10m内的障碍物检测、自主泊车时的库位线识别等。鱼眼摄像头为了获取足够大的视野，代价是图像的畸变严重。图2-53所示为鱼眼摄像头拍摄的画面。

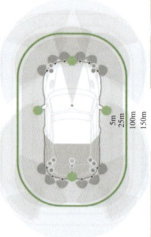

图2-53　鱼眼摄像头拍摄的画面

（5）事件相机　事件相机从传感器层面解决了传统相机的缺点。与传统相机不同，事件相机只观测场景中的"运动"，确切地说是观察场景中的"亮度的变化"。事件相机只会在有亮度变化时，输出对应像素的亮度变化（1或0），具有响应快、动态范围宽、无运动模糊等优势。传统相机以固定的帧率对场景进行全帧拍摄，所有像素同步工作；事件相机是每个像素独立异步工作，采样率高达百万赫兹，且仅对亮度变化进行输出，一个事件（亮度变化）包括发生的时刻、发生的像素坐标和事件发生的极性。由于事件相机的特质，在光强较强或较弱的环境下（高曝光和低曝光），传统相机均会"失明"，但像素变化仍然存在，所以事件相机仍能看清眼前的东西。无人驾驶汽车在黑夜里行驶，可能传统相机已经几乎看不到前方黑暗中的人，但事件相机看得一清二楚，如图2-54所示。

摄像头分为红外摄像头和普通摄像头，红外摄像头既适合白天工作，也适合黑夜工作；普通摄像头只适合白天工作，不适合黑夜工作。目前车辆使用的主要是红外摄像头。

(a) 传统相机

(b) 事件相机

图 2-54　传统相机和事件相机拍摄画面的比较

2-34 视觉传感器的组成是怎样的？

视觉传感器主要由光源、镜头、图像传感器、数模转换器、图像处理器、图像存储器等组成，如图 2-55 所示，其主要功能是获取要处理的最原始图像。

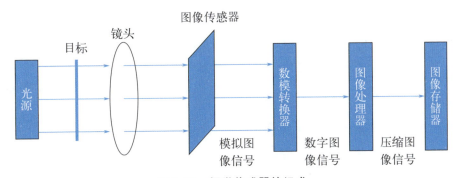

图 2-55　视觉传感器的组成

视觉传感器光源提供的灯光照明用于提高图像的亮度和对比度；镜头可将目标成像在图像传感器的光敏面上；图像传感器可将光信号转换为电信号；数模转换器可将模拟图像信号转换成数字图像信号；图像处理器可将数字图像信号处理成压缩图像信号（照片或视频）；图像存储器用于存储压缩图像信号。

2-35 视觉传感器的工作原理是怎样的？

视觉传感器的工作原理与图像传感器密切相关。图像传感器的作用

(a) CCD 图像传感器

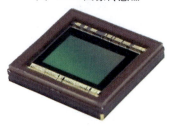

(b) CMOS 图像传感器

图 2-56　图像传感器

是将镜头所成的图像转变为数字或模拟信号输出，是视觉检测的核心部件，主要有 CCD 图像传感器和 CMOS 图像传感器两种，如图 2-56 所示。CCD 是电荷耦合器件（charge coupled device）的英文缩写；CMOS 是互补金属氧化物半导体（complementary metal oxide semiconductor）的英文缩写。

（1）CCD 成像原理　当光线与图像从镜头透过投射到 CCD 表面时，CCD 就会产生电流，将感应到的内容转换成数码资料储存起来。CCD 像素数目越多，单一像素尺寸越大，收集到的图像就会越清晰。

（2）CMOS 成像原理　利用硅和锗这两种元素所做成的半导体，使其在 CMOS 上共存着带负电的 N 级和带正电的 P 级半导体，这两个互补效应所产生的电流即可被处理芯片记录和解读成影像。

（3）CCD 与 CMOS 的主要差异　CCD 传感器中每一行中每一个像素的电荷数据都会依次传送到下一个像素中，由最底端部分输出，再经由传感器边缘的放大器进行放大输出；而在 CMOS 传感器中，每个像素都会邻接一个放大器及 A/D 转换电路，用类似内存电路的方式将数据输出。

造成这种差异的原因在于：CCD 的特殊工艺可保证数据在传送时不会失真，因此各个像素的数据可汇聚至边缘再进行放大处理；而 CMOS 工艺的数据在传送距离较长时会产生噪声，因此，必须先放大再整合各个像素的数据。

相比于 CCD，CMOS 虽然成像质量不如 CCD，但是 CMOS 因为耗电少（仅为 CCD 芯片的 1/10 左右）、体积小、重量轻、集成度高、价格低，迅速得到各大厂商的青睐，目前除了专业摄像机外，大部分带有摄像头设备使用的都是 CMOS。

2-36　视觉传感器有什么特点？

视觉传感器具有以下特点。

① 视觉图像的信息量极为丰富，尤其是彩色图像，不仅包含有视野

内目标的距离信息,而且有该目标的颜色、纹理、深度和形状等信息。

② 在视野范围内可同时实现车道线检测、车辆检测、行人检测、交通标志检测、交通信号灯检测等,信息获取量大,如图2-57所示。当多辆智能网联汽车同时工作时,不会出现相互干扰的现象。

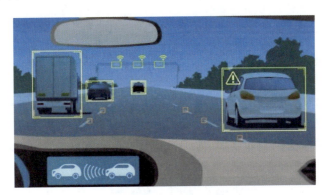

图2-57 视觉传感器的多目标检测

③ 视觉SLAM通过摄像头可以实现同时定位和建图,如图2-58所示。

图2-58 视觉SLAM

④ 视觉信息获取的是实时的场景图像,提供的信息不依赖于先验知识,有较强的适应环境的能力。

⑤ 视觉传感器与机器学习、深度学习等人工智能相融合,可以获得更好的检测效果,必将扩大视觉传感器在无人驾驶汽车上的应用范围。

视觉传感器的发展趋势是探测距离越来越远,而且必须与深度学习相结合,识别能力越来越强。在未来几年,单目摄像头最大测距可达到200~300m,像素达到800万左右,性能与远程毫米波雷达差距大幅缩小,同时具备成本和图像识别等方面的优势。

2-37 视觉传感器的技术参数有哪些?

视觉传感器的技术参数有图像传感器的技术参数、相机的内部参数和相机的外部参数。

（1）图像传感器的技术参数 主要有像素、帧率、靶面尺寸、感光度和信噪比等。

① 像素。像素是图像传感器的感光最小单位，即构成影像的最小单位。一帧影像画面由许多密集的亮暗、色彩不同的点所组成，这些小点称为像素。像素的多少是由 CCD/CMOS 上的光敏元件数目所决定的，一个光敏元件就对应一个像素。因此像素越大，意味着光敏元件越多，相应的成本就越大。像素用两个数字来表示，如 720×480，720 表示在图像长度方向上所含的像素点数，480 表示在图像宽度方向上所含的像素点数，两者的乘积就是该相机的像素数。

② 帧率。帧率代表单位时间所记录或播放的图片的数量，连续播放一系列图片就会产生动画效果，根据人的视觉系统，当图片的播放速度大于 15 幅/s 的时候，人眼就基本看不出来图片的跳跃；在达到 24～30 幅/s 时就已经基本觉察不到闪烁现象。每秒的帧数或帧率表示图形传感器在处理场时每秒能够更新的次数。高的帧率可以得到更流畅、更逼真的视觉体验。

③ 靶面尺寸。靶面尺寸也就是图像传感器感光部分的大小。一般用 "in" 来表示（1in = 2.54cm），通常这个数据指的是这个图像传感器的对角线长度，如常见的有 1/3in，靶面越大，意味着通光量越好，而靶面越小则比较容易获得更大的景深。比如，1/2in 可以有比较大的通光量，而 1/4in 可以比较容易获得较大的景深。

④ 感光度。感光度代表通过 CCD 或 CMOS 以及相关的电子线路感应入射光线的强弱。感光度越高，感光面对光的敏感度就越强，快门速度就越高，这在拍摄运动车辆、夜间监控的时候尤其显得重要。

⑤ 信噪比。信噪比指的是信号电压对于噪声电压的比值，单位为 dB。一般摄像机给出的信噪比值均是 AGC（自动增益控制）关闭时的值。因为当 AGC 接通时，会对小信号进行提升，使得噪声电平也相应提高。信噪比的典型值为 45～55dB，若为 50dB，表明图像有少量噪声但图像质量良好；目前有的摄相机信噪比已经超过 55dB，若为 60dB，表明图像质量优良，不出现噪声，信噪比越大说明对噪声的控制越好。

（2）相机的内部参数 相机的内部参数是指与相机自身特性相关的

参数，主要有焦距、光学中心、图像尺寸和畸变等。

① 焦距。焦距是指镜头的光学中心到图像传感器的距离，如图2-59所示。

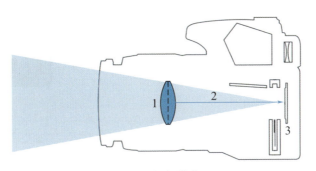

图2-59　相机的焦距

1—光学中心；2—焦距；3—图像传感器

焦距的单位一般用mm表示，例如18～135mm代表焦距可以从18mm到135mm进行变化，说明该摄像机的焦距是可变的；而50mm代表摄像头的焦距只有50mm，说明该摄像头的焦距是不可变的。

焦距不同，拍摄的目标图像效果是不一样的，如图2-60所示。

(a) 焦距为24mm　　(b) 焦距为50mm　　(c) 焦距为100mm

图2-60　焦距对拍摄图像的影响

焦距与水平视角、图像大小密切相关。焦距越小，光学中心就越靠近图像传感器，水平视角越大，拍摄到的图像越大；焦距越大，光学中心就越远离图像传感器，水平视角越小，拍摄到的图像越小。因此，焦距与水平视角成反比，如图2-61所示。

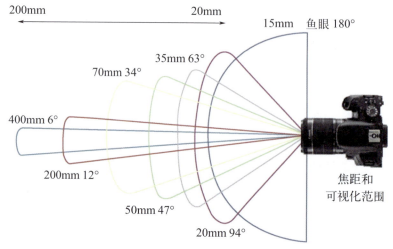

图2-61 焦距与水平视角的关系

无人驾驶汽车通过不同焦距和视角的摄像头，可以获得不同位置的交通标志、交通信号灯和各种道路标志的检测和识别能力。

② 光学中心。相机的镜头是由多个镜片构成的复杂光学系统，如图2-62所示。

图2-62 相机镜头及其光学系统

光学系统的功能等价于一个薄透镜，实际上薄透镜是不存在的。光学中心是这一等价透镜的中心，如图2-63所示。不同结构的镜头其光学中心位置也不一样，大部分在镜头内的某一位置，但也有在镜头前方或镜头后方的。

③ 图像尺寸。图像尺寸是指构成图像的长度和宽度，可以用像素作为单位，也可以用cm作为单位。

图像尺寸与分辨率有关。分辨率是指单位长度中所表达或截取的像素数目，即表示每英寸图像内的像素点数，单位是像素/in。图像分辨率越高，像素的点密度越高，图像越清晰。

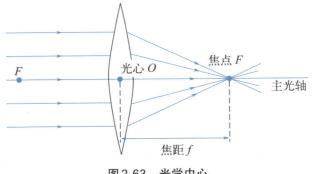

图2-63　光学中心

图像的像素、尺寸和分辨率具有以下关系。

a.在像素相同的情况下,图像尺寸小,单位面积内像素点多,分辨率更大,画面看起来更清晰。这也就是为什么同一张图片,尺寸越大,画面越模糊。

b.图像的分辨率越高,画面看起来更清晰。

c.图像的分辨率取决于图像的像素和尺寸,像素高且尺寸小的图片,分辨率大,画面看起来更清晰。

d.图像的像素越高,并不意味着画面越清晰,但是在同等分辨率要求的情况下,能够显示更大尺寸的图片。

如果把in单位改为cm单位,需要进行换算。72像素/in=28.346像素/cm;300像素/in=118.11像素/cm;1cm = 0.3937in;1in = 2.54cm。

④ 畸变。畸变分为径向畸变和切向畸变。

径向畸变发生在相机坐标系转向物理坐标系的过程中。径向畸变就是沿着透镜半径方向分布的畸变,产生原因是光线在远离透镜中心的地方比靠近中心的地方更加弯曲,这种畸变在普通廉价的镜头中表现更加明显,径向畸变主要包括枕形畸变和桶形畸变两种,如图2-64所示。

(a) 正常图像　　(b) 枕形畸变　　(c) 桶形畸变

图2-64　径向畸变

切向畸变产生的原因是透镜不完全平行于图像。切向畸变产生的图像如图2-65所示。

图2-65　切向畸变产生的图像

（3）相机的外部参数　相机的外部参数是指相机的安装位置，即相机离地高度以及相机相对于车辆坐标系的旋转角度。

图2-66　离地高度

① 离地高度。离地高度是指从地面到相机焦点的垂直高度，如图2-66所示。

② 旋转角度。相机相对于车辆坐标系的旋转角度有俯仰角、偏航角和横滚角。

俯仰运动（pitch）是指相机绕车辆坐标系Y_v轴的转动；偏航运动（yaw）是指相机绕车辆坐标系Z_v轴的转动；横滚运动（roll）是指相机绕车辆坐标系X_v轴的转动，如图2-67所示。

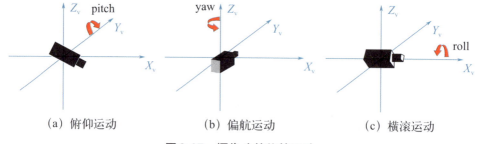

(a) 俯仰运动　　　　(b) 偏航运动　　　　(c) 横滚运动

图2-67　摄像头的旋转运动

俯仰角是指车辆的水平面与相机光轴之间的夹角；偏航角是指车辆的X_v轴与相机光轴之间的夹角；横滚角是指相机绕光轴的转角。

外部参数可以通过棋盘格标定获得，但要注意标准镜头和鱼眼镜头的差别。

2-38 视觉传感器在无人驾驶汽车上有哪些应用？

视觉传感器在无人驾驶汽车上的应用主要有红绿灯检测、车道线检测、障碍物检测等。图2-68所示为百度Apollo平台视觉传感器的应用。

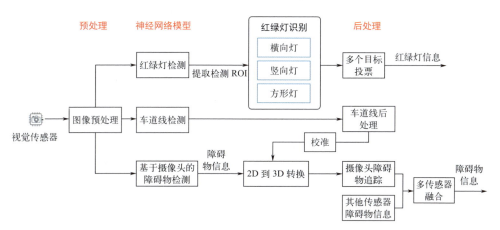

图2-68　百度Apollo平台视觉传感器的应用

视觉感知算法在Apollo平台上主要有3个应用场景，分别是红绿灯检测、车道线检测、基于摄像头的障碍物检测。

每个模块又可以分为3部分，分别是预处理、神经网络模型以及后处理。预处理是指对上游信息做一些处理和整合，以方便把信息直接输入模型中做预测；神经网络模型主要涉及一些深度学习算法，包括目标检测、语义分割、图像分类等；后处理是指从神经网络模型得到输出后，会结合模型的输出、其他传感器的信号以及经验信息，利用一些传统的算法进一步优化网络模型的预测，这样可以使检测结果能够适应一些比较复杂的路况，或者针对性地应对一些特殊的情形，让算法可以在实车上运行得更加流畅。

2-39 利用视觉传感器进行障碍物检测有哪些算法？

障碍物检测是无人驾驶汽车感知的一个核心问题，要求视觉传感器能够准确地检测出障碍物。物体检测要求实时、准确，而且要求是单帧检测，并且需要借助传感器内外参数，把检测结果统一映射到车身坐标系或者实际坐标系，这是障碍物检测的基本要求。

障碍物检测的算法有很多，如DPM算法、SDD算法、YOLO算法、Mask R-CNN算法、CenterNet算法等。

（1）DPM算法 DPM（deformable part model）是一种基于组件的检测算法，DPM算法采用了改进后的方向梯度直方图特征、支持向量机分类器和滑动窗口检测思想，针对目标的多视角问题，采用了多组件的策略，针对目标本身的形变问题，采用了基于图结构的部件模型策略。此外，将样本所属的模型类别、部件模型的位置等作为潜变量，采用多示例学习来自动确定。

（2）SDD算法 SDD（single shot multibox detector）是一种单一阶段检测算法，只需要用到图像一次，无须先产生候选框再进行分类和回归，而是直接在图像中不同位置进行边界框的采样，然后使用卷积层进行特征提取后直接进行分类和回归。相比基于候选框的方法，SSD极大地提高了检测速度。

（3）YOLO算法 YOLO（you only look once）是将目标检测作为回归问题求解的一种单一阶段检测算法。它基于一个单独的端到端网络，完成从原始图像的输入到目标位置和类别的输出。YOLO训练和检测均是在一个单独的网络中进行，没有显示求取候选框的过程，这是它相比于基于候选框方法的优势。YOLO输入图像经过一次推理，便能得到图像中所有目标的位置和其所属类别及相应的置信概率。YOLO检测效果如图2-69所示。

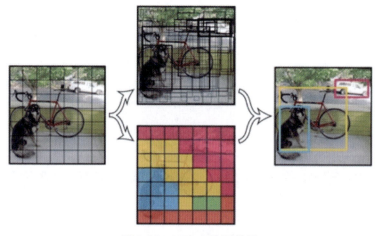

图2-69 YOLO检测效果

（4）Mask R-CNN算法　Mask R-CNN是一个实例分割算法，它是一个多任务的网络，可以用来做目标检测、目标实例分割和目标关键点检测。Mask R-CNN架构如图2-70所示。

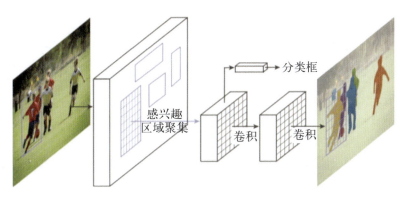

图2-70　Mask R-CNN架构

（5）CenterNet算法　相比YOLO、SSD、Mask R-CNN等算法依靠大量锚点的检测网络，CenterNet是一种不需要锚点的目标检测网络。CenterNet将目标看作一个点，一个目标由一个特征点确定，如图2-71所示。CenterNet将输入的图片划分成若干个区域，每个区域存在一个特征点。CenterNet网络的预测结果会判断这个特征点是否是对应的物体，以及物体的种类和置信度；同时还会对特征点进行调整以获得物体的中心坐标，并且回归出物体的宽高。

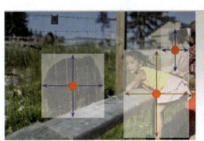

图2-71　目标特征点

2-40 传感器标定的目的是什么？

传感器标定是自动驾驶感知系统中的必要环节，是后续传感器融合的必要步骤和先决条件，其目的是将两个或者多个传感器变换到统一的时空坐标系，使得传感器融合具有意义，是感知决策的关键前提。任何传感器在制造、安装之后都需要通过实验进行标定，以保证传感器符合设计指标，保证测量值的准确性。

传感器在安装到无人驾驶汽车上之后，需要对其进行标定；同时，在车辆行驶过程中，由于震动等原因，会导致传感器位置与原位置产生偏离，因此有必要每隔一定的时间对传感器进行校准。无人驾驶汽车通过多种类型的传感器同时工作以进行环境感知与自感知，传感器的可靠性和准确性在无人驾驶汽车感知环节中尤为重要。

传感器的安装位置根据不同的车型、不同的使用场景均有各自的特殊性，如图2-72所示。安装传感器时要考虑感知范围、垂直视场角、水平视场角、探测距离、最佳视角、遮挡、不同传感器间的冗余、安全性、稳定性等；对于量产车型，还要考虑和车身的整合，兼顾安全和美观。

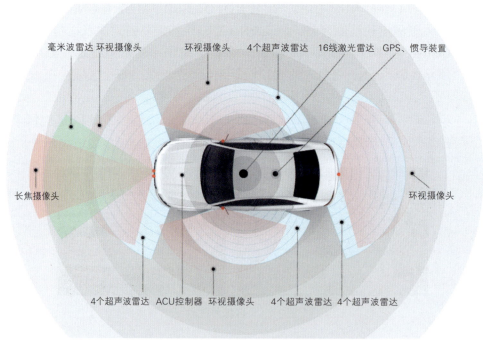

图2-72　传感器的安装位置

安装位置不同，每个传感器都有自己独立的坐标系，需要通过标定将各传感器统一到车身坐标系下。因此，传感器标定的目的就是将所有传感器坐标统一到车身坐标系下。

2-41 视觉传感器坐标系有哪些?

视觉传感器(相机)坐标系有世界坐标系、相机坐标系、图像坐标系、像素坐标系,它们之间的关系如图2-73所示。

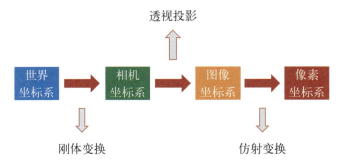

图2-73 相机坐标系之间的关系

相机投影相关坐标系如图2-74所示。

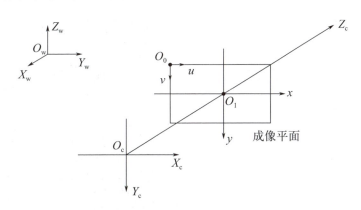

图2-74 相机投影相关坐标系

(1)世界坐标系 世界坐标系为符合右手系的三维直角坐标系,为用户自定义坐标系,可描述物体相对空间位置关系和相机的相对位置。图2-74中$O_wX_wY_wZ_w$为世界坐标系,用于描述视觉传感器的位置,单位是m。

(2)相机坐标系 以相机光心为原点,过原点垂直于成像平面的光轴为Z_c,建立相机坐标系$O_cX_cY_cZ_c$,单位为m。

(3)图像坐标系 以光轴与成像平面的交点为原点,建立图像坐标系O_1xy,单位为mm。

(4)像素坐标系 以成像平面左上角为原点,建立像素坐标系O_0uv,单位为像素。

2-42 什么是相机畸变？

相机在实际使用中并不能完全精确地按照理想的针孔摄像机模型进行透视投影，通常会存在透镜畸变，即物点在实际的摄像头成像平面上生成的像与理想成像之间存在一定光学畸变误差，其畸变误差主要是径向畸变误差和切向畸变误差。

自动泊车系统采用的环视摄像头由于采用广角拍摄，其对应的畸变类型通常是径向畸变。径向畸变产生的主要原因是镜头径向曲率的不规则变化，它会导致图像的扭曲变形，这种畸变的特点是以主点为中心，沿径向移动，离中心距离越远，产生的变形量就越大。对于一个矩形的严重径向失真，需要被矫正成理想线性镜头的图像才可以进入后端处理过程。行车系统采用的前视摄像头和侧视摄像头，由于安装过程中不能保证透镜与成像面严格平行，同时可能是由于制造上的缺陷使透镜不与成像面平行，从而产生切向畸变。图2-75所示为相机畸变产生的原理。

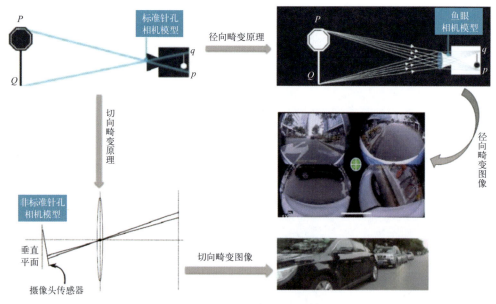

图2-75 相机畸变产生的原理

2-43 如何利用棋盘格对相机的外部参数进行标定？

在估计外部参数之前，必须从相机中捕获棋盘格图案的图像。棋盘坐标系主要用于摄像头的标定，如图2-76所示。在棋盘坐标系中，X_p轴指向右边，Y_p轴指向下方。棋盘坐标系原点是棋盘左上角方块的右下角。每个棋盘角代表坐标系中的另一点。例如，原点右侧的角为（1,0），原点下方的角为（0,1）。棋盘格的尺寸（高度，宽度）用格数表示。

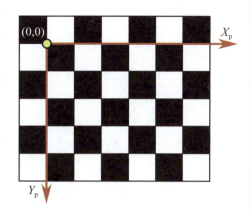

图2-76 棋盘坐标系

车辆坐标系固定在车辆上，如图2-77所示，X_v轴指向车辆前方；当向前看时，Y_v轴指向左方。从正面看，原点位于道路表面，直接位于摄像头焦点下方。当放置棋盘格时，X_p轴和Y_p轴必须与车辆的X_v轴和Y_v轴对齐。

图2-77 车辆坐标系

（1）水平方向标定 在水平方向上，棋盘格放在地面上或平行于地面，可以将棋盘格放在车辆的前面、后面、左侧或右侧，如图2-78所示。

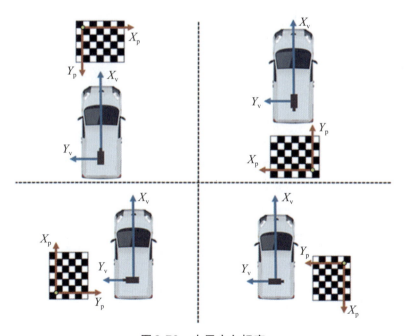

图2-78 水平方向标定

（2）垂直方向标定　在垂直方向上，棋盘格垂直于地面，可以将棋盘格放置在车辆前面、后面、左侧或右侧，如图2-79所示。

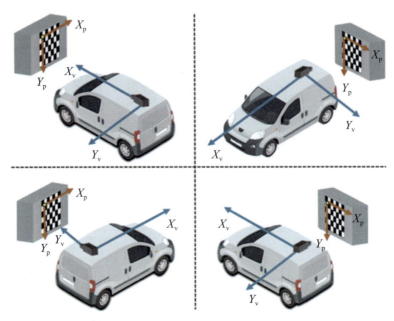

图2-79　垂直方向标定

2-44 为什么要对多传感器进行融合？

多传感器融合就是利用计算机技术将来自多传感器或多源的信息和数据，在一定的准则下加以自动分析和综合，以完成所需要的决策和估计而进行的信息处理过程。

多个同类或不同类传感器分别获得不同局部和类别的信息，这些信息之间可能相互补充，也可能存在冗余和矛盾，而控制中心最终只能下达唯一正确的指令，这就要求控制中心必须对多个传感器所得到的信息进行融合，综合判断。因此，在使用多个（种）传感器的情况下，要想保证安全性，就必须对传感器进行信息融合。多传感器融合可显著提高系统的冗余度和容错性，从而保证决策的快速性和正确性，是无人驾驶的必然趋势。

无人驾驶汽车环境感知传感器主要有视觉传感器、毫米波雷达、激光雷达和超声波雷达。各种传感器各有优缺点，因此在自动驾驶系统中通常有不同的任务划分。视觉传感器的作用主要是识别物体颜色，但会受阴雨天气的影响；毫米波雷达能够弥补视觉传感器受阴雨天影响的弊端，能够识别距离比较远的障碍物，比如行人、路障等，但是不能够识别障碍物的具体形状；激光雷达可以弥补毫米波雷达不能识别障碍物具体形状的缺点；超声波雷达主要识别车身的近距离障碍物，主要应用于车辆泊车。要想融合不同传感器收集到外界数据为控制器执行决策提供依据，就需要经过多传感器融合算法处理形成全景感知。

2-45 多传感器融合有哪些特点？

多传感器融合具有以下特点。

（1）信息冗余性 对于环境的某个特征，可以通过多个传感器得到它的多份信息，这些信息是冗余的，并且具有不同的可靠性，通过融合处理，可以从中提取出更加准确和可靠的信息。此外，信息的冗余性可以提高系统的稳定性，从而能够避免因单个传感器失效而对整个系统所造成的影响。

（2）信息互补性 不同种类的传感器可以为系统提供不同性质的信息，这些信息所描述的对象是不同的环境特征，它们彼此之间具有互补性。如果定义一个由所有特征构成的坐标空间，那么每个传感器所提供的信息只属于整个空间的一个子空间，和其他传感器形成的空间相互独立。

（3）信息处理及时性 各传感器的处理过程相互独立，整个处理过程可以采用并行导热处理机制，从而使系统具有更快的处理速度，提供更加及时的处理结果。

（4）信息处理低成本性 多个传感器可以花费更少的代价来得到相当于单传感器所能得到的信息量。另外，如果不将单个传感器所提供的信息用来实现其他功能，单个传感器的成本和多传感器的成本之和是相当的。

2-46 多传感器融合的过程是怎样的？

多传感器融合可以充分利用多传感器的优势，减小单一传感器的局限性，采集多个（种）传感器的观测信息，通过对这些数据和信息的合理支配及使用，利用其在空间或时间上的冗余或互补信息，基于优化算法进行分析、综合、支配和使用，以获得被观测对象的一致性解释或描述。传感器融合过程如下。

① 多个（种）传感器独立工作获取观测数据。

② 对各传感器数据（彩色图像、点云数据等）进行预处理。

③ 对处理数据进行特征提取、变换，并对其进行模式识别处理，获取对观测对象的描述信息。

④ 在数据融合中心按照一定的准则进行数据关联。

⑤ 使用足够优化的算法对各传感器数据进行融合，获得对观测对象的一致性描述和解释。

2-47 多传感器融合的基本要求是什么？

多传感器融合有以下基本要求。

① 传感器的数量要足够，也就是不同种类的传感器都要配备，才能够保证信息获取充分且有冗余。

② 算法要足够优化，算法是多传感器融合的核心，简单地说，传感器融合就是将多个传感器获取的数据、信息集中在一起综合分析，以便更加准确可靠地描述外界环境，从而提高系统决策的正确性。同时，数据处理速度要够快，且容错性要好，才能保证最终决策的快速性和正确性。

③ 统一的时钟同步，保证传感器信息的时间一致性和正确性。

④ 准确的多传感器标定，保证相同时间下不同传感器信息的空间一致性。

2-48 什么是时间同步？

时间同步是指通过统一的主机给各个传感器提供基准时间，各传感器根据已经校准后的各自时间为各自独立采集的数据加上时间戳信息，可以做到所有传感器时间戳同步，但由于各个传感器各自采集周期相互独立，无法保证同一时刻采集相同的信息。

传感器时间戳主要有GPS/GNSS时间戳、相机时间戳、激光雷达时间戳、毫米波雷达时间戳和IMU时间戳。

（1）GPS/GNSS时间戳 GPS时间指的是GPS原子时，是以世界标准时间1980年1月6日0时0分0秒为时间基准，以后按照国际原子时秒长累计计时。

(2）相机时间戳　无人驾驶汽车上使用卷帘快门相机是支持外部触发曝光的，但由于相机帧周期包括曝光时间和整帧像素点读出时间，所以需要关注曝光时间，对于相同 CMOS 芯片的相机，其整帧像素点读出时间是固定的，来反推图像真实时间戳（一般采用曝光时间）。

（3）激光雷达时间戳　无人驾驶汽车中使用的激光雷达，从硬件层面上就支持授时，即有硬件触发器触发激光雷达的数据，并给这一帧数据打上时间戳，激光雷达通常有两种时间同步接口：基于 IEEE1588 的以太网时间同步机制和 PPS+NMEA 协议（基于 GPS 的时间同步机制）。

（4）毫米波雷达时间戳　目前主流的车载毫米波雷达采用调频连续波调制方式，其上电后开始进行信号的发送和接收，内部有专门的时间机制，无法接收外部的时间。另外毫米波雷达周期性发送 CAN 信号，所以可以从 CAN 信号中获取数据时间。

（5）IMU 时间戳　一般 IMU 与 GPS 集成在一起，假设集成在现场可编程门阵列上，则接收现场可编程门阵列输出的高精度时间脉冲，从而将传感器信号打上高精度时间戳。

2-49 什么是空间同步？

空间同步是指将不同传感器坐标系的测量值转换到同一个坐标系中，其中一部分就是运动补偿，即对传感器测量过程、物体的运动或者传感器的运动造成实际的运动数据偏差，进行量化弥补。

运动补偿主要分为两类：自身车辆运动引起的偏差和非自身车辆运动引起的偏差。自身车辆运动引起的偏差是传感器在采集过程中的某一时间戳内，由于车辆自身的运动，传感器坐标系原点发生了变化，即采集的对象在该时间戳内发生相对位移变化。非自身车辆运动引起的偏差是传感器在采集的过程中，由于目标运动造成的相对位移的变化（这个在相机中最明显，如拖尾现象）。

运动补偿方法主要有纯估计方法、里程计辅助方法以及融合方法等。

纯估计方法一般是基于激光雷达匀速假设，通过帧间点云匹配来计算激光雷达的位置来进行线性补偿的。常用的方法包括迭代最近点算法、速度更新的迭代最近点算法以及近似最近邻方法。纯估计方法的缺点是采用低频率激光雷达，匀速运动假设不成立；数据预处理和状态估计过程存在耦合。

里程计辅助方法是利用 IMU 信息对激光数据中每个激光点对应的传

感器位姿进行求解，即求解对应时刻传感器的位姿，然后根据求解的位姿把所有激光点转换到同一坐标系下，再封装成一帧激光数据，发布出去（可以理解为激光点云的去畸变）。里程计辅助方法具有极高的位姿更新频率，能够比较准确地反映运动情况；具有较高精度的局部位姿估计；与状态估计完全解耦。

融合方法是指里程计辅助方法与纯估计方法相结合。

2-50 什么是软件同步？

软件同步的方法主要是指利用时间戳进行不同传感器的匹配。通常是将各传感器数据统一到扫描周期较长（频率较小）的传感器数据上。以某4线激光雷达（采样频率约12.5Hz）和某相机（采样频率约30Hz）来说明，显然激光雷达的周期长，则以激光雷达的采样频率为基准进行匹配，如图2-80所示。传感器的每个采样时刻记录在统一的时间序列上。当激光雷达完成一次采样时，寻找与该时刻最近邻时刻的图像，这样便完成了两种数据的时间匹配。

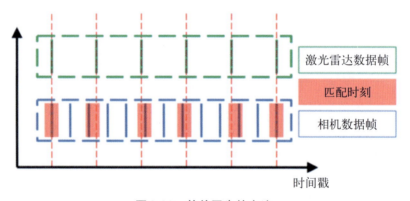

图2-80　软件同步的方法

2-51 什么是硬件同步？

通过唯一时钟源给各传感器提供相同的基准时间，各传感器根据提供的基准时间校准各自的时钟时间，从硬件上实现时间同步。

目前无人驾驶汽车中主流时间同步是以GPS时间为基准时间，采用PTP/gPTP时钟同步协议来完成各传感器之间的时间同步，采用PTP （precision time protocol，精确时间协议）的前提是需要交换机支持，才能实现高精度同步。与PTP同时出现的还有一种NTP（network time protocol，网络时间协议），不同的是，PTP是在硬件级实现的，NTP是在应用层级别实现的。

（1）统一时钟源 由于每个传感器都有自己的时间戳，这里统一时钟就是来同步不同传感器时间戳的。如果传感器支持硬件触发，则可以采用GPS时间戳作为基准进行硬件触发，这时传感器给出的数据中包含的时间戳即为全局时间戳（GPS时间戳）而非传感器时间戳。不同传感器之间统一时钟源效果的示意如图2-81所示。

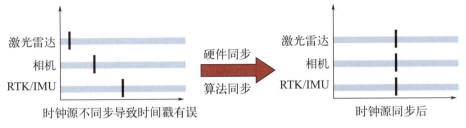

图2-81 不同传感器之间统一时钟源效果的示意

（2）硬件同步触发 硬件同步触发示意如图2-82所示。由于每种传感器的采样频率不一致，如激光雷达通常为10Hz，相机通常为25Hz/30Hz，不同传感器之间的数据传输还存在一定的时延，因此可以通过寻找相邻时间戳的方法找到最近邻帧，如果两个时间戳相差较大，且传感器或障碍物又在运动，那么最终会得到较大的同步误差。这个情况可以采用硬同步触发的方法来缓解查找时间戳造成的误差现象，也可以调整传感器的固有频率，如将相机采用频率调整为20Hz，减少时间差问题。

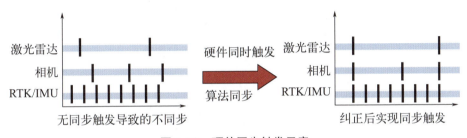

图2-82 硬件同步触发示意

2-52 多传感器融合的体系架构是怎样的？

多传感器融合的体系架构分为分布式、集中式和混合式，如图2-83所示。

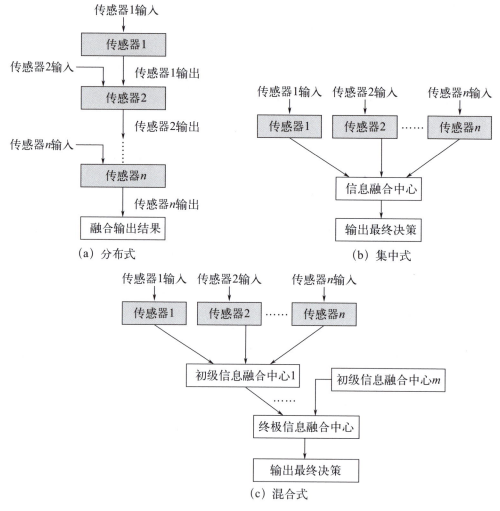

图2-83 多传感器融合的体系架构

（1）**分布式** 先对各个独立传感器所获得的原始数据进行局部处理，然后将结果送入信息融合中心进行智能优化组合来获得最终的结果。分布式对通信带宽的需求低，计算速度快，可靠性和延续性好，但跟踪的精度却远没有集中式高。

（2）**集中式**　集中式将各传感器获得的原始数据直接送至信息融合中心进行融合处理，可以实现实时融合。优点是数据处理的精度高，算法灵活；缺点是对处理器的要求高，可靠性较低，数据量大，故难以实现。

（3）**混合式**　混合式是指在多传感器信息融合框架中，部分传感器采用集中式融合方式，剩余的传感器采用分布式融合方式。混合式融合框架具有较强的适应能力，兼顾了集中式和分布式融合的优点，稳定性强。混合式融合方式的结构比前两种融合方式的结构复杂，这样就加大了通信和计算上的难度。

三种融合体系结构比较见表2-1。

表2-1　三种融合体系结构比较

体系结构	分布式	集中式	混合式
信息损失	大	小	中
精度	低	高	中
通信带宽	小	大	中
可靠性	高	低	中
计算速度	快	慢	中
可扩充性	好	差	一般
融合处理	容易	复杂	中
融合控制	复杂	容易	中

2-53 多传感器融合的级别是如何分类的？

在智能驾驶场景下，多传感器融合级别可以分为数据级、特征级和决策级。

（1）**数据级融合**　数据级融合示意如图2-84所示。数据级融合是指直接接收传感器采集到的环境数据进行处理，此时数据只经过了筛选等初步操作，因此能够最大限度保留数据本身的特性，同时没有引入其他识别或累计误差，信息量丰富且精度较高，便于进行后续分析处理，能够保障之后的环境特征提取的准确度。但是由于原始数据信息量大，要求系统具备分辨信息优劣的能力。

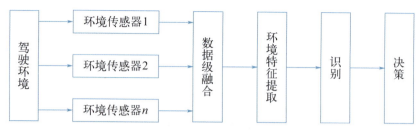

图2-84　数据级融合示意

（2）特征级融合　特征级融合示意如图2-85所示。在特征级融合中，首先会对传感器采集到的原始环境数据进行环境特征提取，之后对每个传感器所提取的特征信息进行算法融合，由于中间完成了传感器特征的初步提取，故所需融合的信息量大大减少，提高了系统的处理速度，同时可以减少之后的决策层的计算量以及数据冗余量。但是这种融合方法舍弃了许多环境数据。

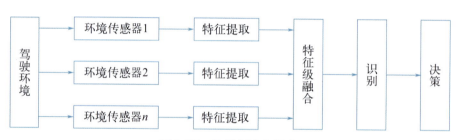

图2-85　特征级融合示意

（3）决策级融合　决策级融合示意如图2-86所示。决策级融合是指对传感器最终检测结果进行融合，从而为实际应用中的决策、控制等提供参考建议。由于决策级融合以检测识别结果作为输入，需要处理的信息量极少，因此计算实时性高。当系统中存在失效传感器时，也能根据剩余传感器的识别结果做出决策，容错性好。但是这种融合方法需要预先求解出各传感器的识别结果，故处理过程较烦琐。

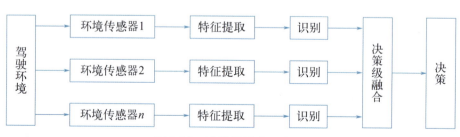

图2-86　决策级融合示意图

融合级别的选择应综合考虑无人驾驶汽车的具体行驶工况和所需解决的问题，选取最贴近感知需求的融合层级，有时也可能要组合多种不同级别的融合方式。一般来说，首先需要保证系统处理信息的鲁棒性以及高效性，除此之外还需要结合自身车辆的实际应用场景来综合比较各类方法的处理速度以及融合精度。

2-54 多传感器融合的算法主要有哪些？

多传感器融合的算法有加权平均法、卡尔曼滤波法、多贝叶斯估计法、D-S证据推理法、模糊逻辑推理、人工神经网络法等。事实上，多传感器融合在硬件层面并不难实现，重点和难点都在算法上。多传感器融合软硬件难以分离，但算法是重点和难点，拥有很高的技术壁垒，因此未来算法将在整个自动驾驶行业中占据价值链的主要部分。

（1）**加权平均法** 信号级融合方法中最简单直观的方法是加权平均法，将一组传感器提供的冗余信息进行加权平均，结果作为融合值。该方法是一种直接对数据源进行操作的方法。

（2）**卡尔曼滤波法** 卡尔曼滤波法主要用于融合低层次实时动态多传感器冗余数据。该方法用测量模型的统计特性递推，决定统计意义下的最优融合和数据估计。如果系统具有线性动力学模型，且系统与传感器的误差符合高斯白噪声模型，则卡尔曼滤波将为融合数据提供唯一统计意义下的最优估计。

卡尔曼滤波的递推特性使系统处理无须大量的数据存储和计算。但是采用单一的卡尔曼滤波器对多传感器组合系统进行数据统计时，存在很多严重问题，例如：在组合信息大量冗余的情况下，计算量将以滤波器维数的三次方剧增，实时性难以满足；传感器子系统的增加使故障概率增加，在某一系统出现故障而没有来得及被检测出时，故障会影响整个系统，使可靠性降低。

无人驾驶汽车融合感知算法主要采用卡尔曼滤波算法，利用线性系统状态方程，通过系统输入/输出观测数据，对系统状态进行最优估计，对于目前解决绝大部分问题它都是最优、效率最高的方法之一。

（3）**多贝叶斯估计法** 多贝叶斯估计法是指将每一个传感器作为一个贝叶斯估计，把各单独物体的关联概率分布合成一个联合的后验概率分布函数，通过使联合分布函数的似然函数为最小，提供多传感器信息的最终融合值，融合信息与环境的一个先验模型以提供整个环境的一个特征描述。

(4) D-S证据推理法　D-S证据推理法是贝叶斯推理的扩充，包含3个基本要点：基本概率赋值函数、信任函数和似然函数。

D-S证据推理法的推理结构是自上而下的，分为三级：第一级为目标合成，其作用是把来自独立传感器的观测结果合成为一个总的输出结果；第二级为推断，其作用是获得传感器的观测结果并进行推断，将传感器观测结果扩展成目标报告，这种推理的基础是，一定的传感器报告以某种可信度在逻辑上会产生可信的某些目标报告；第三级为更新，各传感器一般都存在随机误差，因此在时间上充分独立的、来自同一传感器的一组连续报告比任何单一报告更加可靠。所以在推理和多传感器合成之前，要先组合（更新）传感器的观测数据。

(5) 模糊逻辑推理　模糊逻辑是多值逻辑，通过指定一个0～1之间的实数表示真实度（相当于隐含算子的前提），允许将多个传感器信息融合过程中的不确定性直接表示在推理过程中。如果采用某种系统化的方法对融合过程中的不确定性进行推理建模，则可以产生一致性模糊推理。

与概率统计方法相比，逻辑推理存在许多优点，它在一定程度上克服了概率论所面临的问题，对信息的表示和处理更加接近人类的思维方式，一般比较适合于在高层次上的应用（如决策）。但是逻辑推理本身还不够成熟和系统化。此外由于逻辑推理对信息的描述存在很多的主观因素，所以信息的表示和处理缺乏客观性。

模糊集合理论对于数据融合的实际价值在于它外延到模糊逻辑，模糊逻辑是一种多值逻辑，隶属度可视为一个数据真值的不精确表示。在开发系统过程中，存在的不确定性可以直接用模糊逻辑表示，然后使用多值逻辑推理，根据模糊集合理论的各种演算对各种命题进行合并，进而实现数据融合。

(6) 人工神经网络法　神经网络具有很强的容错性以及自学习、自组织和自适应能力，能够模拟复杂的非线性映射。神经网络的这些特性和强大的非线性处理能力，恰好满足多传感器数据融合技术处理的要求。在多传感器系统中，各信息源所提供的环境信息都具有一定程度的不确定性，对这些不确定信息的融合过程实际上是一个不确定性推理过程。神经网络根据当前系统所接受的样本相似性确定分类标准，这种确定方法主要表现在网络的权值分布上，同时可以采用学习算法来获取知识，得到不确定性推理机制。利用神经网络的信号处理能力和自动推理功能，即可实现多传感器数据融合。

2-55 什么是多传感器后融合？

多传感器后融合指的是每个传感器都独立地输出探测数据信息，在对每个传感器的数据信息进行处理后，再把最后的感知结果进行融合汇总。如相机会有独立的感知信息，生成一个自己的探测到的目标列表；同样激光雷达也会根据探测得到的点云数据生成一个探测目标列表，最后将这些探测结果按照一定的、合适的算法做融合。多传感器后融合的结构如图2-87所示。

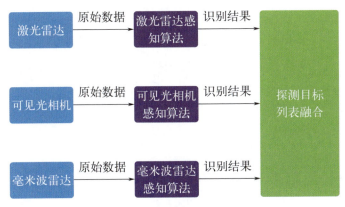

图2-87 多传感器后融合的结构

2-56 什么是多传感器前融合？

多传感器前融合是指在原始数据层面，把所有传感器的数据信息进行直接融合，然后根据融合后的数据信息实现感知功能，最后输出一个结果层的探测目标。多传感器前融合的结构如图2-88所示。基于这种融合方式，仅需要设计一种感知算法来处理融合信息，这种融合信息包含着十分丰富的信息，如彩色图像信息、纹理特征、三维信息等，这样极大地提高了感知的精确度。

与后融合相比，前融合在很多场景的检测精度更高，有着更为广泛的发展前景。例如，针对同一探测目标，激光雷达探测到了其中一部分，相机探测到了另一部分，在这种情况下，如果使用后融合方法，由于每个传感器都只探测到了目标的某一部分，而这一部分极有可能不能

图2-88 多传感器前融合的结构

提供足够的信息让系统完成识别，最终就会被作为背景滤除。但使用前融合方法，融合是在原始数据中进行的，感知算法能获得该目标更多的信息，相当于该目标的两个部分都被探测到了，这样识别结果会更加可靠。也就是说，在后融合过程中，低置信度信息会被过滤掉，产生原始数据的丢失。而这些滤除掉的低置信度信息，往往能够通过对原始数据融合来提高置信度。

2-57 什么是鸟瞰图感知？

自动驾驶系统在实际应用中需要面对各种复杂的场景，尤其是极端情况对自动驾驶的感知和决策能力提出了更高的要求。极端情况指的是在实际驾驶中可能出现的极端或罕见情况，如交通事故、恶劣天气条件或复杂的道路状况。鸟瞰图（BEV）技术通过提供全局视角来增强自动驾驶系统的感知能力，从而有望在处理这些极端情况时提供更好的支持。

BEV感知是一种从鸟瞰视角观察场景的感知技术，它可以提供更全面、更准确的环境感知信息。BEV感知技术已经在自动驾驶、智能交通、物流配送等领域得到广泛应用和研究，因为它能够有效地解决传统单目、双目视觉感知技术在场景感知范围、视野盲区、姿态变化等方面的限制。

以视觉为中心的BEV感知指的是基于多个视角的图像序列，算法需要将这些透视图转换为BEV特征并进行感知，如输出物体的3D检测框或俯视图下的语义分割。相比于激光雷达，视觉感知的语义信息更丰富,但缺少准确的深度测量。

BEV感知技术主要应用于高精度地图构建、多传感器数据融合、目标检测与跟踪、场景理解与推理、自主决策与规划等。

2-58 鸟瞰图感知技术有哪些优势?

BEV感知技术与激光雷达相比,具有以下特点。

① BEV感知技术能提供全局视角的环境感知,有助于提高自动驾驶系统在复杂场景下的表现。

② BEV感知技术通过摄像头捕捉图像,可以获取颜色和纹理信息;激光雷达在这方面的性能较弱。

③ BEV感知技术的成本相对较低,适用于大规模商业化部署。

BEV感知技术与传统单视角相机相比,具有以下特点。

① 传统单视角相机可以捕捉车辆周围的环境信息,但在视野和信息获取方面存在一定局限性。BEV感知技术整合多个相机的图像,提供全局视角,可以更全面地了解车辆周围的环境。

② BEV感知技术在复杂场景和恶劣天气条件下,相对于单视角相机具有更好的环境感知能力,因为BEV能够融合来自不同角度的图像信息,从而提高系统对环境的感知。

③ BEV感知技术可以帮助自动驾驶系统更好地处理极端情况,如复杂道路状况、狭窄或遮挡的道路等,而单视角相机在这些情况下可能表现不佳。

④ 在成本和资源占用情况方面,由于BEV感知需要进行各个视角下的图像感知、重建和拼接,因此是比较耗费算力和存储资源的。虽然BEV技术需要部署多个摄像头,但总体成本仍低于激光雷达,且相对于单视角相机在性能上有明显提升。

BEV感知具有以下优势。

① 跨视觉传感器融合和多模态融合更易实现。传统跨视觉传感器融合或者多模态融合时,由于数据空间的差异,需要用很多后处理规则去关联不同传感器的感知结果,操作非常复杂。而在BEV空间内进行多视觉传感器或多模态融合后,再做目标检测、实例分割等任务,可以使算法的实现更加简单,也能更直观地显示出BEV空间中的物体大小和方向。

② 时序融合更易实现。在BEV空间中,可以很容易地实现时序信

息的融合，从而构建一个4D空间。在4D空间内，感知算法能够更好地完成诸如速度测量等感知任务，并能将运动预测的结果传递到下游的决策模块和控制模块。

③ 可"脑补"出被遮挡的目标。由于视觉的透视效应，现实世界的物体在2D图像中很容易受到其他物体的遮挡，因此，传统的基于2D的感知方式只能感知可见的目标，对于被遮挡的部分，算法将无能为力。而在BEV空间内，算法可以基于先验知识，对被遮挡的区域进行预测，"脑补"出被遮挡的区域是否有物体。虽然"脑补"出来的物体有"想象"的成分，但对后续的控制模块来说，还是有不少益处的。

④ 端到端的优化更加容易。在传统感知任务中，识别、跟踪和预测更像是个"串行系统"，系统上游的误差会传递到下游从而造成误差累积，但在BEV空间内，感知和预测都是在一个统一的空间中进行的，因此，可以通过神经网络直接做端到端优化，"并行"出结果，这样既可以避免误差累积，又可以极大地降低算法逻辑的影响，让感知网络能够以数据驱动的方式来自学习，进行更好的功能迭代。

2-59 如何利用深度学习进行道路检测？

基于深度学习的车道线检测算法是目前最先进的算法之一，它利用深度神经网络自动学习的特征和规律，可以有效地解决传统算法中存在的一些问题。深度学习算法可以自动学习的特征和规律，避免了传统算法中需要手动提取特征的烦琐过程。深度学习算法具有较强的适应性和鲁棒性，可以适应不同的道路场景和光照条件。另外，深度学习算法可以处理视频流数据，实现实时车道线检测。

基于深度学习的车道线检测算法主要有以下方法。

（1）基于卷积神经网络的算法　该算法使用卷积神经网络对车道线进行检测。卷积神经网络可以学习图像的局部特征，识别车道线的位置和形状。该算法需要大量的标注数据和计算资源来训练模型，但检测效果较好，具有一定的实时性。

（2）基于循环神经网络的算法　该算法使用循环神经网络对车道线进行检测。循环神经网络可以学习图像的时序特征，根据前一帧图像的信息预测下一帧图像中的车道线位置。该算法需要输入连续的图像序列，并具有一定的实时性。

（3）基于端到端学习的算法　该算法使用端到端学习的方法，直接从输入图像中学习车道线的位置和形状。该算法可以减少人工干预和预处理，提高检测的鲁棒性和实时性。该算法需要大量的训练数据和计算资源来训练模型，但检测效果较好。

除此之外，还有一些基于深度学习的车道线检测算法采用多任务学习、弱监督学习等方法，可以进一步提高检测效果和鲁棒性。

图 2-89 所示为基于深度学习的车道线检测。LaneNet 是一种端到端的车道线检测方法，是将语义分割和对像素进行向量表示结合起来的多任务模型，最后利用聚类完成对车道线的实例分割；H-Net 是由卷积层和全连接层组成的网络模型，负责预测转换矩阵，对车道线像素点进行修正，并对修正后的结果利用 Lane fitting 拟合出一个三阶多项式作为预测的车道线。

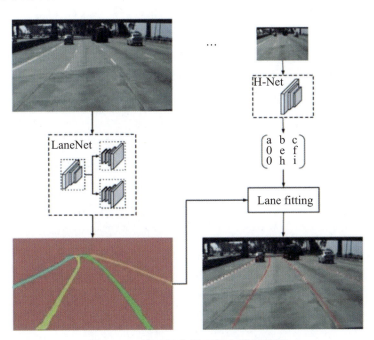

图 2-89　基于深度学习的车道线检测

2-60 如何利用深度学习进行车辆检测？

近年来，深度学习方法不断发展完善，图形处理器计算性能不断提升，深度学习方法在目标检测领域得到了飞速发展。如今已经出现了许多优秀的卷积神经网络结构，如 R-CNN、Fast R-CNN、Faster R-CNN、

Mask R-CNN、YOLO等目标检测算法，这类深度学习算法也逐步应用于车辆检测。

卷积神经网络在目标检测领域有两条发展主线：第一条是基于目标候选框的检测主线，这条主线是按照R-CNN、Fast R-CNN、Faster R-CNN、Mask R-CNN的线路不断发展，称为两阶段车辆目标检测法；第二条是基于一体化卷积网络的检测主线，这条主线是按照YOLO、YOLOv2、YOLOv3、SSD的线路不断发展，称为单阶段车辆目标检测法。第一条主线采用的方法是先通过粗检测找到目标候选框，再经精检测确定检测目标；第二条主线采用的方法得到最终检测结果。故两条主线相比而言，第一条主线中的算法检测精度较高，但缺点是速度慢，需要大量的计算资源；第二条主线中的YOLO系列算法检测速度较快，可以实时处理视频流，但准确率相对较低，SSD算法与YOLO算法相比，准确率更高。下面主要介绍两阶段车辆目标检测法。

（1）R-CNN　R-CNN的意思就是region based CNN，是第一个成功将深度学习应用到目标检测上的算法。R-CNN是基于卷积神经网络、线性回归和支持向量机等算法，实现目标检测的技术。R-CNN的主要思路就是根据一张图像提取多个区域，再将每个区域输入卷积神经网络来进行特征的提取。因此，R-CNN可以分为区域候选框生成和特征提取两个主要部分，提取的特征可以输入任意一个分类器来进行分类。

R-CNN的目标是借助边界框获取图像，并正确地识别图像中的主要对象；它运用选择性搜索给出边界框或者候选区域，选择性搜索通过不同尺寸的窗口在图像中进行滑动，然后通过纹理、颜色、亮度等特征将不同滑窗聚合，减少候选区域的数量，降低模型的复杂度。

生成一组候选区域之后，R-CNN将这些区域变换为标准的方形尺寸并采用改进后的AlexNet进行特征提取。在卷积神经网络的最终层，R-CNN增加了支持向量机，用于简单判断区域中是否包含目标以及它是什么。

R-CNN识别效果非常好，但是效率非常低，训练困难，主要原因：一是需要对每个图像的每个候选区域进行卷积神经网络前向传播，每个图像需要大约2000次前向传播，存在大量重复计算；二是该方法必须分别训练三个不同的模型——卷积神经网络图像特征提取模型、支持向量机分类模型、线性边框回归模型，训练困难而且中间保存特征向量需占用大量的空间，这使得模型很难训练。图2-90所示为基于R-CNN模型的车辆检测框架。

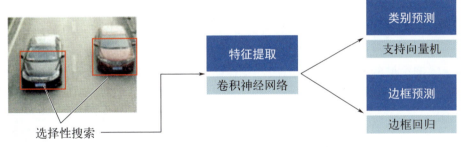

图2-90　基于R-CNN模型的车辆检测框架

（2）Fast R-CNN　为解决R-CNN效率低、训练难的问题，提出了Fast R-CNN的方法。Fast R-CNN相对于R-CNN主要改进的一个方面在于，不再对每一个候选区域进行重复卷积操作，而是对整张图像先提取泛化特征，这样就减少了大量的计算（R-CNN中对于每一个候选区域做卷积会有很多重复计算），并在卷积神经网络中引入兴趣区池化层，这样图片首先进行选择性搜索生成候选区域，同时在卷积神经网络中对整张图片进行特征提取，将候选区域通过映射的方式在池化层特征图上确定位置和矩形框。如此一来，只需要一次原始图像的卷积神经网络前向传播，而不是2000次；另外，Fast R-CNN把分类从支持向量机改进为softmax函数，并将卷积神经网络、softmax函数和边框回归的训练融合到一个模型中，降低了训练的难度。池化用来降低卷积神经网络或循环神经网络中的特征图的维度。在卷积神经网络中，池化操作通常紧跟在卷积操作之后，用于降低特征图的空间大小。图2-91所示为基于Fast R-CNN模型的车辆检测框架。

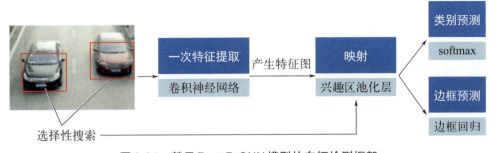

图2-91　基于Fast R-CNN模型的车辆检测框架

（3）Faster R-CNN　Faster R-CNN的想法来源于候选区域的特征计算依赖于图像的特征，这些特征已经通过卷积神经网络的前向传播（分类的第一步），那么为何不重用这些相同的卷积神经网络特征给出候选区，从而取代单独的选择性搜索？实际上，这就是Faster R-CNN方法的最大的改进。创新性地提出候选框提取不一定非要在原图上做，可以考虑在特征图上做。继而提出了候选区域网络，使得其可以抛弃传统的候选区域的方法，大幅加快训练速度。图2-92所示为基于Faster R-CNN模型的车辆检测框架。

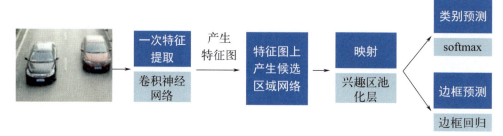

图2-92 基于Faster R-CNN模型的车辆检测框架

（4）Mask R-CNN　Mask R-CNN是将Faster R-CNN扩展到像素级分割。原始的Faster R-CNN架构，由兴趣区池化层选择的特征图的区域与原始图像的区域稍有偏差，与边界框不同，图像分割需要像素级的特征，少量的偏差自然会导致不准确。通过巧妙地采用兴趣区对齐层的方法代替兴趣区池化层，使之更精确地对齐。与Faster R-CNN不同，Mask R-CNN新增加了一个输出作为物体的mask。与Faster R-CNN类似的是，Mask R-CNN同样采用RPN来进行候选区域提取。但是在之后，对于每一个兴趣区域，Mask R-CNN还输出了一个二值化（二进制）的mask，说明给定像素是否是目标的一部分，从而实现像素级分割。所谓二进制mask，就是当像素属于目标的所有位置上时标识为1，其他位置标识为0。图2-93所示为R-CNN系列算法的比较。

区域候选框	区域候选框	特征提取 候选区域网络	特征提取 候选区域网络
特征提取	特征提取 兴趣区池化 softmax+边框回归	兴趣区池化 softmax+边框回归	兴趣区对齐
SVM分类　边框回归			softmax+ 边框回归　掩码预测
(a) R-CNN	(b) Fast R-CNN	(c) Faster R-CNN	(d) Mask R-CNN

图2-93　R-CNN系列算法的比较

从R-CNN网络的演进可以看出，最初的R-CNN由最基础的三个部分完成检测，到Faster R-CNN实现了端到端的检测，不断地加快效率；

而Mask R-CNN更加实现了像素级分割，使得结果更加精确。图2-94所示为基于深度学习的车辆检测结果。

图2-94　基于深度学习的车辆检测结果

2-61 基于深度学习的行人检测方法主要有哪些？

基于深度学习的行人检测方法可以分为基于锚点框的行人检测和基于无锚点框的行人检测。

（1）基于锚点框的行人检测　基于锚点框的目标检测（例如Faster R-CNN和SSD）是当前较为成熟并且应用较为广泛的一类算法，该方法利用数据集的先验信息设置一系列大小和形状不同的锚点框，并利用卷积神经网络对锚点框进一步分类与回归，得到最终的行人检测结果。基于锚点框的行人检测方法分为基于行人部位的检测方法、基于行人整体与部位加权的检测方法以及基于级联的检测方法。

① 基于行人部位的检测方法是处理遮挡行人检测问题最常见也是非常有效的一类方法。该方法利用遮挡行人可见部位判断行人是否存在。基于行人部位检测的方法往往是通过已训练好的人体关键点或部位检测网络简单有效地识别遮挡行人可见身体部位。基于部位检测器的行人检测框架如图2-95所示，图中FC表示全连接网络。该算法通过人体关键点检测网络识别每个行人目标的6个关键节点，包括头部、上身、手臂、腿部等，并利用关键节点重建相应的部位信息。将含有特定语义的部位信息进行整合，即得到最终更加鲁棒的行人特征表达。该方案直观有效，对于提升检测器的抗遮挡性能有明显效果。但是缺点也显而易见：一是此类方法需要额外的部位标注训练人体关键点或部位检测网络；二

是依赖数据驱动的部位检测器往往难以适配遮挡模式的多变。因此，如何降低部位检测器的计算成本，以及如何更有效地利用部位检测器仍然是一个值得探索的问题。

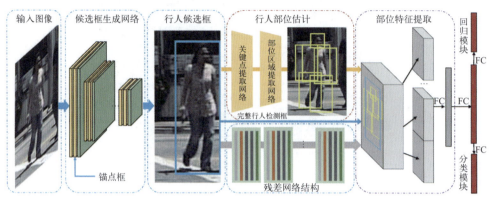

图 2-95　基于部位检测器的行人检测框架

② 基于行人部位的检测方法较为有效地降低了遮挡行人漏检率，但是由于过于依赖局部（部位）特征，导致对结构形似行人部位的背景目标产生误检。例如，主体结构形似行人躯干的树干、形状形似行人头部的路灯等。显然，仅基于行人部位的检测算法较难满足实际应用的需求。因此，提出了基于行人整体（全局特征）与部位（局部特征）加权的检测方法，旨在同时保证遮挡行人的低漏检率以及无遮挡行人的低误检率。基于行人头部与整体加权的检测网络如图 2-96 所示。此类方法通过对行人头部和全身同时进行检测，直观有效地缓解了行人检测中的遮挡问题。

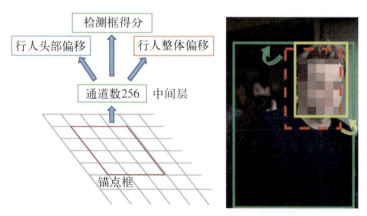

图 2-96　基于行人头部与整体加权的检测网络

③ 基于级联的检测方法分为基于两阶段检测器的级联方法和基于单阶段检测器的级联方法。

两阶段的检测器是指检测算法包含候选框产生和候选框修正两个阶段。以两阶段Faster R-CNN网络为例，候选框通过RPN（region proposal network，区域生成网络）模块产生，并经过R-CNN模块进行修正，由此得到更加精确的检测结果。Cascade R-CNN算法框架如图2-97所示，图中H表示检测模块，B表示检测框回归结果，C表示检测框分类得分，conv及pool分别表示卷积层及池化层。Cascade R-CNN采用级联式的网络框架，将检测结果迭代式地回归，前一级检测模型的输出作为下一级检测模型的输入，并逐步提高正负样本分类时的交并比阈值。此类方法通过多级级联的模式对检测结果逐步精调，可以取得更好的分类精度和更好的定位效果。

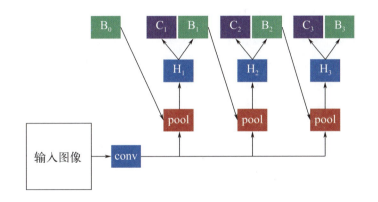

图2-97　Cascade R-CNN算法框架

单阶段检测器是指无须经过候选框生成，可以通过锚点框直接预测分类结果和边界框的回归位置。典型的行人检测模型是ALFNet（asymptotic localization fitting network，渐近局部化拟合网络），其主要思想是多级渐近定位，即使用较高交并比阈值筛选第1级的检测框作为第2级检测框的输入，之后逐步提高网络的交并比阈值，从而训练更精确的行人检测器，其检测框架如图2-98所示，图中h及w分别表示特征图的高度及宽度。通过该级联的方式，一方面可以为下一级检测网络提供更加精准可靠的行人特征；另一方面通过加权多级检测置信度可以得到更加可靠的检测结果。

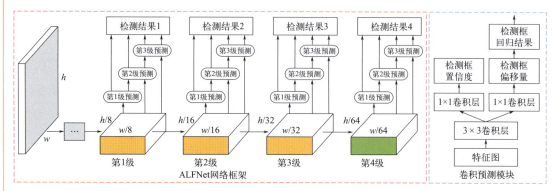

图 2-98 ALFNet 检测框架

（2）基于无锚点框的行人检测 基于无锚点框的行人检测分为基于点的行人检测方法和基于线的行人检测方法。

① 基于点的行人检测方法的出发点是认为行人目标可以用含有特定语义信息的点表示，例如角点、中心点等。CSP（center and scale prediction，中心和尺度预测）是此类算法中的典型代表。CSP 网络的主要思路是通过卷积神经网络直接预测行人目标中心点热力图，热力图上响应较大的点即为行人目标置信度较高的位置；通过卷积及全连接层预测相应的行人检测框高度。具体框架如图 2-99 所示，图中 h 及 w 分别表示输入图像的高度及宽度。与基于锚点框的方法相比，基于点的方法优点在于降低了锚点框训练推理过程中的计算复杂度；基于点的方法更多依赖于行人可见部位特征而非整体行人特征，因此往往对于遮挡行人检测较为有效。

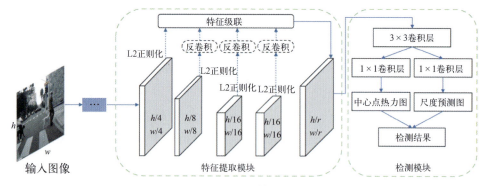

图 2-99 CSP 算法框架

② 基于垂直线的行人检测。TLL（topological line localization，拓扑线定位）算法框架如图 2-100 所示，图中 h 及 w 分别表示输入图像的高

度及宽度。从基于线的检测思路出发，TLL将行人检测划分为3个子任务，分别是行人目标上顶点预测、行人目标下顶点预测以及行人目标中轴线预测。相较于基于锚点框的行人检测方法，基于线的方法无须根据数据集人工设定大量先验框，降低了计算复杂度；基于锚点框的检测方法不可避免地引入背景噪声，而基于线的方法具有更明确、更清晰的语义特征。相较于基于点的行人检测方法，基于线的方法对行人结构有垂直约束，在检测性能上表现更为鲁棒。

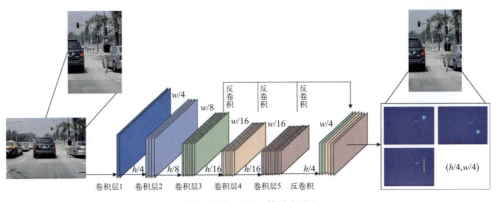

图2-100　TLL算法框架

2-62 交通标志检测方法有哪些？

交通标志检测方法主要有基于传统的检测方法和基于深度学习的检测方法，如图2-101所示。

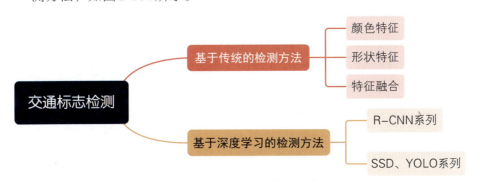

图2-101　交通标志检测方法

相比于传统的检测方法，基于深度学习的检测方法具有更好的实时性和准确性。基于深度学习的检测方法主要分为两类：单级和双级，单级是直接根据输入得到输出，而双级在输入得到输出的过程中，多一步在特征中预选一部分特征，也就是预选框。单级和双级方法的比较如图2-102所示。

图2-102　单级和双级方法的比较

2-63 如何利用深度学习进行交通信号灯检测？

交通信号灯检测就是检测当前路况下在摄像头的视觉范围内红绿灯的状态。输入是相机拍摄的图像，输出是红绿灯的属性，即红绿灯的颜色信息和位置信息。

交通信号灯检测分为预处理、神经网络模型以及后处理。

预处理是指输入信号的预处理。由于有多个摄像头、定位信息、高精度地图以及标定结果，预处理的目的是有针对性地选择摄像头，选择一个需要处理的图像。还需要根据高精度地图的结果，预先设定一个红绿灯的大致位置。之所以用高精度地图，是因为红绿灯在图像中占的比例比较小，属于小目标检测问题，在有些情况下检测的召回率很难保证，比较容易出现这种漏检的情况。高精度地图会预先提供红绿灯的大致位置，可以依赖高精度地图给出的信息，预先在图像中选取感兴趣区域作为后面检测模型的输入，很大程度上提高了红绿灯在检测模型输入中所占的比例，有效地提高了检测结果，减少误检的情况。

神经网络模型分成了两部分，一是检测，二是对检测的结果做分类识别。检测模型并不会直接输出灯的颜色信息，它的输出类别是三种形状，即横向灯、竖向灯和方形灯，再根据不同的形状类别，有针对性地用分类模型做具体的颜色识别。

后处理是对识别结果做优化和矫正。

图2-103所示为要检测的红绿灯。

图2-103 要检测的红绿灯

图2-104可以比较直观地解释感兴趣区域（region of interest，ROI）的选取过程，从图中可以看到红绿灯占的比例是比较小的，想要比较准确、完整地检测全部的红绿灯存在一定难度。图2-103中的小矩形框是高精度地图给出的红绿灯位置，在一些情况下，会有一些偏移，并不完全准确。为了避免这种偏移的情况，会对高精度地图给出的位置信息做一定比例的扩展，也就是大矩形框。大矩形框标识的区域就是输入第二步检测模型的图像。

红绿灯检测模型如图2-104所示。检测模型可以分为三部分：提取图像特征、区域提取和ROI分类器。

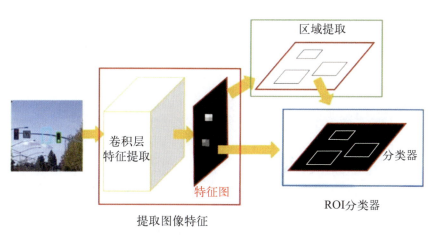

图2-104 红绿灯检测模型

模型检测采用了一种常规的基于卷积神经网络的目标检测算法，模型接收的就是刚刚选取的ROI区域，它的输出是红绿灯的边框以及红绿灯的类别。

可变形的、位置敏感的感兴趣区域池化是一种全卷积的结构，引入了位置信息，其结构如图2-105所示。

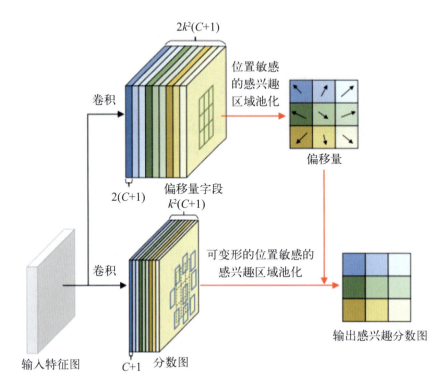

图2-105　可变形的位置敏感的感兴趣区域池化的结构

图2-105的上面部分的支路是偏移量的生成，下面是常规的位置敏感的感兴趣区域池化，上下支路合起来就是可变形的位置敏感的感兴趣区域池化。先看下面的位置敏感的感兴趣区域池化，对于输入特征图，进行卷积操作，生成同空间分辨率的通道数为k^2（C+1）的分数图，其中C是要分类的类别数（+1代表背景），k^2是输出特征图的大小。若无偏移量，要取的块的空间位置在分数图中的虚线部分，加入偏移量后，要取的块的空间位置偏移到了蓝色的9个框。需要注意的是，取这9个块时，取的是在不同的通道维度上的块（每个块的通道数为C+1，即对应一种颜色的厚度），由图2-105可以看出，分数图中在通道维度上有k^2（k=3时，即9）种颜色，与输出感兴趣分数图中的颜色一一对应。偏移量字段部分是通过卷积层生成的，通道数为$2k^2$（C+1），这是因为总共有k^2个块，每个块的通道数为（C+1），一个偏移量需要用两个数表示（二维空间）。

一般来讲，网络越深，感兴趣区域池化具有的平移旋转不变性会越强。这个性质在做分类时，可以有效地提高对分类的鲁棒性，因为在分类时，并不关心物体是否翻转、旋转等。但在检测时，由于需要对物体进行定位，通过模型需要得到物体具体的位置信息，所以需要模型对位置有比较好的感知能力。如果模型过深，平移旋转不变性太强，会削弱模型的感知能力。太深的图像特征检测框架存在一个明显的缺陷：检测器对物体的位置信息敏感度下降，检测的准确度就会降低，所以提出了这种位置敏感性的感兴趣区域池化。

检测完成后，需要对红绿灯的颜色做识别。训练了3个轻量级的卷积神经网络做分类，这3个网络分别对应检测结果的3个类别，即竖着的、横着的和方形的。图2-106所示为基于深度学习的交通信号灯检测，左侧是检测模型输入的3个结果。对它做不同的缩放，输入不同的分类网络中，得到四维向量，对应4种类别出现的概率。

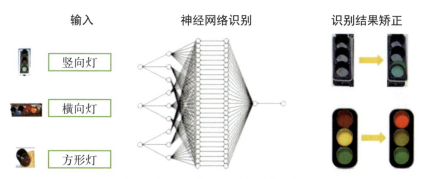

图2-106　基于深度学习的交通信号灯检测

最后会有一个矫正器，因为红绿灯可能会出现闪烁或者阴影的情况，这种分类算法并不能保证识别结果完全正确，也就是说当前检测的状态可能不能代表真实的状态。所以需要一个矫正系统对它做矫正。假如检测出来的是黑色或者置信度不高，不能确定到底是什么颜色，这时矫正器就会查找前几帧的检测状态，假如前面的状态是一直保持稳定的，比如一直是绿色，那么当前的黑色或者不确定的状态，就可以置为绿色。另外由于时间顺序的关系，比如黄色只能在绿色之后或红色之前，为了保证行车安全，把红色之后的黄色都视为红色，直到检测出绿色。

这就是整个交通信号灯检测的流程，从预处理到检测网络再到分类网络以及最后的矫正，输出的就是当前视觉下，检测出来的红绿灯以及红绿灯的具体颜色。

精准定位——无人驾驶汽车的"小脑"

3-1 什么是无人驾驶汽车的定位?

无人驾驶汽车的定位是指通过全球导航卫星系统（global navigation satellite system，GNSS）、惯性导航以及激光SLAM（即时定位与地图构建）、视觉SLAM等，获取无人驾驶汽车的准确位置。

定位分为绝对定位、相对定位和组合定位。

（1）**绝对定位** 绝对定位是指通过全球导航卫星系统实现，采用双天线，经卫星获得车辆在地球上的绝对位置和航向信息。

（2）**相对定位** 相对定位是指根据车辆的初始位姿，通过惯性导航获得车辆的加速度和角加速度信息，将其对时间进行积分，得到相对初始位姿的当前位姿信息。

（3）**组合定位** 组合定位是将绝对定位和相对定位进行结合，以弥补单一定位方式的不足，甚至与高精度地图相结合，实现高精度定位。

无人驾驶汽车的定位精度应控制在10cm以内，这样才能保障无人驾驶汽车的行驶安全。

3-2 无人驾驶汽车的定位方法主要有哪些?

无人驾驶汽车的定位方法主要有全球定位系统（GPS）、差分全球定位系统（DGPS）、北斗卫星导航系统（BDS）、惯性导航系统（INS）、航迹推算（DR）技术、视觉传感器定位、激光雷达定位以及组合定位等。

（1）**全球定位系统** 全球定位系统（global positioning system，GPS）是一种以空中卫星为基础的高精度无线电导航的定位系统。该方法通过GPS进行车辆定位是一种绝对位姿估计方法，如图3-1所示。基于GPS定位的优点在于可全天候连续定位，且适用于全局定位；缺点在于受环境影响较大，高楼、树木、隧道等都会屏蔽GPS信号，而且GPS定位精度低，更新周期长，远远不能满足自动驾驶的需求。

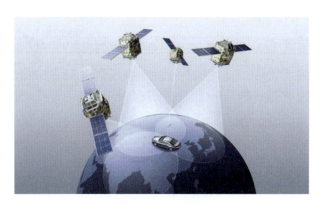

图3-1　GPS定位

（2）**差分全球定位系统**　差分全球定位系统（differential global position system，DGPS）是在GPS的基础上利用差分技术使用户能够从GPS中获得更高的精度。其基本原理就是车辆在行驶过程中用GPS作为基准，在GPS更新的时候，通过差分辅助，完成车辆厘米级的精确定位，如图3-2所示。

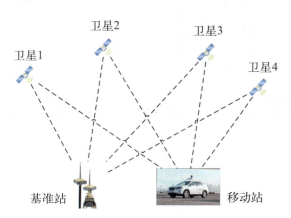

图3-2　GPS差分定位

（3）**北斗卫星导航系统**　北斗卫星导航系统（Beidou navigation satellite system，BDS）是我国自行研制的全球卫星导航系统，国家制订的智能汽车发展规划中，已明确提出要大力推广北斗卫星导航系统在智能网联汽车和无人驾驶汽车中的应用。北斗卫星导航系统定位如图3-3所示。

图3-3　北斗卫星导航系统定位

（4）惯性导航系统　惯性导航系统（inertial navigation system，INS）由陀螺仪、加速度传感器及软件构成，通过测量运动载体的角速度和加速度数据，并将这些数据对时间进行积分运算，从而得到运动载体的速度、位置和姿态。汽车在驶入深山隧道时，其上安装的惯性导航系统的定位导航作用会非常显著，如图3-4所示。

图3-4　惯性导航系统定位

（5）航迹推算技术　航迹推算（dead reckoning，DR）技术是利用载体上一时刻的位置，结合无人驾驶汽车的航向、速度等信息，推算出当前时刻的位置。DR导航是一种自主式导航，一般不会受到外界环境的干扰，由于其定位误差会随着时间延长而累计，不能长时间独立工作，因此一般用来辅助其他导航。航迹推算原理如图3-5所示。

（6）视觉传感器定位　视觉传感器提供了丰富的颜色和图像信息，处理这些信息正是深度学习技术的强项。通过深度学习模型识别车道线、道路上文字、停止线等固定的标识，并与高精度地图数据进行对

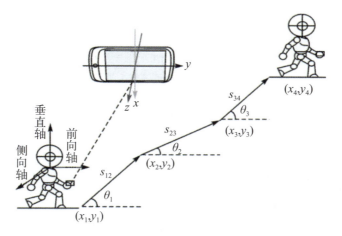

图3-5 航迹推算原理

比,从而获取车辆的当前位置。它的优势在于成本低;缺点在于精度低,误差大,并且在强光、逆光、黑夜场景下的效果不好。视觉传感器定位如图3-6所示。

(7)激光雷达定位 事先通过采集车采集道路的3D点云地图数据,在无人驾驶汽车行驶过程中实时利用激光雷达采集点云数据,并与事先采集的点云数据进行比较,从而获取当前的车辆位置。它的优势在于探测精度高,探测距离远,对GPS的初值依赖度低,在没有GPS信号的场景下也能实现精准的车辆定位;缺点在于成本高,并且基于点云的地图数据时效性差,维护成本高。激光雷达定位如图3-7所示。

图3-6 视觉传感器定位

图3-7 激光雷达定位

(8)组合定位 高精度定位是无人驾驶汽车的关键核心技术。所谓高精度是指定位精度要达到厘米级,上述任何一种定位方法很难满足要求,因此,无人驾驶汽车必须使用组合定位。

百度Apollo系统使用了全球导航卫星系统（GNSS）、激光雷达、惯性测量单元（IMU）等多种传感器融合，加上一个误差状态卡尔曼滤波器，使定位精度可以达到5~10cm，且具备高可靠性和鲁棒性，市区允许最高速度超过60km/h。图3-8所示为百度Apollo组合导航定位系统框图。

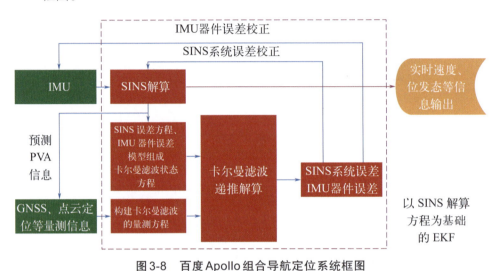

图3-8　百度Apollo组合导航定位系统框图

3-3 无人驾驶汽车对定位有什么要求？

定位精度与自动驾驶级别和驾驶场景密切相关，如图3-9所示。

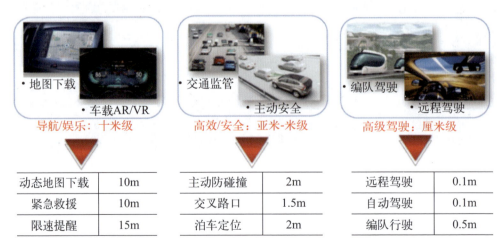

图3-9　定位精度与自动驾驶级别和驾驶场景的关系

智能网联汽车L1～L3级以先进驾驶辅助为主,对定位精度的要求见表3-1。

表3-1 智能网联汽车应用场景对定位精度的要求

应用场景	典型场景	通信方式	定位精度/m
交通安全	前向碰撞预警	V2V	≤1.5
	交叉路口碰撞预警	V2V	≤5
	路面异常预警	V2I	≤5
交通效率	车速引导	V2I	≤5
	前方拥堵预警	V2V,V2I	≤5
	紧急车辆让行	V2V	≤5
信息服务	汽车近场支付	V2I,V2V	≤3
	动态地图下载	V2N	≤10
	泊车引导	V2V,V2P,V2I	≤2

无人驾驶汽车（L4级/L5级）不仅对汽车位置精度要求更高,而且对位置鲁棒性、车辆姿态精度、姿态鲁棒性都有严格的要求,见表3-2。

表3-2 无人驾驶汽车对定位的要求

项目	指标	理想值
位置精度	误差均值	<10cm
位置鲁棒性	最大误差	<30cm
姿态精度	误差均值	<0.5°
姿态鲁棒性	最大误差	<2.0°

3-4 定位坐标系有哪些？

定位坐标系主要有WGS-84经纬坐标系、UTM坐标系、北京54坐标系、西安80坐标系、国家2000坐标系、导航坐标系和车体坐标系等。

（1）**WGS-84经纬坐标系** WGS-84经纬坐标系是一种国际上采用的地心坐标系。坐标原点为地球质心,其地心空间直角坐标系的Z轴指向BIH（国际时间服务机构）1984年定义的协议地球极（CTP）方向，X轴指向BIH定义的零子午圈和CTP赤道的交点，X轴、Y轴与Z轴垂直构成右手坐标系，称为世界大地坐标系统，即WGS-84经纬坐标系，如图3-10所示。

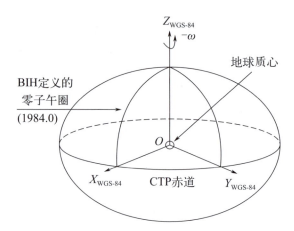

图3-10　WGS-84经纬坐标系

全球定位系统（GPS）是使用WGS-84坐标系进行定位的。WGS-84坐标系的定位数据通常通过（B，L，H）来表达，分别代表定位点的纬度、经度、高程。经纬线相互交织构成经纬网，用经度、纬度表示地面上点的位置就是地理坐标。用经纬度表示的大地坐标是一种椭球面上的坐标，不能直接应用于测绘。因此需要将它们按一定的数学规律转换为平面直角坐标系。在平面直角坐标系中能较方便地计算道路上两个物体的相对距离和位置关系。

（2）UTM坐标系　在测绘（例如高精度地图的绘制）和导航（例如智能网联汽车的导航）中，常常需要用"m"为单位表示距离和大小，而GPS的定位所使用的WGS-84坐标却是用经纬度表示位置的。于是需要一种坐标转换或者映射关系将经纬度坐标转换为以"m"为单位的平面直角坐标。目前，这种坐标映射关系有多种标准，比如国际上通用的UTM（universal transverse Mercator，通用横轴墨卡托）坐标系、北京54坐标系、西安80坐标系和国家2000坐标系等。其基本思想都是把椭球形的地球表面按照小的区块展开，投影到一个曲面（圆柱面或椭圆柱面）上，曲面再次展开铺平成平面，进而构成平面直角坐标系。

UTM坐标系使用UTM投影将椭球面分区块映射到平面直角坐标系中。这种坐标系及其所依据的投影已经广泛用于地形图，作为卫星影像和自然资源数据库的参考格网以及要求精确定位的其他应用。UTM投影是等角横轴割圆柱投影，圆柱割地球于南纬80°、北纬84°两条等高圈，之间的地球表面积按经度6°划分为南北纵带（投影带），如图3-11所示。

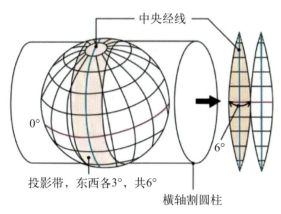

图 3-11　UTM坐标系

（3）**北京54坐标系**　北京54坐标系（BJZ54）也是我国常用坐标系之一，通常可作为中间的转换坐标系。该坐标系是以克拉索夫斯基椭球为基础，经局部平差后产生的坐标系。BJZ54被广泛用于工程测量中，其建立以后得到了各行各业的认可并被广泛应用。

（4）**西安80坐标系**　西安80坐标系具有以下特点。

① 椭球参数与克拉索夫斯基椭球相比精度高。

② 椭球有4个参数，是一套完整的数值，既确定了几何形状，又表明了地球的基本物理特征，从而将大地测量学与大地重力学的基本参数统一起来。

③ 椭球参数与国际天文学联合会决定从1984年启用的新天文常数系统中的地球椭球参数相一致。

④ 与北京54坐标系相比，轴系与参考基本面明确。

⑤ 通过椭球定位，参考椭球与我国大地水准符合较好。

⑥ 该坐标系是综合利用我国天文、重力、三角测量资料建成的自己的大地坐标系。

（5）**国家2000坐标系**　国家2000坐标系是我国当前最新的国家大地坐标系，英文名称为China geodetic coordinate system 2000，英文缩写为CGCS2000。国家2000坐标系的原点为包括海洋和大气的整个地球的质量中心；其Z轴由原点指向历元2000.0的地球参考极的方向，该历元的指向由国际时间局给定的历元为1984.0的初始指向推算，定向的时间演化保证相对于地壳不产生残余的全球旋转；X轴由原点指向格林尼治参考子午线与地球赤道面（历元2000.0）的交点；Y轴与Z轴、X轴构成右手正交坐标系。

国家2000坐标系是全球地心坐标系在我国的具体体现，北斗卫星导航系统采用的就是国家2000坐标系。

（6）导航坐标系 导航坐标系是根据汽车的导航需求建立的坐标系，是一种当地直角坐标系，主要用于描述汽车的各种行驶参数，如当前位置、航向角等。该坐标原点为智能网联汽车所在区域的地面某一点，X、Y方向也可根据导航需求自己定义。

（7）车体坐标系 车体坐标系是坐标原点建立在车体上的坐标系，会跟随汽车一起运动，可用于描述汽车的姿态等运动参数，通常以汽车的正前方为X轴方向，Y轴垂直于X轴平行于地面，Z垂直于XOY平面通过原点背向地面，三个轴的方向满足右手定则，具体如图3-12所示。绕X轴的运动为横滚运动，绕Y轴的运动为俯仰运动，绕Z轴的运动为偏航运动。

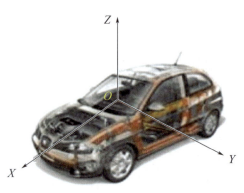

图3-12 车体坐标系

3-5 无人驾驶汽车高精度定位技术主要分哪几类？

无人驾驶汽车高精度定位技术大体上可以分为三类：基于信号的定位、基于航迹推算的定位、基于环境特征匹配的定位。

（1）基于信号的定位技术 普通的卫星（GPS、北斗、伽利略）定位精度能达到1～2m，不能满足无人驾驶汽车厘米级定位的要求。为了达到更好的定位精度，目前自动驾驶中普遍采用RTK的卫星定位技术。RTK定位的优点是全球可达、全天候全天时可用、定位精度高、使用简便等，在空旷无遮挡的区域能够实现对车辆的厘米级定位。但是也存在一些问题，比如基站布设成本高，易受电磁环境干扰、易受环境遮挡、信号多径效应、4G/5G/Wi-Fi网络环境差的影响等，从而影响定位精度和定位系统的可用性。

（2）**基于航迹推算的定位技术**　航迹推算通过测量运动主体移动的距离和方位，与原位置叠加，从而推算出当前位置的方法。在其定位精度降低或不可用的情况下，例如当车辆在无法接收GPS/GNSS信号的区域（隧道或地下通道）或发生非常强烈的多径传播（被高层玻璃覆盖的建筑物环绕的区域）中移动时，通过使用来自各种传感器（陀螺仪传感器、加速度计、速度脉冲等）的信息来计算当前位置。

惯性测量单元是常用的航迹推算系统，优势在于没有外部依赖，可以提供短时高精度的定位结果；缺点在于在连续的位置和方向的测量中误差会不断累积，导致位置和姿态的测量结果偏离实际位置，因而无法做长时间的高精度定位。航迹推算解决方案广泛应用于汽车导航系统。

（3）**基于环境特征匹配的定位技术**　环境特征匹配技术通过实时测量提取环境特征，并与预先采集的基准数据进行匹配，从而获取确定无人驾驶汽车的当前位置。在实际的应用中，环境特征的定位系统都需要其他定位系统辅助给出初始位置，从而实现在限定区域中匹配环境特征，达到降低计算量、减少特征测量值与预采集基准数据之间可能发生的多重匹配，达到更优的定位结果匹配的目的。

在自动驾驶系统中，常用的环境匹配的定位方案是基于激光点云匹配的定位方案和基于图像匹配的定位方案。

3-6 无人驾驶汽车高精度定位的关键技术有哪些？

无人驾驶汽车高精度定位具有以下关键技术。

（1）**基于RTK差分系统的GNSS定位**　高精度GNSS增强技术通过地面差分基准参考站进行卫星观测，形成差分改正数据，再通过数据通信链路将差分改正数据播发到流动测量站，进而流动测量站根据收到的改正数进行定位。但是，无人驾驶汽车采用该技术时，还需要考虑它的可行性、一致性以及合规性。

（2）**传感器与高精度地图匹配定位**　除了卫星定位以外，无人驾驶汽车往往会用到视觉定位，它是通过摄像头或激光雷达等传感器获取图像，再提取图像序列中的一致性信息，根据一致性信息在图像序列中的位置变化估计车辆的位置。根据事先定位所采用的策略，可分为基于路标库和图像匹配的全局定位、即时定位与地图构建的SLAM、基于局部运动估计的视觉里程计三种方法。应用于自动驾驶的高精度地图相比于导航地图提供了更加丰富的语义信息，除了包含车道模型如车道线、坡度、曲率、航向、车道属性、连通关系等内容外，还包括大量定位对象，即路面、两侧或上方的各种静态物体，如路缘石、栅栏、交通标牌、交通灯、电线杆、龙门架等，这些元素均包含精确的位置信息，通过激光雷达、视觉传感器和毫米波雷达识别出地图上的各类静态地物，然后将这些对象与地图上存储的对象进行比对，匹配后，通过相对姿态和位置关系，即可得到车辆自身精确位置和姿态，实现无GPS条件下的定位。

（3）蜂窝网定位　蜂窝网络对于提高定位性能至关重要，支撑RTK数据和传感器数据的传输、高精度地图的下载和更新等。基于4G的蜂窝定位，受信号带宽、同步以及网络部署的影响，定位精度一般在几十米左右；而5G具有大带宽、多天线以及高精度同步技术等，可以使得5G的定位精度大大提高，在仿真/测试场景下，室内定位可达2～3m精度，可在室内及隧道环境下弥补卫星定位的不足。

（4）同步系统　可靠的高精度定位系统基本都是基于同步系统的，包括卫星导航定位、地面高精度定位系统也基本遵循这个原则。高精度定位系统的同步精度每降低3ns就会引入1m左右的测距误差，因此时钟同步性能成为高精度同步技术的关键指标，地面定位网元节点间的高精度同步技术是这个领域研究的关键。

3-7 GPS定位原理是怎样的？

GPS卫星不断地传送轨道信息和卫星上的原子钟产生的精确时间信息，GPS接收机上有一个专门接收无线电信号的接收器，同时也有自己的时钟。GPS定位的基本原理是三球交会原理，如图3-13所示。当接收机收到一颗卫星传来的信号时，接收机可以测定该卫星离用户的空间距离，用户就位于以观测卫星为球心（O_1）、以观测距离为半径（R_1）的球面与地球表面相交的圆弧的某一点；当GPS接收机观测到第二颗卫星的信号时，以第二颗卫星为球心（O_2）、以第二个观测距离为半径（R_2）的球面也与地球表面相交为一个圆弧，上述两个圆弧在地球表面会有两个交会点，还不能确定出用户唯一的位置；当GPS接收机观测到第三颗卫星的信号时，以第三颗卫星为球心（O_3）、以第三个观测距离为半径（R_3）的球面也与地球表面相交为一个圆弧，上述三个圆弧在地球表面相交于一点A，该点即为GPS用户所在的位置。如果没有时钟误差，用户接收机只要利用接收观测到的3颗卫星的距离观测值，就可以唯一确定出用户所在的位置。但由于GPS接收机的时钟有误差，从而会使测得的距离含有误差，所以定位时要求接收机至少观测到4颗卫星的距离观测值才能同时确定出用户所在空间位置及接收机时钟差。当GPS接收机观测到4颗以上的卫星信号时，就可以得到更为精确和可靠的位置、速度和时间信息，如图3-14所示。

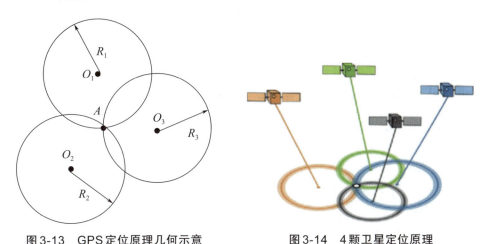

图3-13　GPS定位原理几何示意　　　图3-14　4颗卫星定位原理

3-8 GPS定位有哪些特点？

GPS定位具有以下特点。

① 能够全球、全天候定位，因为GPS卫星的数目较多，且分布均匀，保证了地球上任何地方、任何时间至少可以同时观测到4颗GPS卫星，确保实现全球、全天候连续的导航定位服务。

② 覆盖范围广，能够覆盖全球98%的范围，可满足位于全球各地或近地空间的用户连续精确地确定三维位置、三维运动状态和时间的需要。

③ 定位精度高，GPS相对定位精度在50km以内可达6～10m，100～500km可达7～10m，1000km可达9～10m。

④ 观测时间短，20km以内的相对静态定位仅需15～20min；快速静态相对定位测量时，当每个流动站与基准站相距15km以内时，流动站观测时间只需1～2min；采取实时动态定位模式时，每站观测仅需几秒。

⑤ 可提供全球统一的三维地心坐标，可同时精确测定测站平面位置

和大地高程。

⑥ 测站之间无须通信，只要求测站上空开阔，这样既可大大减少测量工作所需的经费和时间，也使选点工作更灵活，省去经典测量中的传算点、过渡点等的测量工作。

GPS定位也存在以下不足。

① GPS开放的民用精度，不能满足无人驾驶汽车定位的要求，通常在10m左右。

② 更新频率较低，通常只有10Hz，当车辆高速行驶时，不能提供实时的准确位置信息。

③ 受建筑物、树木的遮挡，如在天桥、隧道、地下车库等场景下，GPS定位精度严重降低，甚至无法提供定位信息。

为解决GPS定位存在的问题，在实际应用中，常采用以下方案提高定位精度。

① 采用差分GPS，利用基站的准确定位信息校正GPS的误差，其精度可提高到厘米级。

② 结合惯性测量单元、里程计及航迹推算定位等技术，提高定位更新频率和精度。即使在GPS信号受建筑物遮挡时，仍能在短时间内提供相对准确的定位信息。

③ 在地下车库等无法接收到GPS信号的场景下，利用视觉SLAM、激光SLAM等定位方式，可提供相对准确的定位信息。

3-9 什么是差分全球定位系统？

卫星距离测量存在着卫星钟与传播时延导致的误差等问题。为了提高GPS定位精度，可以采用差分全球定位系统进行车辆的定位。差分全球定位系统（differential global position system，DGPS）是在GPS的基础上利用差分技术使用户能够从GPS系统中获得更高的精度。DGPS的组成如图3-15所示。

DGPS实际上是把一台GPS接收机放在位置已精确测定的点上，组成基准站。基准站接收机通过接收GPS卫星信号，将测得的位置与该固定位置的真实位置的差值作为公共误差校正量，通过无线数据传输设备将该校正量传送给移动站的接收机。移动站的接收机用该校正量对本地位置进行校正，最后得到厘米级的定位精度。附近的DGPS用户接收到修正后的高精度定位信息，从而大大提高了其定位精度。

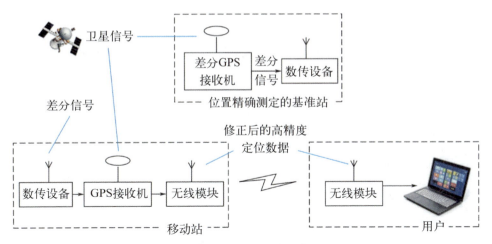

图3-15　DGPS的组成

根据DGPS基准站发送的信息方式可将DGPS定位分为三类，即位置差分、伪距差分和载波相位差分。这三类差分方式的工作原理是相同的，都是由基准站发送改正数，由移动站接收并对其测量结果进行改正，以获得精确的定位结果。所不同的是，发送改正数的具体内容不一样，其差分定位精度也不同。

3-10 BDS定位原理是怎样的？

BDS的定位原理与GPS的定位原理基本相同。

BDS在进行定位时，所采用的原理是通过对卫星信号站点之间的传播时间进行推算，进而确立相应的卫星站点距离，这样就能够对接收机进行较为准确的定位。一般采用载波相位测量法进行定位，其原理大致如下：首先用 a 表示卫星所发射的载波信号相位数值，用 b 表示地面基站所接收的载波信号相位数值，卫星站点之间的距离 $X=n(a+b)$，其中 n 指的是载波信号的波长。在实际操作中 a 值是无法进行测算的，往往采用接收机所产生的基准信号来代替，由于该基准信号的频率与卫星所发射的载波信号相位是一致的，所以并不会影响到后续定位的精准程度。

通过载波相位测量法进行定位，在整个定位过程中，会受到多种误差因素的影响，进而降低定位精度。由于在相同时间点、不同观测站观测同一卫星，在进行信号接收时所受到的误差影响具有较强的关联性，因此通过不同方式对同步观测量进行差值计算，就能够最大化地减少误差。对常用的载波相位进行差值计算，通常被叫作差分，而差分主要有三种方法，分为单差、双差以及三差，如图3-16所示。

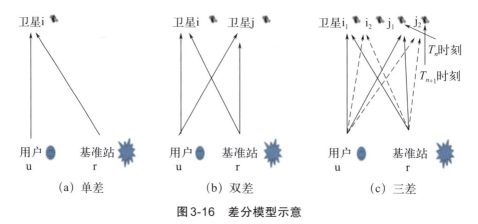

图3-16 差分模型示意

3-11 BDS定位有哪些特点？

BDS定位具有以下特点。

① 空间段由三种轨道卫星组成，与其他卫星导航系统相比，高轨卫星更多，抗遮挡能力强，尤其在低纬度地区性能优势更为明显。

② 提供多个频点的导航信号，能够通过多频信号组合使用等方式提高服务精度。

③ 创新融合了导航与通信功能，具备定位导航授时、星基增强、地基增强、精密单点定位、短报文通信和国际搜救等多种服务能力。

自动驾驶的发展推动了高精度定位技术在汽车领域的应用，无人驾驶汽车需要达到厘米级定位精度。除了依靠车辆自身传感器进行精准定位之外，车外的高精度定位系统也不可或缺。地面道路正形成5G+BDS（或GPS）卫星+地基增强系统为主的高精度定位系统，停车场则有可能形成以V2X（或UWB）为主的高精度定位支持系统。

3-12 什么是惯性导航系统？

惯性导航系统是一种利用惯性传感器测量载体的角速度信息，并结合给定的初始条件实时推算速度、位置、姿态等参数的自主式导航系统。具体来说，惯性导航系统属于一种推算导航方式。即从一个已知点的位置根据连续测得的运动载体航向角和速度推算出其下一点的位置，因而可连续测出运动体的当前位置。

惯性导航系统主要采用加速度传感器和陀螺仪来测量载体参数,其原理如图3-17所示。

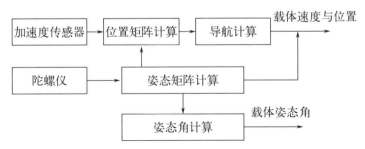

图3-17 惯性导航系统的原理

加速度传感器和陀螺仪结合就是惯性测量单元(IMU),一个测量速度,一个测量方向。IMU的一个重要特征在于它以高频率更新,其频率可达到1000Hz,所以IMU可以提供接近实时的位置信息。

惯性导航系统可以看成是IMU与软件的结合。图3-18所示为IMU产品,通过内置的微处理器,能够以最高200Hz的频率输出实时的高精度三维位置、速度、姿态信息。

图3-18 IMU产品

3-13 惯性导航系统有哪些特点?

(1)惯性导航系统的优点 惯性导航系统具有以下主要优点。

① 由于它是不依赖于任何外部信息,也不向外部辐射能量的自主式导航系统,故隐蔽性好,也不受外界电磁干扰的影响。

② 可全天候在全球任何地点工作。

③ 能提供位置、速度、航向和姿态角数据,所产生的导航信息连续性好而且噪声低。

④ 数据更新率高,短期精度和稳定性好。

(2)惯性导航系统的缺点 惯性导航系统具有以下主要缺点。

① 由于导航信息经过积分而产生,因此定位误差随时间而增大,长期精度差。

② 每次使用之前需要较长的初始对准时间。
③ 不能给出时间信息。

基于GPS或BDS和惯性导航系统的融合是无人驾驶汽车一种重要的定位技术。

GPS和惯性导航系统在定位上有着各自的缺陷，但它们的缺陷均可利用对方的优点加以解决。即利用惯性导航系统根据最常用的卡尔曼滤波算法对下一时刻值进行估计，其中GPS提供的绝对位置坐标作为初始点，并不间断地提供一些连续的位置和速度用来作为惯性导航系统的更新参照值，以减少估计误差，不断修正IMU估计值。如图3-19所示表示了两者融合定位技术。

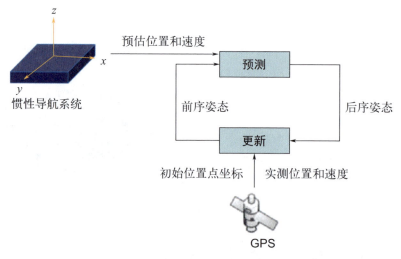

图3-19　GPS与惯性导航系统的融合定位技术

GPS与惯性导航系统的融合方式可以解决很多单纯传感器带来的误差，比如在隧道中行驶时可能出现GPS信号丢失，通过惯性导航系统也可以实现短暂的定位分析。这种定位实际是能够达到米级精度的定位，但是对于自动驾驶来讲，要求定位效果需要达到分米级甚至厘米级精度，这就需要更加优化的策略进行建图定位。

3-14 惯性导航系统有哪些作用？

惯性导航系统主要有两个作用，一个是在GPS信号丢失或很弱的情况下，暂时填补GPS留下的空缺，用积分法取得最接近真实的三维高精度定位，如图3-20所示。即便是北斗+GPS+GLONASS，卫星导航信号还是有很多无法覆盖的地方，所以无人驾驶汽车必须配备惯性导航系统。

图3-20　惯性导航系统替代GPS定位

惯性导航系统的另一个作用是与激光雷达组合定位，如图3-21所示。GPS+IMU为激光雷达的空间位置和脉冲发射姿态提供高精度定位，建立激光雷达点云的三维坐标系。惯性导航系统可用于定位，与其他传感器融合时，也需要统一到一个坐标系下。定位是最常用的，通过惯性导航系统和GPS等，得到一个预测的全局位置。当激光雷达实时扫描单次的点云数据后，结合单次的点云数据进行匹配，并进行特征提取。这些特征包括路沿、车道线、高度等周围点线面的特征。对于高精度地图，提取过的特征与实时提取的特征进行匹配，最终得到精准的车辆位置，这是激光雷达的定位过程。

图3-21　惯性导航系统与激光雷达组合定位

3-15 什么是航迹推算技术？

车辆航迹推算（DR）技术是一种常用的自主式车辆定位技术。相对于GPS，它不用发射接收信号，不受电磁波影响，机动灵活，只要车辆能达到的地方都能定位。但是由于这种定位方法的误差随时间推移而发散，所以只能在短时间内获得较高的精度，不宜长时间单独使用。

DR是利用载体上某一时刻的位置，根据航向和速度信息，推算得到当前时刻的位置，即根据实测的汽车行驶距离和航向计算其位置及行驶轨迹。它一般不受外界环境影响，但由于其本身误差是随时间积累的，所以单独工作时不能长时间保持高精度。

航迹推算系统一般由里程计和电子罗盘或惯性测量单元组成，其中里程计用于测量车辆的行驶距离和速度；电子罗盘或惯性测量单元用于测量车辆的姿态角和加速度。

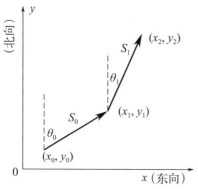

图3-22 航迹推算原理

DR的主要原理是利用DR传感器测量位移矢量，从而推算车辆的位置。航迹推算原理如图3-22所示。其中，(x_i, y_i) $(i=0,1,2,\cdots)$是车辆在t_i时刻的初始位置，航向角θ_i和行驶距离s_i分别是车辆从t_i时刻到t_{i+1}时刻的绝对航向及位移矢量长度。

航迹推算必须通过其他方式提供车辆初始位置和初始航向角，位移和航向角的变化量要实时采样，而且采样频率要足够高，这样就可以近似认为采样周期内车辆加速度为零。

航迹推算的误差随距离和时间积累，不能长期单独使用，可以借助于GPS对其定位误差进行补偿。

由于航迹推算是一个累积的过程，因此，所有的传感器误差均会造成位置误差的积累，产生定位误差累积的原因主要有：里程计误差；角速率陀螺漂移误差；航向误差。

减小航迹推算累积误差主要有以下方法。

① 利用GPS精准定位信息对导航传感器的误差进行校正。

② 采用卡尔曼滤波技术对陀螺仪信息进行滤波处理，减少干扰和漂移误差。

3-16 什么是GPS/DR组合导航？

GPS/DR组合导航定位系统由GPS以及电子罗盘、里程计和导航计算机等组成，如图3-23所示。

GPS独立给出车辆所在位置的绝对经度、纬度和海拔高度；电子罗盘作为航向传感器测量车辆的航向；里程计测量汽车单位时间内行驶的里程；导航计算机采集各传感器数据，并做航迹推算、GPS坐标变换及相关数据预处理，由融合算法估计出车辆的动态位置。GPS/DR组合导航定位系统是一种相对低成本的导航系统，在这个系统上进行GPS/DR数据融合，可以实现较高精度的导航定位。

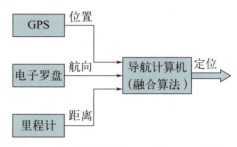

图3-23　GPS/DR组合导航定位系统的组成

要实现GPS/DR组合定位的关键在于如何将两者的数据融合以达到最优的定位效果。目前，关于GPS/DR组合的数据融合方法很多，最常见也是使用最广泛的就是卡尔曼滤波法。将卡尔曼滤波应用于GPS/DR组合定位系统当中，就是将GPS和DR的定位信息综合用于定位求解，通过卡尔曼滤波来补偿修正DR系统的状态，同时滤波之后的输出又能够为DR系统提供较为准确的初始位置和航向角，从而能够获得比单独使用任意一种定位方法都更高的定位精度和稳定性，其结构如图3-24所示。

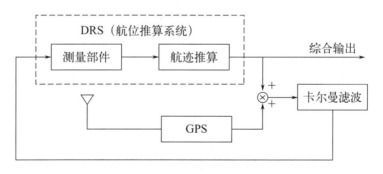

图3-24　基于卡尔曼滤波的GPS/DR组合定位系统的结构

3-17 什么是SLAM？

SLAM是simultaneous localization and mapping的缩写，中文译作即时定位与地图构建，它是指搭载特定传感器的主体，在没有环境先验信息的情况下，于运动过程中建立环境的模型，同时估计自己的运动。如果这里的传感器为相机，则为视觉SLAM；如果传感器为激光雷达，则为激光SLAM。

SLAM包含感知、定位、建图这三个过程。

（1）感知　感知是指无人驾驶汽车能够通过传感器获取周围的环境信息。

（2）定位　定位是指通过传感器获取的当前和历史信息，推测出自身的位置和姿态。

（3）建图　建图是指根据自身的位姿以及传感器获取的信息，描绘出自身所处环境的样貌。

感知是SLAM的必要条件，只有感知到周围环境的信息才能够可靠地进行定位以及构建环境的地图，定位和建图则是一个相互依赖的过程：定位依赖于已知的地图信息，建图依赖于可靠的定位。当然定位和建图的数据必然包含了感知到的自己的相对位移以及对位移的修正。

SLAM问题基本上可以分为前端和后端两个部分。前端主要处理传感器获取的数据，并将其转化为相对位姿或其他交通参与者可以理解的形式；后端则主要处理最优后验估计的问题，即位姿、地图等的最优估计。

3-18 SLAM的作用是什么？

无人驾驶汽车在行驶过程中需要实时对自身进行定位与跟踪，只有知道了自身位置以及周围环境信息才能对车辆的行驶路线进行规划与控制。虽然现在在定位方面已经有很多成熟的技术，但它们或多或少都有各自的局限性。GPS定位的精度比较低，并且在室内或者是严重遮挡的室外环境中无法进行定位；利用无线信号定位需要事先在使用场景内做好相应布置，普及性比较差；基于视觉的定位方案主要有单目视觉和双目视觉技术，单目视觉主要得到的是二维的地图信息，双目视觉可以利用两个不同位置的单目信息计算完成三维环境的建立，但无论是双目还是单目，都是以摄像头为传感器，采集到的图像信息容易受到光线等环境因素干扰；而基于激光雷达的即时定位与地图构建技术能够在光线较差的环境中工作，能够生成便于导航的环境地图等优势。

对于无人驾驶汽车，要想实现自主导航，必须解决三个问题，即"我在哪儿""我要去哪儿""我该如何去那里"。这三个问题分别对应于自动驾驶技术中的自定位、路径规划和控制策略。无人驾驶汽车首先必须利用传感器感知周围环境，并对周围环境进行重建，然后通过观测数据计算无人驾驶汽车当前的位姿，并融合无人驾驶汽车的里程计、加速度计等传感器推算得到的位姿改变，以此对无人驾驶汽车进行精准定位。与此同时，通过无人驾驶汽车的定位信息以及外部传感器在当前时刻的观测信息，对地图进行增量式更新，再通过建好的地图作为先验信息进行下一步的定位与建图，周而复始。在这个过程中，无人驾驶汽车得到环境地图的同时也对自身位置做出了准确判断，为后续的路径规划与控制奠定了基础。

通俗来讲，SLAM回答两个问题："我在哪儿""我周围是什么"，就如同人到了一个陌生环境中一样，SLAM试图要解决的就是恢复出观察者自身和周围环境的相对空间关系，"我在哪儿"对应的就是定位问题，而"我周围是什么"对应的就是建图问题，给出周围环境的一个描述。回答了这两个问题，其实就完成了对自身和周边环境的空间认知。有了这个基础，就可以进行路径规划，驶向要去的目的地，在此过程中还需要及时检测出遇到的障碍物并进行躲避，保证行驶安全。

3-19 视觉SLAM的框架是怎样的？

视觉SLAM的框架如图3-25所示，它由视觉传感器数据、视觉里程计、后端非线性优化、回环检测和建图构成。

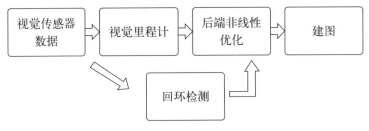

图3-25　视觉SLAM的框架

（1）视觉传感器数据　在视觉SLAM中主要为相机图像信息的读取和预处理。如果视觉SLAM应用在机器人中，还可能有码盘、惯性传感器等信息的读取和同步。

（2）视觉里程计　视觉里程计的任务是估算相邻图像间相机的运动以及局部地图的样子，最简单的是两张图像之间的运动关系。在图像上，只能看到一个个的像素，知道它们是某些空间点在相机的成像平面投影的结果，所以必须先了解相机与空间点的几何关系。

视觉里程计又称为前端，能够通过相邻帧间的图像估计相机运动，并恢复场景的空间结构。被称为里程计，是因为它只计算相邻时刻的运动，而和过去的信息没有关联。相邻时刻运动串联起来，就构成了无人驾驶汽车的运动轨迹，从而解决了定位问题。另外，根据每一时刻的相机位置，计算出各像素对应的空间点的位置，就得到了地图。

（3）后端非线性优化　后端非线性优化主要是处理SLAM过程中噪声的问题。任何传感器都有噪声，所以除了要处理"如何从图像中估计出相机运动"，还要关心这个估计带有多大的噪声。

前端给后端提供待优化的数据以及这些数据的初始值，而后端负责整体的优化过程，得到全局一致的轨迹和地图。它往往面对的只有数据，不必关心这些数据来自哪里。在视觉SLAM中，前端和计算机视觉研究领域更为相关，比如图像的特征提取与匹配等，后端则主要是滤波和非线性优化算法。

（4）回环检测　回环检测也可以称为闭环检测，是指无人驾驶汽车识别曾到达场景的能力。如果检测到回环，它会把信息提供给后端进行处理。回环检测实质上是一种检测观测数据相似性的算法。对于视觉SLAM，多数系统采用目前较为成熟的词袋模型。词袋模型把图像中的视觉特征聚类，然后建立词典，进而寻找每个图中含有哪些"单词"。也有研究者使用传统模式识别的方法，把回环检测建构成一个分类问题，训练分类器进行分类。

（5）建图　建图主要是根据估计的轨迹，建立与任务要求对应的地图。地图是对环境的描述，但这个描述并不是固定的，需要根据视觉SLAM的应用而定。地图的表示主要有2D栅格地图、2D拓扑地图、3D点云地图和3D网格地图，如图3-26所示。

① 2D栅格地图。2D栅格地图表示法的基本原理是将环境划分为一系列栅格，其中每个栅格给定一个属性，例如可以通行的区域、不可以通行的区域、有障碍物的区域、未知区域等。这种方法常应用于以激光

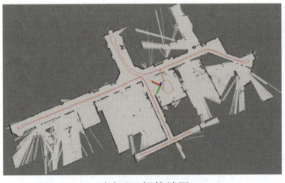
(a) 2D 栅格地图

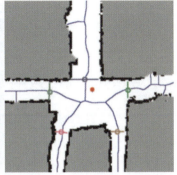
(b) 2D 拓扑地图

(c) 3D 点云地图

(d) 3D 网格地图

图 3-26　构建地图的种类

雷达为传感器的小范围场景，但是在描述大环境信息时，随着地图规模的扩张，栅格数量增加得很快，导致难以实时在线维护地图。

② 2D 拓扑地图。2D 拓扑地图表示法是将环境简化为一张由节点构成的拓扑图，拓扑图中的不同节点用来表示不同时刻无人驾驶汽车的位姿，两个不同节点间的连线用来表示不同时刻无人驾驶汽车位姿的约束关系。这种方法具有很高的抽象性，适合于不需要描述环境具体细节的大环境。同时，在完成 2D 拓扑地图的构建后，有很多已经发展成熟的高效算法可以应用于路径规划。但是拓扑图的构建基于准确识别拓扑节点，如果环境中存在多个比较相似的节点，就需要考虑如何将它们区分开来。

③ 3D 点云地图。3D 点云地图在视觉 SLAM 中用得比较多，主要用于真实场景的视觉重建，重建的地图非常直观漂亮。但是点云地图通常规模很大，比如一张 VGA 分辨率（640×480）的点云图像，就会产生 30 万个空间点，这会占据非常大的存储空间，而且存在很多冗余信息。

④ 3D网格地图。3D网格地图近似为真实的3D地图，可以清楚地看到周围的环境，主要应用于激光SLAM中。

3-20 激光SLAM的框架是怎样的？

激光SLAM的框架如图3-27所示。

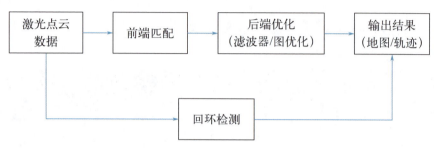

图3-27　激光SLAM的框架

（1）**激光点云数据**　激光雷达通过发射激光束来测量周围环境中障碍物的对应的角度和距离信息，再通过一定的算法转换为以激光雷达为坐标系的三维坐标点，构成点云数据。

（2）**前端匹配**　前端匹配实际上就是寻找前后两帧点云的对应关系，在给定无人驾驶汽车移动前后的两组激光测量点数据的条件下，从点云数据中提取出比较有用的信息，并通过迭代运算求得激光雷达的旋转平移参数，使得前后两帧数据尽可能对准。

（3）**后端优化**　由于数据会受到噪声的影响，所以前端匹配一定会存在一定的误差，在这些噪声的影响下，希望通过带噪声的数据推断位姿和地图，这构成了一个状态估计问题。过去主要使用滤波器，尤其是利用扩展卡尔曼滤波器进行后端优化。卡尔曼滤波器只注重当前时刻的状态估计，而不考虑之前的状态。近年来普遍使用的非线性优化方法，使用所有时刻采集到的数据进行状态估计，并被认为优于传统的滤波器，成为目前的主流方法。

（4）**回环检测**　虽然后端能够估计最大后验误差，但无法消除累积误差。回环检测模块能够给出除了相邻帧之外的一些时隔更加久远的约束。如果回环检测能够有效地检测出激光雷达经过同一个地方，就可以为后端的位姿优化提供更多的有效数据，使之得到更好的估计。

（5）**输出结果**　上述过程中得到了每帧点云数据以及其对应的位

姿，因此就可以将这帧点云拼接到全局地图中，完成地图的更新，输出六自由度位姿和所需格式的地图。

激光SLAM的基本原理就是点云拼接。

3-21 视觉SLAM和激光SLAM的比较是怎样的？

从成本、应用场景、地图精度、易用性对视觉SLAM与激光SLAM进行比较。

（1）**成本** 激光雷达普遍价格较高，但目前国内也有低成本的激光雷达解决方案，而视觉SLAM主要是通过摄像头来采集数据信息，与激光雷达对比，摄像头的成本显然要低很多。但激光雷达能更高精度地测出障碍点的角度和距离，方便定位导航。

（2）**应用场景** 视觉SLAM的应用场景要丰富很多。视觉SLAM在室内外环境下均能开展工作，但是对光的依赖程度高，在暗处或者一些无纹理区域是无法进行工作的。而激光SLAM目前主要被应用在室内，用来进行地图构建和导航工作。

（3）**地图精度** 激光SLAM在构建地图的时候，精度较高，构建的地图精度可达到2cm左右；视觉SLAM，比如深度摄像机的测距范围为3～12m，地图构建精度约3cm；所以激光SLAM构建的地图精度一般来说比视觉SLAM高，且能直接用于定位导航。

（4）**易用性** 激光SLAM和基于深度相机的视觉SLAM均通过直接获取环境中的点云数据，测算哪里有障碍物以及障碍物的距离。但是基于单目、双目和鱼眼摄像机的视觉SLAM方案，则不能直接获得环境中的点云，而是形成灰色或彩色图像，需要通过不断移动自身的位置，提取和匹配特征点，利用三角测距的方法测算出障碍物的距离。

总体来说，激光SLAM相对更为成熟，也是目前最为可靠的定位导航方案；而视觉SLAM仍是今后研究的一个主流方向，未来两者融合是必然趋势。

3-22 什么是高精度地图？

高精度地图的发展与无人驾驶汽车紧密相关，自无人驾驶汽车开始上路公开测试以来，高精度地图产业就应势而生并飞速发展。相对于以往的导航地图，高精度地图是专为自动驾驶而生的，其服务的对象并非人类驾驶员,而是无人驾驶汽车。对于无人驾驶汽车而言,高精度地图是必备选项。一方面,高精度地图是为无人驾驶汽车规划道路行径的重要基础,能够为车辆提供定位、决策、交通动态信息等依据;另一方面,在无人驾驶汽车传感器出现故障或者周围环境较为恶劣时,高精度地图也能确保车辆的基本行驶安全。

高精度地图作为汽车自动驾驶系统的重要组成部分,相对于传统的导航电子地图更专注于自动驾驶场景,让无人驾驶汽车人性化地理解不断变化的现实道路环境,通过云端实时更新的高精度动态地图数据,在无人驾驶汽车感知、定位、决策、规划等环节起到重要作用,是自动驾驶解决方案不可或缺的一环。

高精度地图就是精度更高、数据维度更多的电子地图。精度更高体现在精确到厘米级别,数据维度更多体现在其包括了除道路信息之外的与交通相关的周围静态信息。

高精度地图将大量的行车辅助信息存储为结构化数据,这些信息可以分为以下两类。

① 道路数据,比如车道线的位置、类型、宽度、坡度和曲率等车道信息。

② 车道周边的固定对象信息,比如交通标志、交通信号灯等信息,车道限高、下水道口、障碍物及其他道路细节,高架物体、防护栏、道路边缘类型、路边地标等基础设施信息。

图3-28所示为某高精度地图。

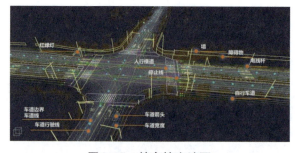

图3-28 某高精度地图

高精度地图分为高精度拓扑地图和高精度点云地图。

高精度拓扑地图如图3-29所示,它主要包含以下元素:厘米级车道边线和中心线几何信息;车道线类型(白虚

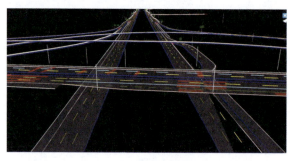

图3-29 高精度拓扑地图

线/白实线/黄虚线/黄实线）；车道线类别（高速公路/城市道路/自行车道）；车道连接信息（前续和后续车道）；车道邻接信息（左车道/右车道/分叉车道/并道车道）；交通信息（红绿灯/限速）。

图 3-30　高精度点云地图

高精度点云地图是使用大量包含道路信息的点组成稠密的点云，模拟出道路环境，如图3-30所示。

对于一些特殊的道路标识，例如红绿灯、指示牌等，会给对应的点打上特殊的标签，如图3-31所示。

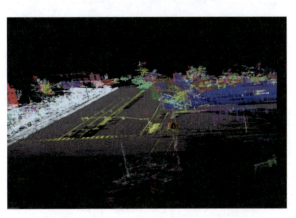

图 3-31　带有标签的高精度点云地图

3-23 高精度地图与导航电子地图有什么区别？

高精度地图与导航电子地图有以下区别。

（1）**使用对象**　导航电子地图的使用者是驾驶员，有显示；高精度地图的使用者是自动驾驶系统，无显示。

（2）**精度**　导航电子地图的精度在米级别，商用GPS精度为5m；高精度地图的精度在厘米级别，可以达到10～20cm。

（3）**数据维度**　导航电子地图只记录道路级别的数据，如道路形状、坡度、曲率、铺设、方向等；高精度地图不仅增加了与车道属性相关（车道线类型、车道宽度等）的数据，更有诸如高架物体、防护栏、树、道路边缘类型、路边地标等大量目标数据，能够明确区分车道线类型、路边地标等细节。

（4）**功能**　导航电子地图提供的是辅助驾驶的导航功能；高精度地图通过"高精度高动态多维度"数据，为自动驾驶提供自变量和目标函数的功能。

（5）**数据的实时性** 无人驾驶时代所需的局部动态地图根据更新频率可将所有数据划分为4类：永久静态数据，更新频率约为1个月；半永久静态数据，更新频率为1h；半动态数据，更新频率为1min；动态数据，更新频率为1s。导航电子地图可能只需要前两者；高精度地图为了应对各类突发状况，保证自动驾驶的安全实现，需要更多的半动态数据以及动态数据，这大大提升了对数据实时性的要求。

（6）**所属系统** 导航电子地图属于信息娱乐系统；高精度地图属于车载安全系统。

3-24 高精度地图有哪些作用？

与驾驶员的驾驶过程一样，自动驾驶也需要经过感知、高精定位、决策、控制四个步骤。驾驶员的感知通过眼睛、耳朵，自动驾驶的感知则通过激光雷达、毫米波雷达、摄像头、惯导系统等传感器。接着是高精定位，人通过将看到和听到的环境信息与记忆中的信息对比，判断出自己的位置和方向，自动驾驶则需要将传感器搜集的信息与储存的高精度地图对比，判断位置和方向。最后驾驶员经思考和判断后操控汽车开向目的地，自动驾驶通过人工智能算法决策做出车道及路径规划，给制动、转向、加速等控制器下达指令，控制车辆开往目的地。

在自动驾驶过程中，高精度地图是环境感知、轨迹预测、路径规划和高精度定位等模块的基础，好的高精度地图能让这些模块变得更加智能。

（1）**环境感知** 红绿灯识别、车道线识别和障碍物识别是环境感知模块的三个基本任务，如图3-32所示。在红绿灯识别任务中，有了高精

(a) 红绿灯识别　　(b) 车道线和障碍物识别

图3-32　高精度地图用于环境感知

度地图，环境感知模块只用在当前车道前方有红绿灯的时候才用深度学习去识别，这样一方面可以节省资源占用，另一方面减少了红绿灯的误报和漏报；在车道线识别任务中，高精度地图能够提供车道数、车道宽度等丰富的信息，帮助车道线识别做得更好；在障碍物识别任务中，高精度地图可以辅助更加精确地识别当前车道前方障碍，比如前方车辆，这对于车辆自适应巡航控制有很大帮助。

（2）**轨迹预测** 高精度地图也可以辅助对道路上其他车辆的轨迹预测，例如如果前方某辆车行驶在实线车道内，可以预测该车辆的变道可能性很小；如果前方车辆行驶在高速公路最右侧车道，且前方有出口，可以预测车辆有可能驶出高速公路等，如图3-33所示。

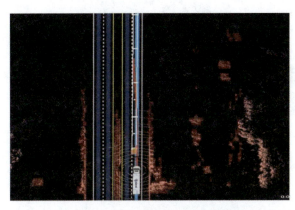

图3-33 高精度地图用于轨迹预测

（3）**路径规划** 通过高精度地图反馈的车道线信息、限速信息、车辆当前位置、前方信息、坡度信息等，可以实现对车辆行驶速度、变道轨迹等的规划，如图3-34所示。

图3-34 高精度地图用于轨迹规划

（4）**高精度定位** 高精度定位模块更多运用于高精度点云地图，如图3-35所示，白色部分为离线生成的点云地图，蓝色部分为实时采集的车辆行驶位置数据，通过将两者相匹配，实现更加精准的定位。

高精度地图定位的原理如图3-36所示，对于离线地图，将其转变为瓦片地图，提取车辆所在位置周围的地图信息并进行体素化，转变为离散化的

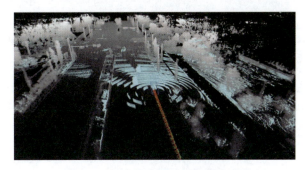

图3-35 高精度地图用于高精度定位

体素地图；对于车辆行驶过程中收集的在线点云数据，对其特征提取之后进行离散化。最后，通过对离线数据和在线数据的匹配，生成定位结果。高精度地图定位不依赖卫星信号，精度较高，但是具有依赖高精度地图质量、依赖车辆周围环境等局限。

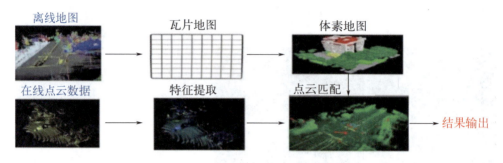

图 3-36 高精度地图定位的原理

总之，高精度地图可以解决环境感知中传感器在雨雪、大雾天气里不适用的问题，在规划和决策中对地理数据进行修正，提高准确度，并且大量减少车载传感器的数目，降低整车成本，加快无人驾驶的商用化。

高精度定位是无人驾驶汽车的关键核心技术，任何一种单一定位方案都不能实现高精度定位，必须采用组合定位方式。

3-25 高精度地图是如何生成的？

高精度地图的生成过程如图 3-37 所示。

生成高精度地图的过程需要采集大量的数据，采集途径包括全球导航卫星系统、惯性测量单元、轮速计、激光雷达点云以及摄像头图像。其中，全球导航卫星系统可以提供车辆的绝对坐标，惯性测量单元和轮速计可以提供车辆的相对位置信息，激光雷达点云和摄像头可以提供车辆周围的三维环境信息。

数据采集完毕后，需要对数据进行预处理，包括数据抽取、时间对齐、图像去畸变和点云去畸变等过程。时间对齐可以将所有所得数据统一到同一时刻，进行数据融合；图像去畸变可以减少图像本身的伸缩和旋转，使图像数据更加精准；点云去畸变可以减少激光雷达转动带来的误差。

图 3-37　高精度地图的生成过程

数据预处理后，利用深度学习的方法对数据进行语义信息提取，提取信息包括地面、车道线、红绿灯、道路标牌、电线杆和车辆等，如图3-38所示。

- 地面
- 车道线
- 红绿灯
- 道路标牌
- 电线杆
- 车辆
- ……

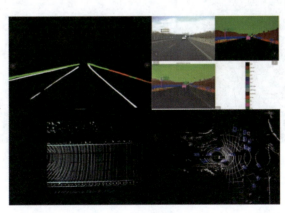

图 3-38　语义信息的提取

语义信息提取完毕后,需要对每一帧的点云数据进行位姿优化,使叠加后的点云数据更准确。优化过程主要基于SLAM:首先,明确优化目标,包括每一帧的位姿信息,车辆的位置和朝向等;其次,需要定义优化的约束,将优化后数据与原数据差距、相邻帧重投影误差等控制在较小范围内;最后,使用梯度下降、LM算法等进行求解。

位姿优化后,即可进行点云叠加,生成高精点云地图,如图3-39所示。

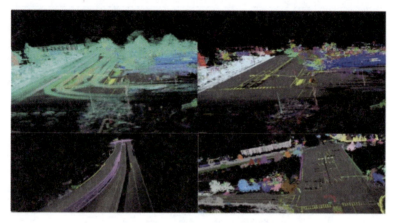

图3-39　点云叠加生成高精度地图

在高精度点云地图的基础上,还可以通过建立好的车道线模型,自动生成高精拓扑地图,如图3-40所示。

图3-40　高精度拓扑地图

为了提高地图的实用性,需要进行人工验证,为地图增加车道线和道路分隔线等,如图3-41所示。

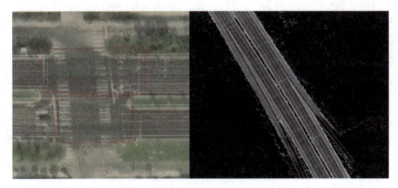

图 3-41　高精度地图的人工验证

在高精度地图的生成过程中,由于道路情况千差万别,会带来很多困难和挑战,例如长隧道的生成,如图 3-42 所示。

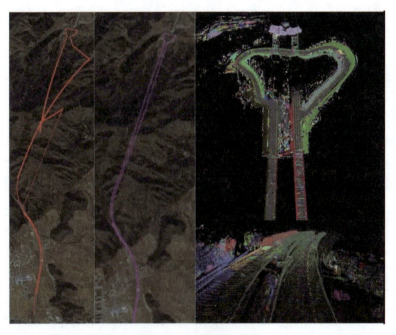

图 3-42　长隧道的生成

在图 3-42 中,左图是一张长隧道的道路图像,在隧道中,全球导航卫星系统信号较弱,驶出隧道时,全球导航卫星系统信号也会有很大的跳变,所以,收集的数据会有很大的误差;中间的图是位姿优化后的轨迹;右图是隧道出口和内部的点云地图。

决策与规划——无人驾驶汽车的"大脑"

4-1 什么是无人驾驶汽车的决策与规划？

无人驾驶汽车的决策与规划是指在一定环境模型基础上，给定汽车起始点和目标点后，按照性能指标规划决策出一条无碰撞、能安全达到目标点的有效路径，如图4-1所示。

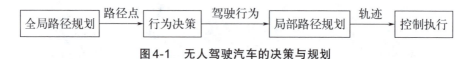

图4-1 无人驾驶汽车的决策与规划

在一套完整的自动驾驶系统中，如果将感知模块比作人的眼睛和耳朵，那么决策与规划模块就是自动驾驶的大脑。大脑在接收到传感器的各种感知信息之后，对当前环境做出分析，然后对底层控制模块下达指令，这个过程就是决策与规划模块的主要任务。同时，决策与规划模块可以处理复杂场景的程度，也是衡量和评价自动驾驶能力最核心的指标之一。

典型的决策与规划模块可以分为三个层次：全局路径规划、行为决策和局部路径规划。

（1）全局路径规划 全局路径规划是指在接收到一个给定的行驶目的地之后，结合地图信息，生成一条全局的路径，作为后续具体局部路径规划的参考。

（2）行为决策 行为决策是指在接收到全局路径规划后，结合从感知模块得到的环境信息（包括其他车辆与行人、障碍以及道路上的交通规则信息等），做出具体的行为决策（例如选择变道超车还是跟随行驶）。

（3）局部路径规划 局部路径规划是指根据具体的行为决策，规划生成一条满足特定约束条件（例如车辆本身的动力学约束、避免碰撞、乘客舒适性等）的轨迹，该轨迹作为控制模块的输入决定车辆最终行驶路径。

4-2 什么是全局路径规划和局部路径规划？

全局路径规划算法属于静态规划算法，是无人驾驶汽车根据已有的地图信息为基础进行路径规划，寻找一条从起点到目标点的最优路径。通常全局路径规划的实现包括Dijikstra算法、A*算法、RRT算法等经典算法，也包括蚁群算法、遗传算法等智能算法。

局部路径规划属于动态规划算法，是无人驾驶汽车根据自身传感器感知周围环境，规划出一条车辆安全行驶所需的路线，常应用于超车、避障等情景。通常局部路径规划的实现包括动态窗口算法、人工势场算法、贝塞尔曲线算法等，也包括神经网络等智能算法。

因此，全局路径规划需要掌握所有的环境信息，根据环境地图的所有信息进行路径规划；局部路径规划只需要由传感器实时采集环境信息，了解环境地图信息，然后确定出所在地图的位置及其局部的障碍物分布情况，从而可以选出从当前结点到某一子目标结点的最优路径。

路径规划直接关系车辆行驶路径选择的优劣和行驶的流畅度，而路径规划算法的性能优劣在很大程度上取决于规划算法的优劣，如何在各种场景下迅速、准确地规划出一条高效路径且使其具备应对场景动态变化的能力是路径规划算法应当解决的问题。

4-3 路径规划的步骤主要包括哪些？

路径规划的步骤主要包括环境建模、路径搜索和路径平滑三个环节。

（1）环境建模 环境建模是路径规划的重要环节，目的是建立一个便于计算机进行路径规划所使用的环境模型，即将实际的物理空间抽象成算法能够处理的抽象空间，实现相互间的映射。

（2）路径搜索 路径搜索是指在环境模型的基础上应用相应算法寻找一条行走路径，使预定的性能函数获得最优值。

（3）路径平滑 通过相应算法搜索出的路径并不一定是一条运动体可以行走的可行路径，需要做进一步处理与平滑才能使其成为一条实际可行的路径。

对于离散域范围内的路径规划问题，或者在环境建模或路径搜索前已经做好路径可行性分析的问题，路径平滑环节可以省去。

4-4 环境模型建立方法主要有哪些？

环境模型建立方法主要有可视图法、栅格法、自由空间法和拓扑法等。

（1）可视图法 在C空间（configuration space，位姿空间）中，运动物体缩小为一点，障碍物边界相应地向外扩展为C空间障碍。在二维的情况下，扩展的障碍物边界可由多个多边形表示，用直线将物体运动的起点S和所有C空间障碍物的顶点以及目标点G连接，并保证这些直线段不与C空间障碍物相交，就形成一张图，称为可视图，如图4-2所示。由于任意两条直线的顶点都是可见的，因此，从起点S沿着这些直线到达目标点的所有路径均是运动物体的无碰路径。对图进行搜索就可以找到最短无碰安全运动路径。搜索最优路径的问题就转化为从起点到目标点经过这些可视直线的最短距离问题。

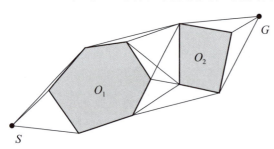

图4-2 可视图法

利用可视图法规划避障路径主要在于构建可视图，而构建可视图的关键在于障碍物各顶点之间可见性的判断。判断时主要分为两种情况，即同一障碍物各顶点之间可见性的判断以及不同障碍物之间顶点可见性的判断。

可视图法的优点是概念直观，实现简单；缺点是缺乏灵活性，一旦车辆的起始点和目标点发生改变，就要重新构建可视图，而且算法的复杂性和障碍物的数量成正比，且不是任何时候都可以获得最优路径的。

（2）栅格法 栅格法是指用栅格单元表示整个工作环境，将主车的连续工作环境离散化分解成一系列的网格单元，如图4-3所示。一般情况下，栅格大小与主车的尺寸相同，尽量把主车的工作环境划分为尺寸大小相同的栅格，但是也有尺寸大小不同的情况，主要还是根据实际情况来定。主车的整个工作环境划分后的栅格分为两种，即自由栅格和障碍栅格。自由栅格指的是某一栅格范围内不含任何障碍物；障碍栅格指的是这个栅格范围内存在障碍物，有的时候可能整个栅格内都布满障碍物，有的时候可能只有栅格的一部分是障碍物，但是只要有障碍物的存在就被称为障碍栅格。

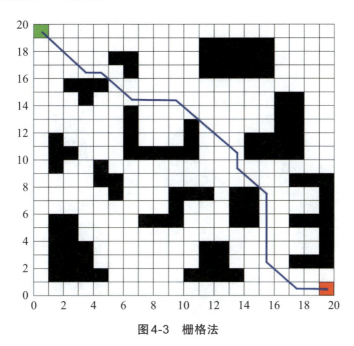

图 4-3 栅格法

栅格的标识方法有两种：直角坐标法和序号法。直角坐标法以栅格左上角第一个栅格为坐标原点，水平向右为 x 轴正方向，竖直向下为 y 轴正方向，每一个栅格区间对应于坐标轴上一个单位长度。序号法就是从栅格阵左上第一个栅格开始，按照从左至右、从上至下的顺序给每一个栅格编一个号。

均匀分解法中栅格大小均匀分布，占据栅格用数值表示。均匀分解法能够快速直观地融合传感器信息，但是，它采用相同大小栅格会导致存储空间巨大，大规模环境下路径规划计算复杂度增高。

为了克服均匀分解法中存储空间巨大的问题，递阶分解法把环境空间分解为大小不同的矩形区域，从而减少环境模型所占的空间。递阶分解法的典型代表为四叉树分解法和八叉树分解法。八叉树分解法是 2D 四叉树结构在 3D 空间的扩展，用层次式的 3D 空间子区域划分来代替大小相等、规则排列的 3D 栅格，能够较好地表示三维空间。

栅格法对环境空间的划分方法和操作都比较简单，有一致的规则，较容易实现。但由于连续的工作空间被划分为离散的栅格空间，没有考虑环境本身固有的一些特点，这就使得栅格属性代表的信息具有片面性，并且栅格法对栅格大小的划分有很大的依赖性，当栅格划分较小且当环境很复杂时，搜索空间会急剧增大，算法的效率就会相当低。

（3）自由空间法 自由空间法是指采用预先定义的如广义锥形和凸多边形等基本形状构建自由空间，并将自由空间表示为连通图，然后通过搜索连通图来进行路径规划，如图4-4所示。

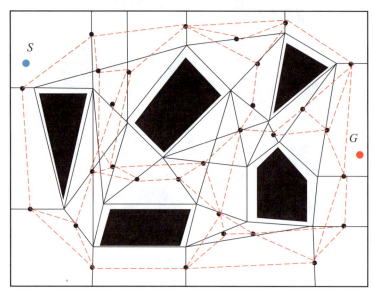

图4-4 自由空间法

自由空间法比较灵活，起始点和目标点的改变不会造成连通图的重构，但算法的复杂程度与障碍物的多少成正比，且不是任何情况下都能获得最短路径的。

（4）拓扑法 拓扑法是根据拓扑结构上的一些特征将工作环境分成许多小空间，再由小空间之间连通或是不连通的关系建立一个有拓扑结构关系的网络，如图4-5所示。

拓扑法的基本思想是降维法，即将在高维几何空间中求路径的问题转化为低维拓扑空间中判别连通性的问题。将规划空间分割成具有拓扑特征一致的子空间，根据彼此连通性建立拓扑网络，在网络上寻找起始点到目标点的拓扑路径，最终由拓扑路径求出几何路径。

拓扑法中主车所处的环境用图形来表

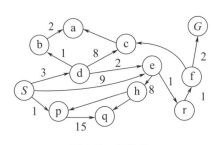

图4-5 拓扑法

示，不同的地点用点来表示，不同点的相邻可达性用弧来表示。拓扑法的优点是不管环境多么复杂，都能找到无碰撞路径；缺点是建立拓扑网络的过程相当复杂，计算量十分庞大。在障碍物数量增多或障碍物位置改变的时候，修改原来的拓扑网络是很棘手的问题。

总之，环境模型建立方法很多，可以根据具体情况选择，也可以把几种方法结合起来。

4-5 路径规划算法是如何分类的？

路径规划算法主要分为传统规划算法、智能规划算法和基于采样的规划算法，如图4-6所示。

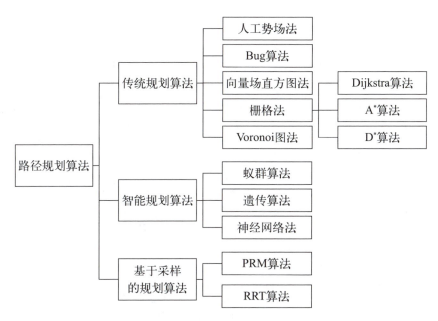

图4-6　路径规划算法

传统规划算法需要在结构化的环境内对障碍物进行准确的建模描述，该类算法依赖环境的显示表达；智能规划算法具备一定的学习能力，对环境的适应能力强，能够在规划中不断获取新的信息用于优化路径；基于采样的规划算法通过碰撞检测判断候选路径采样点的可行性，从而避免了对环境约束的显示表达（不需要对环境建模）。路径规划算法的比较见表4-1。

表 4-1 路径规划算法的比较

算法			实现机制与原理	优势	局限性
传统规划算法	人工势场法		借助力的合成规则,改变移动物体运动方向	在二维空间中规划速度快	容易陷入局部极小值;产生振荡问题
	Bug算法		朝目标点移动,遇到障碍物时绕行	规划速度快;适用于实时路径规划	仅适用于二维空间;存在局部极小值问题
	向量场直方图法		朝障碍物密度低的方向移动	可靠性高,计算效率高,鲁棒性强	不适用于狭窄区域;存在局部极小值问题
	栅格法	Dijkstra算法	求解有权图顶点之间的距离	鲁棒性强,计算速度快	有权图中节点数量过多时,规划效率低
		A*算法	寻找当前节点到目标点的最小估计代价	计算方式简单;规划路径短	计算量大;路径中的拐点较多
		D*算法	寻找当前节点到目标点的最小综合代价	计算速度快;规划路径短	路径更贴近障碍物边缘;路径中拐点多
	Voronoi图法		连接距离障碍物一定距离的边界形成路径	距离障碍物较远;安全性高	不适用于高维空间;路径代价大
智能规划算法	蚁群算法		蚂蚁向信息素高的地方移动	鲁棒性高	容易陷入局部最优
	遗传算法		种群通过交叉和变异,产生新物种	渐进优化性强;克服局部最优	运算速度低;内存占用大
	神经网络法		根据人脑工作机理,构建神经网络模型	具有较强的学习和容错能力	需要事先训练模型;耗时较长
基于采样的规划算法	PRM算法		在工作空间中采用随机采样的方式构建路径网络图	适用于高维空间	计算量大;不适用于在线规划
	RRT算法		随机树不断生长,向四周扩散	适用于高维空间;算法相对简单;扩展速度快;适用于微分约束	随机性大;路径代价高;随着环境复杂度增加,效率降低

4-6 路径规划的传统规划算法主要有哪些?

路径规划的传统规划算法主要有人工势场法、Bug算法、向量场直方图法、栅格法、Voronoi图法,其中栅格法又包括Dijkstra算法、A*算法、D*算法。

(1)人工势场法 人工势场法用于移动物体(机器人、无人车)路径规划实现避障功能。该算法借助物理学中"势场"的概念,将障碍物等价为斥力源,对移动物体产生"排斥力";将目标点等价为引力源,对移动物体产生"引力"。移动物体在移动的过程中,"引力"与"斥力"不断发生变化,移动物体通过本身所受的合力实时改变移动方向,实现移动过程中躲避障碍物。该方法实时性高,且实现结构较为简单,因此有一定的应用价值。人工势场法示意如图4-7所示。

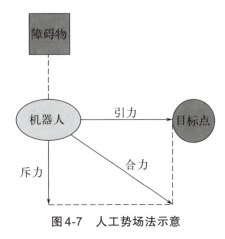

图4-7 人工势场法示意

人工势场法自身具有局限性。当移动物体处于障碍物附近时,规划的路径会产生"振荡"现象,这影响移动物体在运行过程中的稳定性。该方法容易出现局部极小值,例如当障碍物位于移动物体与目标点的中心位置时,移动物体所受"引力"与"斥力"相互抵消,此时移动物体无法确定移动方向,进而导致路径规划失败。为此许多学者在不同方向上对此方法做出改进。

(2)Bug算法 Bug算法包括"边界跟踪"与"路径追踪"两个过程。执行Bug算法时,移动物体首先沿着指向目标的线移动,该过程为"路径追踪"。当移动物体在朝目标点运行的过程中遇到障碍物时,移动物体会沿着障碍物运动一周,即"边界跟踪"。执行完"边界跟踪"过程,移动物体便可计算出障碍物距离目标点距离最近的点,此点被称为"离开点",移动物体沿障碍物运行到"离开点",继续执行"运动至目标"过程,离开障碍物。在运动过程中,移动物体重复执行这两个过程,直至到达目标点。Bug算法示意如图4-8所示,其中WO_1、WO_2为障碍物,q_1^H、q_2^H为移动物体与障碍物相遇的点,q_1^L、q_2^L为"离开点",q_{start}、q_{goal}为起点和终点。

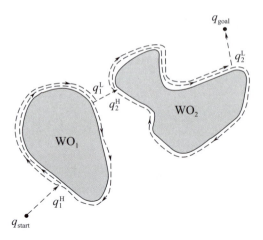

图 4-8 Bug 算法示意

Bug 算法结构较为简单，但使用该算法时，移动物体在运动过程中仅依靠最新获得的数据，当传感器提供的信息不足时，容易导致规划失败。针对 Bug 算法的缺陷，学者们做了很多研究。

（3）向量场直方图法　向量场直方图法是将移动物体周围的环境用直方图表示，因此该方法对处理传感器和建模误差要求非常高。该方法首先构建一个二维笛卡尔直方图栅格，并根据传感器数据实时更新栅格图。然后通过减少移动物体当前位置周围的笛卡尔直方图，构建一维极坐标直方图。最后通过极坐标直方图上的候选波谷确定移动物体的移动方向。向量场直方图如图 4-9 所示，该极坐标系的两个坐标轴分别表示以移动物体为圆心感知到障碍物的角度、对应方向上障碍物可能存在的概率。一般情况下，极坐标直方图存在波峰与波谷，波峰表示障碍物密度较高，波谷表示障碍物密度较低，障碍物密度低于给定阈值的波谷称为候选波谷。

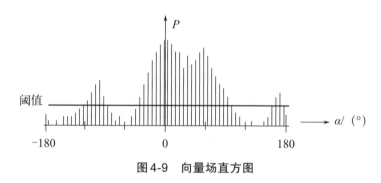

图 4-9 向量场直方图

向量场直方图算法具有可靠性高、计算效率高、鲁棒性强等优点，但是该算法不完备，在狭窄区域中，容易陷入局部极小值。

（4）栅格法 栅格法是指将移动物体所处的环境通过某种方法划分为具有局部环境信息的网格单元，即栅格如图4-10所示，栅格可分为自由栅格与占用栅格两种，其中占用栅格包含环境中的障碍物信息。将自由栅格按照一定的顺序构成连通图，并采用搜索算法在该连通图上构建一条由初始栅格至目标栅格的无碰撞路径，记为规划路径。栅格法在规划速度方面性能优越，但其规划效率受栅格精度的制约。栅格法已被广泛应用于移动物体，栅格法常用的搜索算法有Dijkstra算法、A*算法、D*算法等。

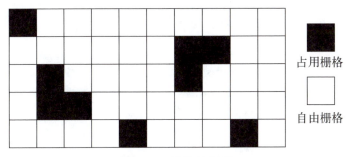

图4-10 栅格法示意

① Dijkstra算法多用于求解有权图中一个顶点到其他顶点的最短距离。该算法通过数组D保存起始点至各个顶点的最短距离，通过集合T保存已遍历的最短路径对应的顶点。执行算法时，通过迭代的方式，每次从集合T之外的顶点中求取距离起始点距离最短的顶点，将该点加入集合T中，并通过该点刷新数组D中的值，直至集合T中包含所有顶点。

Dijkstra算法具有很强的鲁棒性，且其能计算出两点之间的最优路径解，但是该算法是无向搜索算法，随着节点数量的增加，该算法的计算效率降低。基于Dijkstra算法的缺点，学者们做了许多改进。

② A*算法是一种启发式搜索策略，能根据求解问题的具体特征，控制搜索往最可能达到目的地方向前进。这种搜索策略针对问题本身特点进行，因而比完全搜索的方法效率要高很多，它往往只需要搜索一部分状态空间就可以达到目的地。

A*算法是目前非常流行的最短路径启发式搜索算法，它充分运用问题域状态空间的启发信息，对问题求解选取比较适宜的估价函数，再利用估价函数的反馈结果，对它的搜索战略进行动态调节，最终得到问题的最优解。

A*算法的优点是计算方式简单、规划路径短等,但该方法计算量大,规划路径往往拐点较多。

A*算法主要是在静态的环境下进行最短路径规划,但在实际环境下,可能由于交通环境复杂,路面的行人、路障、非机动车辆、机动车辆以及其他各种动态障碍物都会影响车辆的行进,所以有必要进行路径的动态规划。典型的动态规划算法为D*算法。

③ D*算法对A*算法做了两个重要改进:出现动态障碍物时,D*算法可以更新动态障碍物附近的栅格信息;D*算法的启发函数可传递,当中心栅格向周围栅格扩展时,可将其启发值传递给周围邻点。

D*算法对A*算法有一定的提升,其搜索路径的速度更快、路径更为优异,但是D*算法并没有改善路径曲折的缺点,而且D*算法规划的路径贴近障碍物边缘。

(5)Voronoi图法 Voronoi图法采用路径距离尽可能远的方式划分自由空间。Voronoi图法的核心思想是通过一系列种子点将空间划分为若干个子区域,每个子区域中点到该区域对应的种子节点的距离小于它们到其他种子节点的距离。通过该特性,将空间中障碍物边界取做种子节点,则每个子区域的边界都可以作为移动物体无碰撞路径的一部分。将移动物体的初始点和目标点分别连接到Voronoi图上,采用搜索算法可获得由初始点至目标点的无碰撞路径。

Voronoi图能够使移动物体与障碍物保持一定的距离,这提高了移动物体运行的安全性,但是该方法获取的路径代价较大,且在高维空间的规划能力较差。

传统路径规划算法需要对环境进行建模与描述。因此,随着环境复杂度的增加,传统路径规划算法的搜索效率将大大降低。

4-7 路径规划的智能算法主要有哪些?

路径规划的智能算法主要有蚁群算法、遗传算法、神经网络法等。

(1)蚁群算法 蚁群算法是一种仿生学算法,受蚂蚁觅食行为启发而来。蚂蚁觅食偏向于走信息素高的路径,蚂蚁觅食示意如图4-11所示。蚁群算法被广泛应用于移动物体动态路径规划中。

通过蚁群算法求解某些比较复杂的优化问题时,则将体现出该算法的优越性,同时蚁群算法自身也具有不少缺陷。蚁群算法有以下优点。

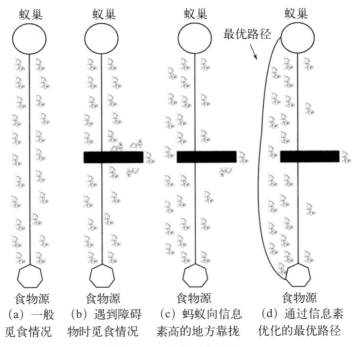

图 4-11　蚂蚁觅食示意

① 蚁群算法在优化问题领域具有很强的搜索较优解的能力，因为它能够把一些常用的分布式计算、贪婪式搜索等特点综合起来，并且是一种正反馈机制的算法。想要快速地发现较优解，可利用正反馈机制得到；而过早收敛现象可由分布式计算来排除。这样在查找过程的前期，就会找到可实施的方法，同样，若要减少查找过程消耗的时间，可通过贪婪式搜索来实现。

② 蚁群算法具有很强的并行性。

③ 蚁群中蚂蚁之间通过信息素展开协同合作，则系统会有比较好的可扩展性。

蚁群算法有以下缺点。

① 蚁群算法需要消耗比较多的时间来查找。尤其是在群体规模较大时，由于蚁群中的蚂蚁活动是任意的，即使利用信息交换可以找到最优路径，但在不是很长的时间里，很难发现一条比较好的线路。由于在刚开始寻找路径时，各线路上的信息浓度大小几乎是相同的，这样就存在一定困难。虽然利用正反馈方法反馈信息，能够让好线路上的信息量越来越多，但是需要消耗很长的时间间隔，才能使较多的信息量出现在较好的路径上，伴随正反馈的不断进行，会产生明显的差别，从而得到最

好的路径，这个过程需要较长时间。

② 当查找过程进行到一定阶段时，蚁群中蚂蚁查找到的解相同，很难在深层次中查找并得到更好的解，使算法出现停滞现象。

（2）遗传算法 遗传算法是利用达尔文的生物自然遗传选择和生物自然淘汰的进化来实现的数学模型。遗传算法源于自然进化规律和遗传基因学，是拥有"生成"与"检测"这种迭代过程的查询算法。遗传算法把整个蚁群当中每个成员作为研究对象，而且通过随机化方法去控制当前被编码的参数空间进行查询。遗传算法的主要流程是选择、交叉、变异。遗传算法可以直接对蚁群对象操作，没有必要考虑函数导数与连续性的限制。遗传算法内部存在良好并行处理能力和优秀的全局查询特色。遗传算法通过概率化的方法，能自动获得查询空间，自动地改变查询方向，不需要有明确的规定。

遗传算法与蚁群算法类似，都是从群体的角度出发，对多个个体并行计算，在一定程度上提高了效率。该算法使用概率方式进行迭代，具有一定的随机性，而且在搜索过程中使用评价函数启发，实现过程相对简单。与蚁群算法类似，该算法参数较多、参数关联性强，而且参数取值对算法的性能影响较大，但是，对参数的调整往往依赖于经验。与蚁群算法相比，遗传算法对网络反馈信息的利用率较低，因此收敛速度较慢，所以更改遗传算法结构，提高算法对反馈信息的利用率，可以加快算法收敛速率。遗传算法对初始种群的选择具有一定的依赖性，因此，通过启发式方法选择更为优异的初始种群，可以提高算法的效率。

（3）神经网络法 神经网络法是在研究人脑工作机理的基础上提出来的，具有较好的学习、容错能力。该算法的基本思想是构建一个针对移动物体路径规划的神经网络模型。该模型的输入为传感器信息以及移动物体上一次的运动状态。

神经网络法可使移动物体具备适应新环境的能力，但需要事先构建数据集训练模型，而且训练时间较长。因此，往往将神经网络算法与其他智能算法相结合，以改善神经网络的规划性能。

神经网络结构中包含大量的参数，参数的数量往往比蚁群算法、遗传算法等其他智能算法更多，且参数关联性更强，对算法效率影响更明显。因此，在构建神经网络时，调参过程较为复杂，且通常会占用大量时间，这大大限制了神经网络的应用。另外，神经网络需要大量的数据对模型进行训练，数据量的大小间接影响算法的性能。

4-8 基于采样的路径规划算法主要有哪些？

基于采样的路径规划方法通过连接所有可行采样点，进而形成可行路径图，最后在该路径图中求解一条由初始状态至目标状态的可行路径。基于采样的规划算法基本框图如图4-12所示。目前常用的基于采样的路径规划算法主要有概率路线图（probabilistic road maps，PRM）算法和快速扩展随机树（rapidly-exploring random tree，RRT）算法。

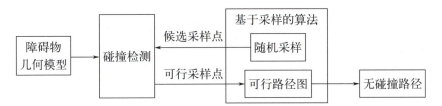

图4-12　基于采样的规划算法基本框图

（1）PRM算法　PRM算法是一种基于多次查询的规划算法，包括学习和查询两个阶段。在学习阶段，通过自由配置空间随机生成可行采样点，并使用快速的路径规划器连接这些可行采样点，从而构成概率路线图；在查询阶段，可以在概率路线图

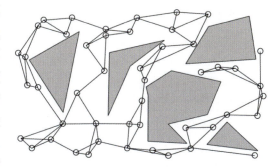

图4-13　PRM算法路径规划示意

中寻找一条由初始状态至目标状态的最佳路径，如图4-13所示。

PRM算法在高维空间中表现优异，因此该算法得到了广泛关注与研究。但在一些应用场合中，获得先验路标的计算量可能太大甚至导致规划失败，这限制了该算法的在线规划能力。当采样点较少时，PRM算法规划的路径难以通过狭窄通道；增加采样点数量，可以解决该问题，但是计算代价增大。

（2）RRT算法　RRT算法通过构建随机树的方式获取由起始点至目标点的无碰撞路径。RRT算法将起始点作为随机树的根节点，通过随机采样的方式获取随机点，并将符合条件的点（与随机树中叶子结点相连时不与障碍物发生碰撞）加入随机树中作为叶子结点，直至目标点被加入随机树中，算法迭代结束。RRT算法扩展过程示意如图4-14所示，

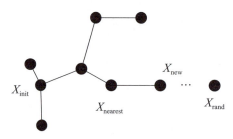

图4-14 RRT算法扩展过程示意

图中 X_{init} 为起点，$X_{nearest}$ 为附近点，X_{new} 为新点，X_{rand} 为终点。

RRT算法简单，对环境适应性强，而且可用于实时在线规划。但是RRT算法对空间的探索完全随机，因此搜索效率较低；另外，RRT算法对路径缺乏优化能力。

4-9 无人驾驶汽车换道轨迹模型主要有哪些？

换道轨迹模型决定了无人驾驶汽车能否顺畅、快速、舒适、安全地运行。常见的无人驾驶汽车换道轨迹模型有等速偏移模型、圆弧换道模型、基于期望侧向加速度的换道模型、余弦函数换道模型、余弦函数和双曲正切函数加权换道模型、等速偏移正弦函数换道模型。轨迹模型可根据轨迹路径曲率变化是否连续、起点和终点曲率是否为零、轨迹模型的灵活性进行选择。

（1）**等速偏移模型** 等速偏移模型如图4-15所示，其由三条直线段构成，在轨迹起点 C_0、终点 C_3 处曲率为零，但轨迹的曲率在 C_1、C_2 处会发生突变，在实际行车中无法实现。

（2）**圆弧换道模型** 圆弧换道模型是在等速偏移模型的基础上，采用圆弧作为起始段和终了段，两端圆弧的曲率半径均为 R，如图4-16所示。同样，由于在圆弧端点 C_0、C_1、C_2、C_3 处轨迹曲率不连续，使得车辆在实际变道行驶中无法完全实现该轨迹。此外，由于圆弧换道模型是多阶非线性曲线，计算麻烦，如果车辆要调整换道过程则比较困难。

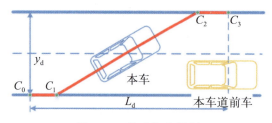

图4-15 等速偏移模型

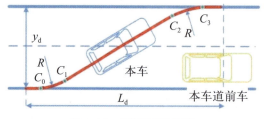

图4-16 圆弧换道模型

（3）**基于期望侧向加速度的换道模型** 基于期望侧向加速度的换道模型是基于换道车辆的侧向加速度变化规律为线性变化、

最大侧向加速度不超过一定值而提出的，该方法认为车辆在直线道路上进行变道行驶时，侧向加速度的形状由两个大小相等的正反梯形组成，梯形的高为侧向加速度的最大值，梯形腰的斜率为侧向加速度率，如图4-17所示。通过对期望侧向加速度进行两次积分得到理想变道轨迹。基于期望侧向加速度的变道轨迹能够很好地满足变道过程中曲率连续变化的要求，且在轨迹起点、终点曲率为零，但该模型是分段函数，存在动态调整比较困难的局限性。

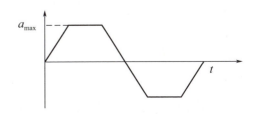

图4-17 基于期望侧向加速度的换道模型

（4）**余弦函数换道模型** 由于余弦函数换道模型计算简便、平滑性较好，因此是目前被广泛采用的轨迹模型之一，如图4-18所示。

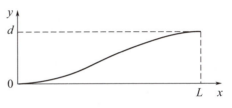

图4-18 余弦函数换道模型

（5）**余弦函数和双曲正切函数加权换道模型** 余弦函数和双曲正切函数加权换道模型是余弦轨迹函数和双曲正切换道函数加权的轨迹，如图4-19所示。图中虚线和实线分别表示余弦函数及双正切函数。

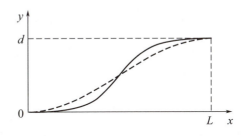

图4-19 余弦函数和双曲正切函数加权换道模型

（6）**等速偏移正弦函数换道模型** 等速偏移正弦函数换道模型是将等速偏移轨迹函数与正弦函数叠加，具备了等速偏移轨迹侧向加速度恒为零的优点与正弦函数换道轨迹平滑性优异的特点。等速偏移正弦函数换道模型如图4-20所示，只要整个换道行程 $L \geq L_{min}$，就能满足车辆在公路上的加速度和加速度变化率的限制条件。

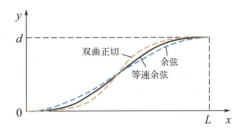

图4-20 等速偏移正弦函数换道模型

4-10 如何利用人工势场法进行路径规划？

人工势场法的基本原理就是通过一系列环境感知传感器来探知环境的障碍物情况，无人驾驶汽车在多个斥力势场和一个引力势场以及势场环境下沿着势场下降的方向运动。人工势场法是一种广泛应用的局部路径规划方法，适用于已知环境或未知环境。人工势场法本质上是一种控制方法，其轨迹并非像其他规划算法一样，而是由实时的控制量产生的。

人工势场法是一种假设的虚拟势力场法，其相关的设定类似于磁场，同性相斥，异性相吸，其中，目标点对无人驾驶汽车产生的引力势场方向是从无人驾驶汽车到目标位置；障碍物对无人驾驶汽车产生的斥力势场方向是从障碍物到无人驾驶汽车位置，如图4-21所示。

在势场中，无人驾驶汽车会受到来自所有势场叠加的力，作用力的规则满足平行四边形法则，合力将会驱动无人驾驶汽车向目标点运动。无人驾驶汽车在这两种势力场合的作用下，沿着合势力场梯度下降最快的方向朝目标点移动，如图4-22所示。为了便于理解，可以把引力势场看作一个山谷区，把障碍物产生的斥力势场看作一个高峰区，无人驾驶汽车就像水流一样，从地势较高地区向地势较低地区运动，最后到达地势最低的位置即为目标点。人工势场法进行路径规划的流程如图4-23所示。

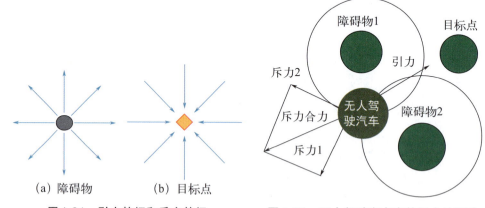

图4-21 引力势场和斥力势场　　图4-22 无人驾驶汽车在势场中的运动

首先载入地图，预设好相关参数，如障碍物的坐标位置、大小等；再对无人驾驶汽车的参数初始化。之后按照图4-23所示的流程进行。流

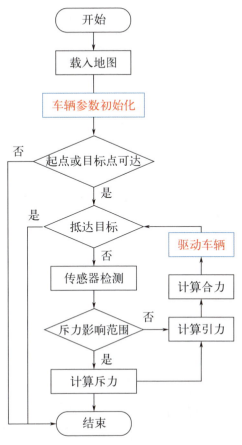

图 4-23 人工势场法进行路径规划的流程

程图之中有几部分值得注意。

如何确定斥力的影响范围对实车效果具有重要作用。在理想情况下,会设置障碍物的中心坐标作为相应的点,然后适当膨胀,作为斥力的影响范围。在实际情况中,可能无法得到障碍物具体的中心坐标,且通常得到的数据是障碍物的边缘信息,所以通常会选取这些边缘点中离无人驾驶汽车最近的一个点作为影响点来计算距离。

在计算斥力上,所得到的斥力其实是一个矢量,通常将其进行分解计算。

把计算出来的合力通过指令传递给驱动车辆的底层,控制车辆的转向等运动。

人工势场法更适合作为局部避障算法,即在全局路径规划得到行驶路径后,由人工势场法控制车辆实现路径跟踪并且避免与新障碍物发生碰撞。

4-11 什么是无人驾驶汽车的行为决策?

因为车辆自动驾驶不是单一变量问题,车辆在行驶的过程中既包含车辆本身的行为,也包含道路上其他行人、车辆的行为,所以行为决策主要包含两个方面,一个是对交通参与方的行为预测,另一个是车辆自身的行为决策。

(1) 对交通参与方的行为预测 对交通参与方的行为预测可以通过多种算法来实现,构建一套运动模型的方式。但是有的人会问,道路上其他车辆加速转弯等行为是存在很大不确定性的,这种情况怎么构建预测模型呢?

比较常用的解法是通过高斯噪声来代表交通参与者运动的不确定性,因为大部分参与方的行为一定是服从正态分布的,所以整个模型构建可以看作是一个高斯过程。对于交通参与方的行为和意图的预测，可以看作是一个动态的时序过程，可以用深度学习的长短期记忆神经网络解决相应的问题。长短期记忆神经网络也称为时间循环神经网络，如图4-24所示。

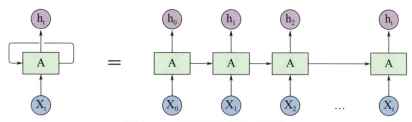

图4-24　长短期记忆神经网络

A代表神经网络；X_0、X_1、X_2、X_t分别代表输入；h_0、h_1、h_2、h_t分别代表输出

（2）车辆自身的行为决策　车辆自身需要决策的指令集包含行驶、跟车、转弯、换道、停车等。车辆如何做决策，或者做什么样的决策，需要放到一个场景中去判别。

整体流程应该分为4个步骤，如图4-25所示，首先感知环境的变化，比如前方有车辆并道，然后做场景判断，前方有车辆并道场景该调取什么样的模型做预测，最终的行为输出可能是减速或者自己并到另一个道路。这个中间的判断过程还要考虑其他车辆行为，以及是否符合道路规章制度。

图4-25　车辆自身的行为决策流程

每次行为的整体决策链路非常长，而且每一步决策相互影响，所以这种自动驾驶车辆行为决策的功能可以看成是一系列概率的加成，可以看成是马尔可夫决策过程。

4-12 无人驾驶汽车决策机制流程是怎样的？

无人驾驶汽车决策机制流程如图4-26所示，车载终端内部设定好目的地并上路行驶后，要通过传感设备感知采集交通场景信息，包括车辆运行状态和外界道路环境条件，然后将这些信息输入内设的数据处理系统进行数据融合处理，以获取驾驶决策机制所需的输入变量。依据这些输入变量，驾驶决策机制可以调用内部存储的后台决策知识经验库，匹配出正确的驾驶决策，从而将该驾驶决策指令输送给控制系统，由控制系统控制执行机构（转向系统、踏板和自动换挡）进行相应的操作。

图 4-26　无人驾驶汽车决策机制流程

在整个信息采集、转移和执行的过程中，驾驶决策机制扮演着关键角色，是控制无人驾驶汽车的"中枢神经系统"。而驾驶决策机制内部存在的后台决策知识库中所存储的是利用机器学习算法进行离线学习而获取的驾驶员的决策经验规则，该规则是通过对经验驾驶员决策行为及决策场景信息进行分析后所提取的，每条规则都由条件属性和决策属性构成，其中条件属性是指影响驾驶员进行决策的车辆状态信息和道路条件信息，决策属性指驾驶员经常采取的三种驾驶决策，包括自由行驶、车辆跟驰及变换车道。

无人驾驶汽车的驾驶决策的知识经验只是条件和决策相匹配出的规则，且无驾驶员参与，因此无人驾驶汽车驾驶决策仅受外界环境因素的影响，即车辆运行状况和道路条件。车辆运行状态是指本车与周围车辆间的相对运行状态，包括车辆间距、相对车速及车头时距等，当前大多数是将这些微观车辆因素作为驾驶决策参考指标，在正常道路条件下，这些因素的变化实时决定着本车下一时刻的驾驶决策。道路环境条件是指受天气、道路几何结构影响的道路环境因素，主要包括道路附着系数、曲率、道路坡度及能见度等。相同的车辆运行状态条件下，恶劣的道路环境条件会影响车辆对外界环境的感知功能，降低车辆系统的灵敏度。

4-13 无人驾驶汽车的行为决策方法主要有哪些？

典型的无人驾驶汽车的行为决策方法主要有基于规则的行为决策方法和基于强化学习的行为决策方法。

（1）基于规则的行为决策方法　无人驾驶汽车基于规则的行为决策方法是最常用的，其主要是将无人驾驶汽车的运动行为进行划分，根据当前任务路线、交通环境、交通法规以及驾驶规则知识库等建立行为规则库，对不同的环境状态进行行为决策逻辑推理，对驾驶员（自动驾驶系统）的行为进行输出，同时接收运动规划层对当前执行情况的反馈情况进行实时动态调整，如图4-27所示。

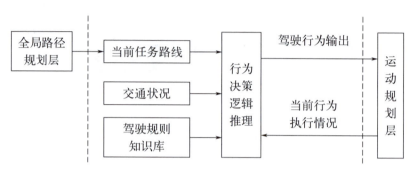

图4-27　基于规则的行为决策方法

在基于规则的行为决策中，有限状态机法是最经典也是最具有代表性的方法，其具有实用性强、可靠性高和逻辑推理清晰等特点。有限状态机是一种离散的数学模型，用来研究有限个状态以及状态之间的转移，主要包括有限状态集合、输入集合和状态转移规则集合三部分。状态、转移、事件和动作是有限状态机的四大要素。

以基于规则的超车行为决策为例，主要为超车顶层状态机及其下设置的超车子状态机，如图4-28所示。

在超车顶层状态机下设置了超车子状态机，对超车过程中不同驾驶阶段下的转换进行逻辑建模。超车行为决策与人类驾驶行为类似，在超车子状态机下分别包括左换道准备、左换道、并行超越等。左换道准备为超车子状态机的默认初始状态，在左右换道状态下，无人驾驶汽车将开启相应的转向信号灯，产生一定的转向偏移，以此来提示后方车辆。同时，无人驾驶汽车会根据其左后或右后车辆是否避让的状态来决定是否进行下一步的超车计划。并行超越主要用于车辆进行超

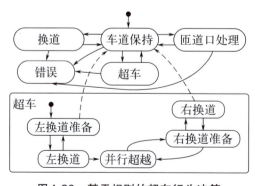

图4-28　基于规则的超车行为决策

车的阶段，指导车辆在超车过程中的速度变化、转向盘角度变化等，并指导车辆在超车完成后及时返回原来的车道，减少在整个超车过程中的安全风险。

基于规则的行为决策具有易于搭建和调整、实时性好、应用简单等优点，但是由于其难以适应所有情况，需要进行针对性调整，其行为规则库易因重叠而失效，有限状态机难以覆盖车辆可能遇到的所有工况而导致决策错误。

（2）基于强化学习的行为决策方法　随着人工智能技术的飞速发展，各种学习算法越来越多地应用于无人驾驶汽车的行为决策方面，极大地推动了无人驾驶汽车的落地发展。基于强化学习算法的行为决策方法主要是利用各种学习算法来进行决策，利用无人驾驶汽车配备的各种传感器来感知周边的环境信息，传递给强化学习决策系统，此时强化学习决策系统的作用就相当于人脑，来对各类信息进行分析和处理，并结合经验来对无人驾驶汽车做出行为决策。

基于强化学习的行为决策方法主要有支持向量机决策方法、马尔可夫决策方法、强化学习方法等。这些行为决策方法通过大量的数据，更容易覆盖全部的工况以及不同的场景。如自动驾驶汽车公司Waymo就通过模拟驾驶及道路测试获取了大量的数据对其基于学习算法的行为决策系统进行训练，使得该系统对物体的检测性能得到极大的提高，还可以对障碍物进行语义理解等。

对于基于强化学习的行为决策，由于其强大的数据训练集，可以减小环境的不确定性因素带来的影响，但是它需要大量的数据来进行预处理，计算量大，实时性差。

随着人工智能、强化学习、机器学习等的快速发展，结合上述两种方法的优势，顶层采用基于规则的行为决策，底层采用基于强化学习的行为决策，可以发挥学习算法的优势，增强场景的遍历深度，两种方法优势互补，必将成为无人驾驶汽车行为决策的发展方向。

4-14 如何利用有限状态机法对驾驶行为进行决策？

有限状态机是一种离散输入、输出系统的数学模型。它由有限个状态组成，当前状态接收事件，并产生相应的动作，引起状态的转移。状态、事件、转移、动作是有限状态机的四大要素。

有限状态机的核心在于状态分解。根据状态分解的连接逻辑，将其分为串联式、并联式、混联式3种体系架构。串联式结构的有限状态机系统，其子状态按照串联结构连接，状态转移大多为单向，不构成环路。并联式结构中各子状态输入、输出呈现多节点连接结构，根据不同输入信息，可直接进入不同子状态进行处理并提供输出。如果一个有限状态机系统下的子状态中既存在串联递阶，又存在并联连接，则称这个系统具有混联结构。

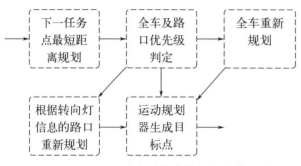

图4-29 Talos无人驾驶汽车的行为决策系统

麻省理工学院的Talos无人驾驶汽车的行为决策系统总体采用串联结构，如图4-29所示。该无人车以越野工况挑战赛为任务目标，根据逻辑层级构建决策系统。其系统分为定位与导航、障碍物检测、车道线检测、路标识别、可行驶区域地图构建、运动规划、运动控制等模块，其中导航模块负责制定决策任务。串联式结构的优点是逻辑明确、规划推理能力强、问题求解精度高；其缺点在于对复杂问题的适应性差，某子状态出现故障时，会导致整个决策链的瘫痪。串联结构适用于某一工况的具体处理，擅长任务的层级推理与细分解决。

斯坦福大学与大众公司研发的Junior无人驾驶汽车的行为决策系统如图4-30所示，其具备典型的并联结构。该系统分为初始化、前向行驶、停止标志前等待、路口通过、U形弯等多个子状态，各个子状态相互独立。Junior决策系统是并联划分子系统最多的系统之一，但在实际

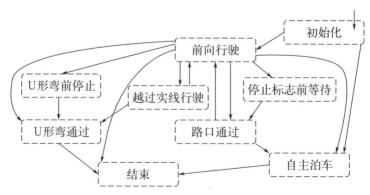

图4-30 Junior无人驾驶汽车的行为决策系统

场景测试中，依然存在其有限状态机没有覆盖的工况，且对真实场景的辨识准确率较差。这说明单纯地应用并联式场景行为细分并不能提高场景遍历的深度，相反容易降低场景辨识准确率。

梅赛德斯奔驰公司研发的Bertha无人驾驶汽车的行为决策系统如图4-31所示。该系统分为路径规划、目标分析、交通信号灯管理、放弃管理4个独立并行的子状态模块。其中，放弃管理模块通过换挡操纵杆信号进行无人和有人驾驶的切换。

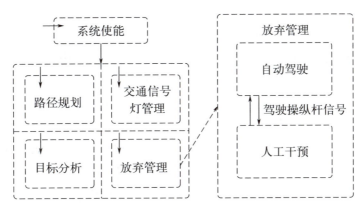

图4-31 Bertha无人驾驶汽车的行为决策系统

国防科学技术大学研发的红旗CA7460无人驾驶汽车的行为决策系统如图4-32所示，其具备典型的并联结构。该系统适用于高速公路工况，其决策系统划分为自由追踪行车道、自由追踪超车道、由行车道换入超车道、由超车道换入行车道等模式。

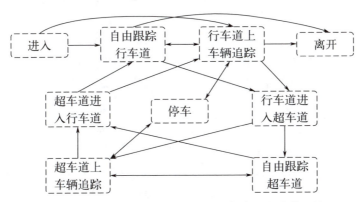

图4-32 红旗CA7460无人驾驶汽车的行为决策系统

卡耐基梅隆大学与福特公司研发的Boss无人驾驶汽车的行为决策系

统如图 4-33 所示，其具备典型的层级式混联结构。系统顶层基于场景行为划分，底层基于自车行为划分。3 个顶层行为及其底层行为分别为车道保持（车道选择、场景实时报告、距离保持、距离保持等）、路口处理（优先级估计、转移管理等）和指定位姿。

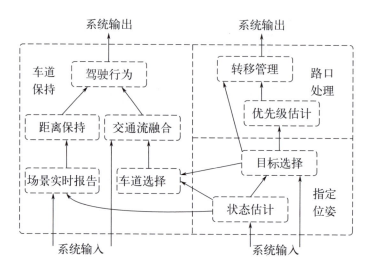

图 4-33　Boss 无人驾驶汽车的行为决策系统

4-15 如何利用支持向量机对驾驶行为进行决策？

支持向量机（support vector machine，SVM）是一种基于统计学习理论的有监督机器学习算法。支持向量机是用来对数据进行分类预测的，一个数据集里有两种类别的数据，支持向量机试图找一个最佳超平面将它们分开，以后再来一个新的数据但类别未知时，可以利用这个平面对该数据进行类别的预测。支持向量机既保证了对当前数据的分类正确性，也考虑了对将来未知数据的预测准确性，因此总体能力很强，在解决小样本、数据不平衡及非线性的问题中有很多"天生"的优势。

用一个例子说明什么是支持向量机。在一个牧场有一群狼和一群羊，需要建立一个围墙把狼和羊分开，并且尽量在以后出现更多的狼和羊时，围墙仍然适用，如图 4-34 所示。建围墙的人称为支持向量机；狼和羊称为数据；把狼和羊分开称为分类；直墙称为超平面。

图4-34 支持向量机定义的示意

超平面是将数据进行分类的一系列平面,最佳超平面是指分开的两类数据之间的距离尽可能大的平面,如图4-35所示。

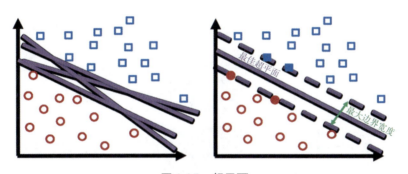

图4-35 超平面

支持向量是接近超平面并影响超平面的位置和方向的数据点,如图4-36所示。但是点怎么就成向量了呢？因为每个点都可以看作是从原点出发指向此点的一个向量。使用这些支持向量作为支撑点,使边界尽可能宽。

在进行无人驾驶汽车驾驶决策推理时,车辆在正常工况和紧急工况下均有多种决策选择,需要进行多值决策分

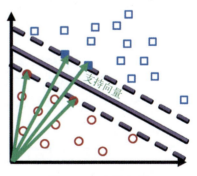

图4-36 支持向量

类,因此需要为每种工况建立多个SVM二分类器。无人驾驶汽车在正常工况下的驾驶决策主要包括自由行驶、跟驰以及换道三种,在训练时将三种正常驾驶决策分别分为三组SVM二分类器,即自由行驶和跟驰、自由行驶和换道以及跟驰和换道,如图4-37所示。

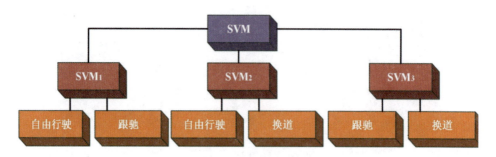

图4-37　无人驾驶汽车正常驾驶决策SVM二分类器

无人驾驶汽车在紧急工况下的应急决策主要包括刹车、转向以及刹车+转向三种，但最优应急决策是通过对比各决策对应的碰撞严重性间接得出的，因此，紧急工况下使用SVM建立的模型是碰撞严重性预测模型，碰撞严重性主要包括轻微、严重以及恶性三种。在训练时将碰撞严重性分别分为三组SVM分类器，即轻微和严重、轻微和恶性、严重和恶性，如图4-38所示。

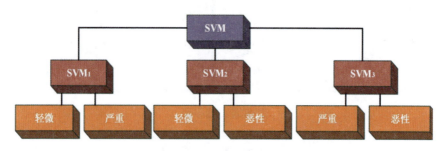

图4-38　无人驾驶汽车碰撞严重性预测SVM二分类器

对正常工况和紧急工况下的模型进行训练后，正常驾驶决策机制模型会得出三个SVM二分类训练模型，每种应急决策对应的碰撞严重性预测模型也会得到三个SVM二分类训练模型。

4-16 如何利用马尔可夫决策过程对驾驶行为进行决策？

马尔可夫决策过程（Markov decision process，MDP）是随机决策领域的一个基本模型框架，是序贯决策的数学模型，是一种能够满足概率性动态变化的数学方法。在具有马尔可夫性质的系统中，利用马尔可夫决策过程可模拟决策体的随机策略与回报。

在换道场景下识别周围车辆驾驶意图时，需要通过车载传感器（摄像头、雷达等）获取的周围车辆驾驶行为数据（位置、速度、加速度等）来判断周围车辆的驾驶意图。车辆在具有结构化的道路上行驶时，会受到道路和交通规则的影响，使得驾驶行为存在一定的规律性：车辆会根据当前时刻的交通环境信息以及自身的需求做出决策，该决策随即转变为车辆的下一个驾驶行为，在该驾驶行为完成后，车辆进入下一个状态；这个过程会不断重复，并且时刻影响着下一时刻的车辆状态。该过程具有独立性和随机性的特点，而马尔可夫决策过程也具有这样的特点，马尔可夫决策过程是一种基于贝叶斯公式的随机过程的统计模型，可用于描述随时间变化的观测信号，具有状态过程的取值都是离散、未来只与现在有关而与过去无关的特点。

无人驾驶汽车能够快速通过车载传感器获取的周围车辆的驾驶行为信息识别周围车辆的驾驶意图。无人驾驶汽车驾驶意图识别框架如图4-39所示。

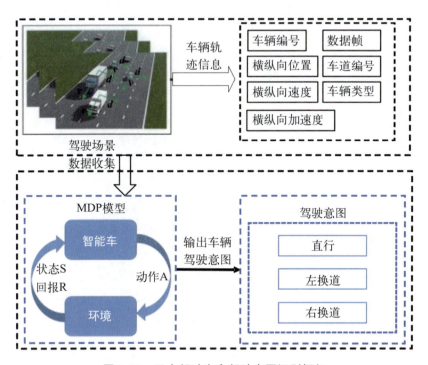

图4-39　无人驾驶汽车驾驶意图识别框架

4-17 如何利用强化学习对驾驶行为进行决策？

强化学习是机器学习中的一个领域，用于描述和解决智能体在与环境的交互过程中通过学习策略以达成回报最大化或实现特定目标。强化学习不需要带标签的输入/输出对，同时也无须对非最优解进行精确的纠正。其关注点在于寻找探索（对未知领域的）和利用（对已有知识的）的平衡。

强化学习系统一般包括四个要素：策略、奖励、价值以及环境或者说是模型。

策略定义了智能体对于给定状态所做出的行为，换句话说，就是一个从状态到行为的映射，事实上状态包括了环境状态和智能体状态。策略是强化学习系统的核心，完全可以通过策略来确定每个状态下的行为。

奖励信号定义了强化学习问题的目标，在每个时间步骤内，环境向强化学习发出的标量值即为奖励，它能定义智能体的表现是好还是坏，类似人类感受到快乐或是痛苦，奖励信号是影响策略的主要因素。

价值或价值函数是对长期收益的衡量，是从一个长期的角度来评判当前行为的收益，而不仅仅盯着眼前的奖励。

外界环境也就是模型，它是对环境的模拟，当给出了状态与行为后，有了模型就可以预测接下来的状态和对应的奖励。但要注意的一点是并非所有的强化学习系统都需要有一个模型，因此会有基于模型和不基于模型两种不同的方法，不基于模型的方法主要是通过对策略和价值函数分析进行学习。

图4-40所示为强化学习决策过程示意，可以看到智能体是根据当前所能观测到的状态S_t进行输出一个动作A_t，接着每个时间步都会与环境进行交互以获得下一时刻的状态S_{t+1}和根据状态得到相应的奖励R_{t+1}，由

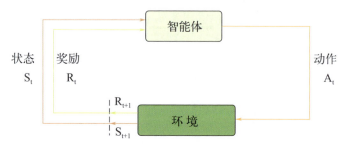

图4-40 强化学习决策过程示意图

此循环往复直到奖励函数达到一个收敛或是对每一时刻中的状态进行判断是否结束。

基于强化学习的驾驶行为决策过程如图4-41所示，由交通环境信息、其他交通参与者运动状态、下一时刻的状态、无人驾驶汽车运动状态、传感器、奖励函数和智能体等组成。图中交通环境信息和其他交通参与者运动状态代表环境的状态空间；下一时刻的状态代表状态转移函数；无人驾驶汽车运动状态代表智能体的动作空间；智能体代表智能体的观测空间。

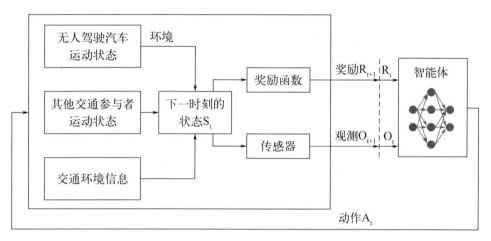

图4-41　基于强化学习的驾驶行为决策过程

环境的状态空间和状态转移函数是无人驾驶汽车无法决定的，所以基于强化学习的行为决策系统主要集中在如何设计智能体的观测空间、奖励函数及智能体的动作空间上。

控制与执行——无人驾驶汽车的"四肢"

5-1 什么是无人驾驶汽车的控制?

无人驾驶汽车的控制核心技术就是车辆的纵向控制和横向控制。纵向控制是车辆的驱动和制动控制,而横向控制是转向盘角度的调整以及轮胎作用力的控制。实现了纵向和横向自动控制,就可以按给定目标和约束自动控制汽车行驶。

无人驾驶汽车纵向控制和横向控制的基本结构如图5-1所示。

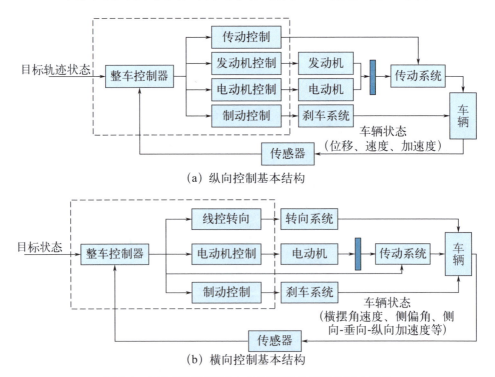

(a) 纵向控制基本结构

(b) 横向控制基本结构

图5-1 无人驾驶汽车纵向控制和横向控制的基本结构

（1）纵向控制　车辆纵向控制是指在行车速度方向上的控制，即车速以及自车与前后车或障碍物距离的自动控制。自适应巡航控制和自动紧急制动都是典型的自动驾驶纵向控制系统。这类控制问题可归结为对发动机或电动机、传动系统和制动系统的控制。此外，针对轮胎作用力的滑移率控制是纵向稳定控制中的关键部分。

（2）横向控制　车辆横向控制是指垂直于运动方向上的控制，对于汽车也就是转向控制。目标是控制汽车自动保持期望的行车轨迹，并在不同的车速、载荷、风阻、路况下有很好的乘坐舒适性和稳定性。

纵向控制和横向控制耦合是实现自动驾驶的关键。

5-2　无人驾驶汽车的控制是如何分类的？

无人驾驶汽车的控制可以从所选择的汽车模型、使用的控制理论及控制内容进行分类。

（1）按所选择的汽车模型分类　无人驾驶汽车自主循迹控制按其所选择的汽车模型，可以分为汽车转向几何学模型、汽车运动学模型和汽车动力学模型。

① 汽车转向几何学模型是智能汽车自主循迹控制中使用最早也是最广泛的汽车模型，使用一个简单的公式表示智能汽车前轮转角与期望道路轨迹之间的几何关系。汽车转向几何学模型在控制时又分为非预瞄和基于预瞄两种方式。由于汽车转向几何学模型易于理解，控制方法简单，因此在智能汽车自主循迹横向控制方面有着广泛的应用。

② 汽车运动学模型揭示的是汽车在全局坐标系中的位移与汽车的车速、横摆角和前轮转角之间的关系。汽车运动学模型可以很好地解决智能汽车编队跟随控制问题，但由于模型复杂，计算量相对较大，增加了工程应用中可能存在的错误，而且运算过程中需要计算道路曲率的一阶、二阶导数，这无形中要求道路必须连续且平顺，在独立的智能汽车自主循迹控制中的应用较少。

③ 汽车动力学模型以牛顿力学定律为基本原理，揭示的是汽车的受力与汽车各运动学变量之间的关系。汽车动力学模型易于理解，在应用时算法稍显复杂，其控制精度要高于汽车转向几何学模型和汽车运动学模型。但由于普遍使用的线性二自由度汽车模型在建模时进行了一定的线性化假设，因此汽车动力学模型在非线性区的控制精度较低。

（2）按使用的控制理论分类　无人驾驶汽车自主循迹控制按其所

使用的控制理论，可以分为经典控制理论、现代控制理论和智能控制理论。

① 经典控制理论提出的几种稳定性判据至今在智能汽车自主循迹控制中仍在使用，奈奎斯特稳定判据和伯德图是判断智能汽车自主循迹控制稳定性的重要方法。

② 现代控制理论是建立在状态空间法基础上的一种控制理论，系统辨识法、滑模变结构非线性法、最优控制等现代控制理论在智能汽车自主循迹控制中得到了广泛的应用。

③ 智能控制理论在智能汽车自主循迹控制领域也取得了飞速的发展。模糊控制不依赖于对象的数学模型，而是通过输入、输出信息模仿人脑并利用先验知识进行模糊化推理，在智能汽车自主循迹控制方面有着广泛的应用前景；模糊神经网络控制将模糊控制（知识表达容易）和神经网络控制（自学习能力强）的优势结合起来，提高了整个控制系统的表达能力和学习能力，非常适用于智能汽车在非线性区的自主循迹控制。

（3）按控制内容分类 无人驾驶汽车自主循迹控制按其控制内容，可以分为横向控制和纵向控制。

① 横向控制分为补偿跟踪控制和预瞄跟踪控制，补偿跟踪控制的输入是当前时刻汽车行驶的状态信息和道路信息之间的偏差，控制器根据输入的偏差进行补偿校正，计算出相应的转向盘转角；预瞄跟踪控制则是模拟驾驶员驾驶汽车时的预瞄原理，根据未来某一时刻汽车的期望位置和预计位置之间的差值进行控制。

② 纵向控制常用于智能汽车的自适应巡航控制，其目的是使智能汽车在循迹时保持期望的既定车速，同时保持与前后车的距离处于安全标准之内，纵向控制归根结底是对汽车发动机（电动汽车是驱动电动机）和制动系统的控制。目前，在乘用车上应用比较成熟的自适应巡航控制、弯道速度控制和起步停车辅助等都属于纵向控制的范畴。

5-3 自动驾驶传统控制方法主要有哪些？

自动驾驶传统控制方法主要有PID控制、模糊控制、最优控制等，这些算法应用都较为广泛。

（1）PID控制 PID控制器是利用设置给定的目标值与实际输出值构成的偏差，对被控对象进行的一种线性控制，控制系统通常由被控对象和PID控制器两部分组成。

PID控制原理如图5-2所示，它由比例环节、积分环节和微分环节构成。图中：$u(t)$为给定目标值；$e(t)$为控制偏差，是PID控制器的输入；$r(t)$为PID控制器的输出，即控制量；$y(t)$为被控对象的实际控制输出量。

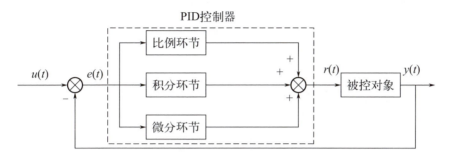

图5-2　PID控制原理

① 比例环节主要用于提高系统的动态响应速度和减小系统稳态偏差即提高系统的控制精度。该环节成比例地反映控制系统的偏差信号，一旦产生偏差，控制器立即产生控制作用，以减少偏差，使实际值接近目标值。控制作用的强弱主要取决于比例系数的大小，比例系数过大，会使系统的动态特性变差，引起输出振荡，还可能导致闭环系统的不稳定；比例系数过小，被控对象会产生较大的静差，达不到预期控制的效果，所以在选择比例系数时要合理适当。

② 积分环节在一般的PID控制中，当有较大的扰动或大幅度改变给定值时，由于有较大的偏差，以及系统有惯性和滞后，故在积分项的作用下，往往会产生较大的超调和长时间波动、振荡次数增加和调整时间延长，使系统的稳定性下降。通常用积分系数来表示积分作用的强弱，积分系数越大，积分作用越强，消除偏差的过程会越快，但取值太大会导致系统趋于不稳定。

③ 微分环节根据偏差信号的变化趋势对其进行修正，在偏差信号值变得太大之前，引入一个有效的修正信号，从而使系统的动作速度加快，减小调节时间。

采用PID控制算法简单又方便，只要适当地调节比例系数、积分系数和微分系数，就可以得到比较理想的控制效果。

（2）模糊控制　模糊控制属于一种智能控制，它是模仿人的思维方式和人的控制经验，把人的经验形式化并引入控制过程，再运用较严密的数学处理，实现模糊推理，进行判断决策，以达到满意的效果。它首先将精确的数字量转换成模糊集合的隶属度函数,然后根据控制器制定模糊控制规则,进行模糊逻辑推理,得到隶属函数,找出一个具有代表性的精确值作为控制量,加到执行器上实现控制。

模糊控制器的基本结构如图5-3所示。它包括变量定义(输入变量和输出变量)、模糊化、规则库、模糊推理和解模糊五部分。

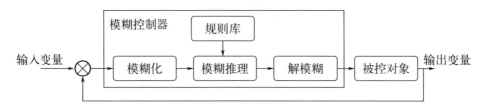

图5-3　模糊控制器的基本结构

① 定义控制器输入和输出的语音变量,一般控制问题的输入变量有系统的误差E和误差变化率EC,输出变量为执行器的控制量U。

② 将输入、输出变量的精确量进行模糊化,并确定模糊子集,一般情况下,人们将模糊变量E、EC、U划分为七个模糊子集或五个模糊子集,即{负大,负中,负小,零,正小,正中,正大},或{负大,负小,零,正小,正大},引入模糊子集的英文缩写,可以得到{NB,NM,NS,ZO,PS,PM,PB},或{NB,NS,ZO,PS,PB}。利用模糊变量的隶属函数给模糊变量进行赋值,得到精确数值的隶属度。

常见的隶属度函数有三角形隶属度函数、梯形隶属度函数、钟形隶属度函数、高斯曲线隶属度函数、两边形高斯隶属度函数、S型隶属度函数、Z型隶属度函数等。

③ 规则库由若干条根据专家经验总结的规则组成,按照"if(E is PB)and(EC is NS)then(U is PB)"的形式表达。控制规则的产生方式:根据专家特定领域的经验知识,反复实验和修正形成;根据操作人员的成功操作模式形成;根据设定目标,应用自适应学习算法,增加或修改控制规则。

④ 根据模糊输入和规则库,用模糊推理方法得到模糊输出。

⑤ 将得到的模糊输出转换成精确的控制信号,即将模糊量转化为精确量。目前,在这个转化过程中常用的方法主要有最大隶属度法、取中位数法和重心法。最大隶属度法是取模糊子集中隶属度最大的元素作为输出量,它完全排除了其他一切隶属度较小的元素的影响和作用;取中位数法是求出把隶属函数曲线和横坐标之间包含面积平分为两部分的数

值，以此数值作为输出量；重心法是求出隶属函数曲线和横坐标之间包含面积的重心位置，以此得出控制量的精确解。

模糊控制器具有以下优点。

① 设计时无须建立被控对象的完整数学模型，简化系统设计复杂性。

② 用语言式的模糊变量描述系统，便于使用自然语言进行人机对话。

③ 鲁棒性、适应性、容错性较佳，尤其适用于非线性时变、滞后、模型不完全系统的控制。

模糊控制器具有以下缺点。

① 确立模糊化和清晰化的方法时，缺乏系统的方法，主要靠经验和试凑。

② 总结模糊控制规则有时比较困难。

③ 控制规则一旦确定，不能在线调整，不能很好地适应情况变化。

⑤ 不具有积分环节，因而稳态精度不高。

（3）最优控制 最优控制是现代控制理论的核心，它研究的主要问题是：在给定的数学模型和初始条件下，在满足一定约束条件下，寻求最优控制策略，使给定系统从初始状态出发达到终止状态，并使得性能指标取极大值或极小值。

最优控制的实现离不开最优化技术，最优化技术是研究和解决如何从一切可能的方案中寻找最优的方案。也就是说，最优化技术是研究和解决如何将最优化问题表示为数学模型以及如何根据数学模型尽快求出其最优解这两大问题。

用最优化方法解决实际工程问题可分为以下三步进行。

① 根据所提出的最优化问题，建立最优化问题的数学模型，确定变量，列出约束条件和目标函数。

② 对所建立的数学模型进行具体分析和研究，选择合适的最优化方法。

③ 根据最优化方法的算法编写程序，求出最优解，并对算法的收敛性、通用性、简便性、计算效率及偏差等做出评价。

5-4 自动驾驶智能控制方法主要有哪些？

相对于传统的控制方法，智能控制方法主要体现在对控制对象模型的运用和综合信息学习运用上，主要有模型预测控制、神经网络控制和深度学习等，目前这些算法在无人驾驶汽车控制中广泛应用。

（1）模型预测控制　模型预测控制是一种先进的控制方法，具有对模型要求低、能处理多变量和有约束的控制等优点。模型预测控制更贴合实际应用情景，可改善控制系统在不确定性影响下保持良好状态的能力。

无人驾驶汽车的自适应巡航控制、车道保持辅助以及自动驾驶的路径跟踪等，都可以利用模型预测控制技术。

模型预测控制系统由预测模型、参考轨迹、滚动优化和在线校正构成，如图5-4所示。参考轨迹输入分别为$s(k)$和$y(k)$，输出为$y_d(k+i)$；预测模型输入和输出分别为$u(k)$和$y_m(k+i)$；被控对象输入和输出分别为$u(k)$和$y(k)$。参考轨迹是预期的控制目标，是平滑、缓和的一条期望曲线。预测模型是基于理论，依据历史信息和未来输入，建立用于预测未来状态的数学模型。滚动优化是指获得最优$u(k)$，以滚动式有限时域进行优化，以某一性能最优作为控制目标确定未来状态，反复在线运行。在线校正是为了消除因模型失配或环境干扰导致的控制偏差，对产生的偏差进行补偿，同时作为反馈，为下一个采样时刻的滚动优化提供数据，进行到新的优化。

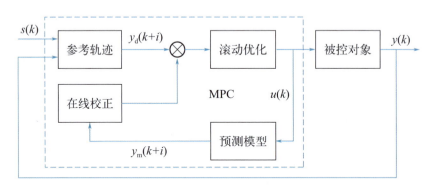

图5-4　模型预测控制系统结构

通过滚动优化和在线校正可以克服被控系统的非线性及不确定性，提高系统的稳定性和鲁棒性。模型预测控制的基本控制思想是求解一个最优化的问题来获得最优的控制序列进而控制未来的行为，如图5-5所示。曲线1为系统控制变量，曲线2、4分别为k、$k+1$时刻的参考曲线，对控制指标进行在线优化获得对应时刻最佳的输出曲线3、5，但是由于受到迟滞、时变等不确定性的影响，在 $k+1$ 时刻输出值与期望的优化值存在偏差 Δy，因此需要对 k 时刻的预测曲线 7 进行误差补偿，得到 $k+1$ 时刻的反馈曲线 6，即校正后的优化曲线，进入下一时刻的在线优化。

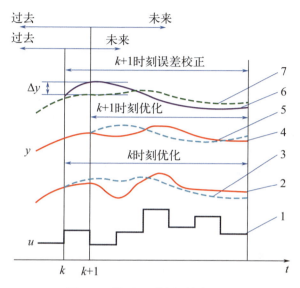

图 5-5　模型预测控制基本原理

（2）神经网络控制　一个简单的神经网络模型分为输入层、隐藏层和输出层，如图 5-6 所示。输入层负责接收信号，隐藏层负责对数据进行处理，处理的结果被整合到输出层。每层中的一个圆代表一个神经元，也叫作节点，若干个神经元组成一个层，若干个层再组成一个网络，就组成了神经网络。神经元之间的连接为树突，负责数据输入；轴突负责数据输出。

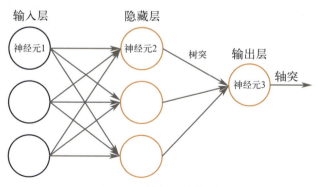

图 5-6　神经网络模型

（3）深度学习 深度学习是指基于神经网络的模型，它的深就体现在模型的层数以及每一层节点数量的多少。深度学习的目的是训练出一个成熟的模型，模型是否成熟的评判标准，简单来说是输入值和目标值是否一致。

深度学习原理如图5-7所示。深度学习会在神经网络的每一层找到权重值，使得该层网络将输入与目标对应。最初的权重是随机赋值的，因此，输出值和目标值相去甚远，通过损失函数算出的损失值也很高。将损失值进行反向传播，利用优化器对权重不断进行调整，目标是让损失值降低。随着神经网络处理的输入示例越来越多，当循环足够多时，得到的权重值可以使损失函数最小，这个时候便完成了深度学习的训练。这就是深度学习的基本原理。

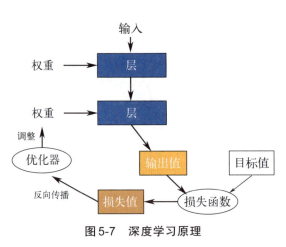

图 5-7 深度学习原理

5-5 什么是线控底盘技术？

线控技术是指由"电线"或者电信号进行传递控制，取代传统机械连接装置的"硬"连接来实现操控的一种技术。线控底盘由转向、制动、换挡、油门、悬架五大系统构成。线控系统取消了部分笨重且精度较低的气动、液压及机械连接，取而代之的是以电信号驱动的传感器、控制单元及电磁执行机构，因此具有结构紧凑、可控性好、响应速度快等优势。

线控技术实现过程是通过传感器将驾驶员（或者自动驾驶系统）的操纵指令转换成电信号传送给控制器，控制器分析信号并将指令发送给执行机构，最终由功能装置实现目标指令。

线控系统的基本结构原理如图5-8所示。线控系统在人机接口通信、执行机构和传感机构之间，以及与其他的系统之间要进行大量的信息传输，要求网络的实时性好、可靠性高，而且要求具有冗余的"功能实现"，以保证在故障时仍可实现装置的基本功能。

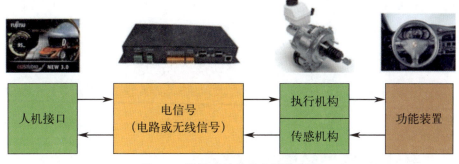

图5-8 线控系统的基本结构原理

5-6 为什么说线控底盘是未来无人驾驶汽车的必要条件？

无人驾驶汽车要实现自动驾驶功能，需要"前端感知层""中央决策层"与"底部执行层"这三个层面的默契配合才能实现真正意义上的自动驾驶功能。"前端感知层"指的是包括摄像头、毫米波雷达以及激光雷达在内的感知设备；"中央决策层"则是对路径规划、行车控制等给出信号，传导到"底部执行层"的车轮、油门、转向以及制动等方面。所以，在整个执行过程中底盘的执行机构的功能要更完善、精度更高、响应更迅速。为了满足以上需求，线控底盘是自动驾驶的一个必要条件。

以"双冗余线控转向"和"多重冗余线控制动方案"为例，具体说明线控结构对于提升自动驾驶安全程度的必要性。

（1）双冗余线控转向方案 所谓双冗余系统实际上是并行的两套独立的控制系统。以双冗余线控转向系统为例，在正常状态下，两套转向系统（均包含电源、传感器和执行部件等）同时工作，各输出50%的需求转矩实现转向助力。若系统中某一部件出现故障，则另一套系统由于完整独立可以继续提供部分助力，从而避免完全无助力的情况。两套冗余的系统除了相互独立提供助力外，还会进行必要的内部通信，以应对各种突发工况。

（2）多重冗余线控制动方案 对于制动系统，如果仅考虑以两套制动系统（制动系统与电子驻车系统双冗余）做双冗余，则并没有考虑其中单制动系统的冗余控制措施，且常规的制动系统冗余方案会因控制器切换造成时延控制问题，引起不必要的安全隐患。因此，线控制动系统往往需要多重冗余的设计。例如自动驾驶主辅控制器之间的冗余、自动驾驶域控制器与整车控制器之间的冗余、自动驾驶系统CAN和以太网通信的冗余、5G设备与车端所有控制器的冗余（实现关键时刻的远程接管）。可以看到，基于线控制动技术的应用，整体可满足自动驾驶在各种失效条件下的行车安全需求，进一步保证了无人驾驶汽车的可靠性。

5-7 什么是线控转向系统？

线控技术就是将传统的汽车机械操纵系统变成通过高速容错通信总线与高性能中央处理器相连的电气系统。目前的线控技术包括线控换挡系统、线控制动系统、线控悬架系统、线控增压系统、线控油门系统及线控转向系统。在无人驾驶汽车上，智能感知单元通过线束将指令传递给转向或制动系统来实现车辆的操控，因此，线控转向和线控制动是最为关键的技术。无论是哪类线控技术，目标都很明确，为了使汽车结构更简单，质量更轻，制造更方便，运行更高效。对于无人驾驶汽车，线控将是一种标配性技术。

汽车转向系统可以根据驾驶员的指令，保持或者改变汽车的行驶方向，其转向特性的好坏是影响汽车操纵稳定性的主要因素。随着科学技术的不断进步，传统转向系统已经由纯机械式转向系统、传统液压助力转向系统、电控液压助力转向系统，发展到当下普遍应用的电动助力转向系统。传统的转向系统受制于自身设计形式和机械连接的限制，传动比固定或者可变范围很小，导致其不能兼顾不同转向盘转角和不同车速下的转向性能，增加了驾驶员的操作负担。随着汽车技术和电子控制技术的发展，线控技术开始应用在智能网联汽车上，线控转向系统应运而生。

线控转向就是把依靠转向管柱连接转向机构来实现转向的传统方式，转换成为通过传感器检测转向盘角度信号，并通过电脑控制伺服电动机来实现驱动转向的转向系统。驾驶员对转向盘的操作仅仅只是在驱动一个转角传感器，并由转向盘电动机提供转动阻尼和回馈，转向盘与前轴转向机构之间没有任何刚性连接，如图5-9所示。

图5-9 汽车线控转向

线控转向系统取消了转向盘与转向执行机构之间的机械部分，采用电控技术来完成驾驶员转向指令的传递和路感反馈。由于其不受机械连接的约束，理论上可以自由设计传动比，使角传递特性和力传递特性随着转向盘转角及车速的变化而变化，保证转向灵敏度与车速成线性关系，降低了驾驶员掌握汽车转向特性的难度，能够在很大程度上避免因不同车速下汽车转向特性的变化而导致驾驶员操作不当的问题。线控转向系统根据当前检测到的汽车状态参数，可以主动对前轮转角进行补偿和调整，实现主动转向控制，提高汽车的操纵稳定性。同时，线控转向系统由路感电动机模拟产生路感，可以过滤掉干扰信号，优化驾驶员的驾驶体验。此外，由于线控转向系统中机械结构的减少，转向系统强度降低，使其在碰撞中容易发生变形，减少了转向盘和转向管柱在碰撞事故中对驾驶员的伤害，提高了汽车的被动安全性能。线控转向系统作为实现自动驾驶的关键技术之一，很容易与其他主动安全技术如防抱死制动系统、车身电子稳定系统等相结合，有利于底盘一体化的设计。

5-8 线控转向系统有什么特点？

相比于传统转向系统，线控转向系统具有以下特点。

① 线控转向系统采用电子控制单元实现对汽车转向的控制，理论上可以自由设计转向系统的角传递特性和力传递特性，具有传统转向系统不可比拟的性能特点。

② 提高汽车操纵稳定性。线控转向系统不受传统转向系统设计方式的限制，可以设计出符合人们期望的理想传动比。理想传动比可以随着汽车运动状态的变化而变化，根据车速和转向盘转角等参数，通过控制策略给出当下最合适的传动比，从根本上解决了存在已久的"轻"与"灵"的矛盾，减轻了驾驶员的操作负担。同时，线控转向系统还可以实时监控前轮转角和汽车响应情况，并根据控制策略，主动做出补偿操作，提高了汽车操纵稳定性。

③ 优化驾驶路感。传统转向系统通过机械连接将车辆运动状态和路面信息反馈给驾驶员，不能主动过滤掉路面干扰因素。线控转向系统可以过滤掉路面颠簸等不利的干扰因素，提取出最能够反映汽车实际行驶状态和路面信息的因素，作为路感模拟的依据，并考虑驾驶员的习惯，由主控制器控制路感电动机产生良好的路感，提高驾驶员的驾驶体验。

④ 节省空间，提高被动安全性。由于原本转向系统中的转向轴和转

向管等机械部分被取消掉,因此增加了驾驶员的活动空间,并方便了车内布置的设计。同时机械部件的减少,降低了转向系统强度,使其在碰撞中更易变形,在汽车发生事故时,减少了转向系统对驾驶员的伤害。

⑤ 提高转向效率,降低能源消耗。线控转向系统不依赖机械传递,其总线信号的传递速度,缩短了转向响应时间,转向效率提高。同时机械传动减少,传动效率提高,整车质量减轻,降低了燃油消耗,更加节能环保。

⑥ 无人驾驶汽车使用线控转向系统,是通过中央计算机收集数据并传输至转向系统,再由转向系统将数据转化为机械转向功能,实现转向。

5-9 线控转向系统的组成是怎样的?

线控转向系统结构如图5-10所示,主要由转向盘模块、转向控制模块和转向执行模块组成。

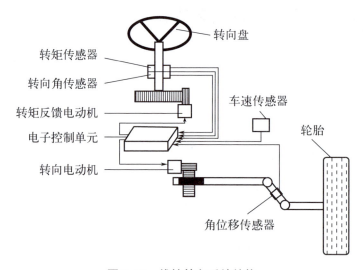

图5-10 线控转向系统结构

（1）**转向盘模块** 转向盘模块包括转向盘、转矩传感器、转向角传感器、转矩反馈电动机等。转向盘模块的主要作用是接收驾驶员输入的转向盘转角或者力矩信号,并通过传感器将信号转为电信号传递给转向控制模块,由转向控制模块根据控制策略产生相应的信号传递给转向执行模块;同时转矩反馈电动机根据转向控制模块发出的控制信号,产生相应的回正力矩，给驾驶员提供不同工况下的路感信息。

（2）转向控制模块　转向控制模块包括车速传感器和电子控制单元，也可以增加横摆角速度传感器、加速度传感器。转向控制模块是线控转向系统的控制中心和决策中心，是线控转向系统最为核心的部分。它通过采集传感器信号，对驾驶员意图和当前汽车状态进行判断，根据提前设定好的控制策略做出合理决策。转向控制模块一方面控制转向执行模块，保证汽车能够准确实现驾驶员输入的转向指令，并保证汽车的稳定性；另一方面控制转矩反馈电动机，保证其能够给驾驶员提供舒适良好的路感。

（3）转向执行模块　转向执行模块包括角位移传感器、转向电动机、齿轮齿条转向机构和其他机械转向装置等，其功能主要是接收转向控制模块发出的转向指令，并由转向电动机产生合适的转矩和转角，控制车轮转向；同时前轮角位移传感器实时监测前轮转角及其变化，并接收路面信息，将其转换为电信号反馈给转向控制模块，作为路感模拟的输入信号。

除此之外，故障容错系统是线控转向系统不可或缺的重要部分，它时刻监测着线控转向系统各个部分的反馈状态和工作情况，针对不同的故障形式采取不同的处理措施，在部分硬件或软件出现故障时，保证汽车仍具有基本的转向能力。线控转向系统采用严密的故障检测和处理逻辑，以最大限度地提高汽车安全性能。图5-11所示为汽车线控转向系统的实物。

图5-11　汽车线控转向系统的实物

5-10 线控转向系统的工作原理是怎样的？

汽车线控转向系统的工作原理如图 5-12 所示，驾驶员进行转向操作时，通过转向盘输入转向的角度、转向角速度以及转向力矩，转向盘模块中的传感器采集一系列信号并传递到转向控制模块，转向控制模块处理这些信号并根据自身车辆的速度以及其他信号进行传动比的计算，给出所需的前轮转角，然后控制转向执行模块的转向电动机带动前轮转到目标转角，实现转向意图。与此同时，转向控制模块根据车辆的前轮转角信号、一系列轮胎力信号以及驾驶员意图，通过路感模拟决策发出指令，控制转矩反馈电动机输出力矩，反馈路面情况。

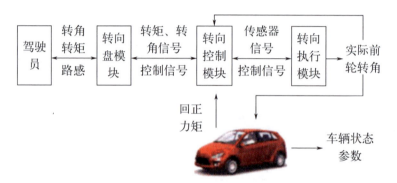

图 5-12 汽车线控转向系统的工作原理

5-11 什么是线控制动系统？

如果制动踏板仅仅只连接一个制动踏板位置传感器，踏板与制动系统之间没有任何刚性连接或液压连接，则都可以视为线控制动，如图 5-13 所示。

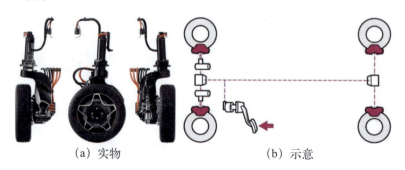

(a) 实物　　　　　　(b) 示意

图 5-13 线控制动系统

自动驾驶时代的逼近推动了线控制动技术的进一步发展。线控制动是无人驾驶汽车"控制执行层"中最关键的，也是技术难度最高的部分。由于技术发展程度的局限，目前出现了两种形式的线控制动系统：电子液压制动系统（electronics hydraulic brake，EHB）和电子机械制动系统（electronics mechanical brake，EMB），如图5-14所示。

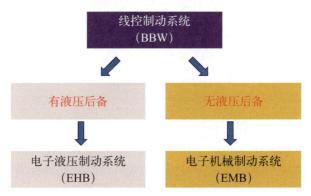

图5-14　线控制动系统的类型

5-12 线控制动系统有什么特点？

（1）汽车线控制动系统的优点

① 线控制动系统的制动踏板与制动执行机构解耦，可以降低部件的复杂性，减少液压与机械控制装置，减少杠杆、轴承等金属连接件，减轻整车质量，降低油耗和制造成本。

② 线控制动系统具有精确的制动力调节能力，是电动汽车摩擦与回馈耦合制动系统的理想选择。

③ 基于线控制动系统，不仅可以实现更高品质的防抱死制动系统、电子稳定控制系统、电子驻车制动系统等高级安全功能控制，而且可以满足先进汽车智能系统对自适应巡航、自动紧急制动、自动泊车、无人驾驶等的要求。

由于电子液压制动系统以液压为制动能量源，液压的产生和电控化相对来说比较困难，因此不容易做到和其他电控系统的整合，而且液压系统的重量对轻量化不利。未来可能成为主流的线控制动系统将是电子机械制动系统，但电子机械制动系统技术在汽车上的应用并不成熟，短期内难以量产。

（2）电子机械制动系统的优点

① 执行机构和制动踏板之间无机械或液压连接，缩短了制动器的作用时间，作用时间在100ms以内，可有效减小制动距离。

② 不需要助力器，减少空间，布置灵活。

③ 没有液压系统，系统重量轻且环保。

④ 在防抱死制动模式下无回弹振动，可以消除噪声。

⑤ 便于集成电子驻车、防抱死、制动力分配等附加功能。

（3）电子机械制动系统的缺点

① 无液压备用制动系统，对可靠性要求极高，包括稳定的电源系统、更高的总线通信容错能力和电子电路的抗干扰能力。

② 制动力不足。因轮毂处布置体积决定了制动电动机不可能太大，需开发配备较高电压（42V）的系统来提高电动机功率。

③ 工作环境恶劣，特别是高温。因部件振动频率高，且制动温度达几百摄氏度，制约了现有电子机械制动系统零部件的设计。

5-13 线控制动系统的组成是怎样的？

典型的电子液压制动系统由制动踏板传感器、电子控制单元（electronic control unit，ECU）、执行器机构（液压泵、备用阀和制动器）等组成，如图5-15所示。正常工作时，制动踏板与制动器之间的液压连接断开，备用阀处于关闭状态。制动踏板配有踏板感觉模拟器和电子传感器，电子控制单元可以通过传感器信号判断驾驶员的制动意图，并通过电动机驱动液压泵进行制动。电子系统发生故障时，备用阀打开，电子液压制动系统变为传统的液压系统。

电子液压制动系统虽然实现了线控制动功能，但是并没有完全移除液压系统。

在电子机械制动系统中，所有的液压装置，包括主缸、液压管路、助力装置等均被电子机械系统替代，液压盘和鼓式制动器的调节器也被电动机驱动装置取代，是名副其实的线控制动系统。电子机械制动系统的组成如图5-16所示，电子机械制动系统的电子控制单元通过制动踏板传感器信号以及车速等车辆状态信号，驱动和控制执行机构的电动机来产生所需的制动力。

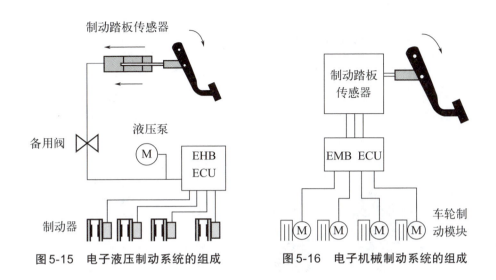

图 5-15　电子液压制动系统的组成　　　图 5-16　电子机械制动系统的组成

5-14 线控制动系统的工作原理是怎样的？

线控制动系统将原有的制动踏板用一个模拟发生器替代，用以接收驾驶员的制动意图，产生、传递制动信号给控制和执行机构，并根据一定的算法模拟反馈给驾驶员，其基本工作原理如图 5-17 所示。

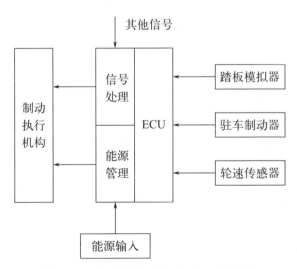

图 5-17　线控制动系统的基本工作原理

但电子液压制动系统和电子机械制动系统在传力路径上又有很大不同，工作原理和特性也有差别。

5-15 什么是线控油门？

线控油门通过用线束（导线）来代替拉索或者拉杆，在节气门侧装一台微型电动机，用电动机来驱动节气门开度。一般而言，增减油门就是指通过油门踏板改变发动机节气门开度，从而控制可燃混合气的流量，改变发动机的转速和功率，以适应汽车行驶的需要。线控油门的主要功能是把驾驶员踩下油门踏板的角度转换成与其成正比的电压信号，同时把油门踏板的各种特殊位置制成接触开关，把怠速、高负荷、加减速等发动机工况变成电脉冲信号输送给电控发动机的电子控制单元，以达到供油、喷油与变速等的优化自动控制。图5-18所示为博世公司生产的线控油门系统，也称为智能联网油门踏板。

图5-18　线控油门系统

5-16 线控油门有什么特点？

（1）线控油门的优点

① 舒适性和经济性好。线控油门可根据驾驶员踩下踏板的动作幅度判断驾驶员意图，综合车况，精确合理地控制节气门开度，以实现不同负荷和工况下发动机的空燃比都能接近最佳理论状态——14.7∶1，使燃油经济性和驾驶舒适性同时达到最佳状态。

② 稳定性高且不易熄火。线控油门系统在收到踏板信号后会进行分析判断，再给节气门执行单元发送合适指令，保证车辆稳定行驶。

（2）线控油门的缺点

① 工作原理相对较为复杂，成本提高。相比机械油门，在硬件上，线控油门需要添加油门位置位移传感器和伺服电动机以及其驱动器和执行机构，并且增加电子控制单元接线；在软件上，需要开发分析位置传感器信号并且综合车况给出最优控制指令的算法，并且集成在车载电子控制单元上，增加开发成本。

② 有延迟，没有机械油门反应快。在装有线控油门系统的汽车中，驾驶员不能直接控制节气门开度也就无法直接控制发动机动力大小，而是经由电子控制单元分析给出汽车舒适性较好、较为省油的节气门控制

指令，所以相对于直接控制式的机械油门会有稍许延迟。

③ 可靠性不如机械油门好。汽车行驶中会遇到各种车况，并且汽车内部存在高频电磁干扰，如电动机和点火线圈会产生电磁干扰，电子器件可能会在这些工况下发生故障或松动；复杂的分析处理算法也可能会导致程序跑飞等故障情况出现，而驾驶员又无法直接控制发动机的动力大小，一旦这种情况发生将产生不可预知的后果。

5-17 燃油汽车线控油门的组成与工作原理是怎样的？

燃油汽车线控油门系统的组成如图5-19所示。

燃油汽车和混合动力汽车线控油门系统主要由油门踏板、踏板位移传感器、电子控制单元、数据总线、伺服电动机和节气门执行机构组成。位移传感器安装在油门踏板内部，随时监测油门踏板的位置。当监测到油门踏板高度位置有变化时，会瞬间将此信息送往电子控制单元，电子控制单元对该信息和其他系统传来的数据信息（车速、车距、节气门开度、发动机转速等）进行运算处理，计算出一个控制信

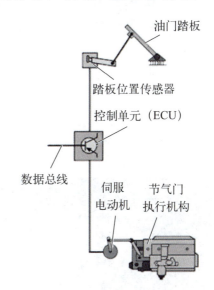

图5-19　燃油汽车线控油门系统的组成

号，通过线路送到伺服电动机，伺服电动机驱动节气门执行机构，数据总线则负责系统电子控制单元与其他电子控制单元之间的通信。当节气门开度越大时，电子控制单元计算的喷油量也就越大，发动机转速会上升；反之亦然。

5-18 电动汽车线控油门的组成与工作原理是怎样的？

电动汽车没有发动机，只有电源系统作为动力系统，这时"油门"控制的是电动机的转矩，它和整车控制器、电动机控制器等一同实现车辆的加速，此时"油门踏板"称为"加速踏板"更贴切。

在电动汽车上使用的线控油门还具有制动能量回收功能，当驾驶员

减小踏板力时,系统认为驾驶员具有减速的需求,这时候通过电子控制单元发送指令,在没有踩踏制动踏板的情况下,车辆实现制动能量回收,这个功能称为"单踏板"。

"单踏板"就是一种集成了加速和制动功能的踏板,以控制车辆的加、减速。其工作原理是:一旦松开加速踏板,再生制动系统就会介入工作,通过回收动能降低车速,即它可以依靠单个踏板实现汽车的起步、加速、稳态、减速和停车全过程并在减速过程中同时实现能量回收,改变了传统的加、减速双踏板布置形式。

"单踏板驾驶模式"并不是只有一个踏板,其踏板系统由一个"主踏板"和一个"辅助减速踏板"组成,其中"主踏板"可以实现的加减速能力,可以满足日常的大部分车辆操作;"辅助减速踏板"是在"主踏板"制动减速度不能满足驾驶员意图时的紧急制动踏板。其中,"主踏板"分为三个主要控制行程,即加速行程、减速行程和恒速行程。加速行程是驾驶员踩下踏板的过程,随着踏板深度的增加,输出驱动转矩随之增大;减速行程是驾驶员松开主踏板的过程,随着踏板深度的减少,输出转矩由正转矩到负转矩变化;恒速行程是驾驶员松开踏板到某一开度区间内,电动机输出转矩为零或是刚好与外界阻力相平衡。

"单踏板"的优点是可以降低驾驶员的劳动强度,避免在常规加减速工况中频繁切换踏板,提高舒适性;提高操作效率和能量回收效率,使得驾驶变得越来越简单,越来越智能。"单踏板"的缺点是可能不会减少安全隐患反而增加安全隐患,因为在当前模式下,不管是手动挡还是自动挡,不管是燃油车、混动车还是绝大多数的纯电动汽车的制动都是往下踩的,突然换成单踏板模式,遇到紧急情况时很容易习惯性地往下踩,即使意识到了,也有可能一时反应不过来,这样反而大大增加了行车的安全隐患。

电动汽车的"单踏板"如图5-20所示。

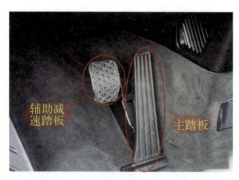

(a) 宝马i3

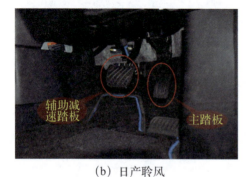

(b) 日产聆风

图5-20 电动汽车的"单踏板"

Chapter 6

新一代信息技术——无人驾驶汽车的"灵魂"

6-1 什么是人工智能技术？

人工智能是研究与开发用于模拟、延伸和扩展人的智能的理论、方法、技术及应用系统的一门新的技术科学。它是一个笼统而宽泛的概念，人工智能的最终目标是使计算机能够模拟人的思维方式和行为。

在人工智能的发展过程中，不同学科背景的学者、不同发展阶段对人工智能有着不同的理解。综合起来，可以从"能力""学科"和"实用"三个方面对人工智能进行定义。从能力角度看，人工智能是指用人工的方法在机器上实现的智能；从学科角度看，人工智能是研究如何构造智能机器或智能系统，使它能模拟、延伸和扩展人类智能的学科；从实用角度看，人工智能是指用机器实现所有目前必须借助人类智慧才能实现的任务。

当使用人工智能技术时，经常涉及机器学习和深度学习这两个术语。如何理解人工智能、机器学习和深度学习的关系？

人工智能是让计算机以某种方式模仿人类行为；机器学习是人工智能的一个子集，它指通过数据训练出能完成一定功能的模型，是实现人工智能的方式之一，也是目前非常主流的人工智能实现方法；深度学习是机器学习的一个子集，它是利用深度神经网络来解决特征表达的一种学习过程，其动机在于建立、模拟人脑进行分析学习的神经网络，它模仿人脑的机制来解释数据，如图像、声音、文本等。一般超过8层的神经网络模型就叫深度学习。

机器学习是一种实现人工智能的方法，深度学习是一种实现机器学习的技术，它们的关系如图6-1所示。

人工智能
能够感知、推理、行动和适应的程序

机器学习
能够随着数据量的增加不断改进性能的算法

深度学习
机器学习的一个子集：利用多层神经网络从大量数据中进行学习

图6-1　人工智能、机器学习和深度学习的关系

6-2 人工智能技术在无人驾驶汽车中有什么应用？

人工智能技术在无人驾驶汽车中有以下应用。

（1）**环境感知方面**　无人驾驶汽车所要面临的环境感知包括：路面路缘检测、车道线检测、护栏检测、交通标志检测、交通信号灯检测，以及重中之重的行人检测、机动车检测和非机动检测等。对于如此复杂的路况检测和目标检测，普通算法难以满足要求。人工智能技术可以满足视觉感知的高精度需求，基于人工智能技术，无人驾驶汽车可获得接近于人的感知能力。

（2）**决策与规划方面**　行为决策与路径规划是人工智能在无人驾驶汽车领域中的另一个重要应用，前期的决策树与贝叶斯网络都是已经大量应用的人工智能技术。目前越来越多的研发机构将强化学习应用到无人驾驶的行为与决策中。把行为与决策分解成两部分：可学习部分与不可学习部分，可学习部分是由强化学习来决策行驶需要的高级策略，不可学习部分是按照这些策略利用动态规划来实施具体的路径规划。

（3）**车辆控制方面**　相对于传统的车辆控制技术，智能控制方法主要体现在对控制对象模型的运用和综合信息学习运用上，包括神经网络控制和深度学习方法等，这些算法已经逐步在无人驾驶汽车控制中应用。其中，通过神经网络控制可以把控制问题看成模式识别问题，而源于神经网络的研究，进一步开发深度神经网络学习，可以免除人工选取特征的繁复冗杂和高维数据的维度灾难问题。因为无人驾驶系统最终要尽量减少人的参与或者没有人的参与，深度学习自动学习状态特征的能力使得深度学习在无人驾驶系统中具有先天的优势。

6-3 什么是机器学习？

机器学习是人工智能的一个重要子领域，涵盖概率论、统计学、近似理论和复杂算法等知识，是使用计算机作为工具并致力于真实、实时地模拟人类学习方式，并将现有内容进行知识结构划分来有效提高学习效率。

机器学习是人工智能的子集，是实现人工智能的一种途径，但并不是唯一的途径。它是一门专门研究计算机怎样模拟或实现人类的学习行为，以获取新的知识或技能，重新组织已有的知识结构，使之不断改善自身的性能的学科。

机器学习与人类学习的比较如图6-2所示，机器学习依靠历史数据建立模型，再根据新的数据预测未知属性；人类学习依靠经验归纳出规律，再根据新的问题预测未来。机器学习中的"训练"与"预测"过程可以对应到人类的"归纳"与"预测"过程。通过这样的对应可以发现，机器学习的思想并不复杂，仅仅是对人类在生活中学习成长的一个模拟。

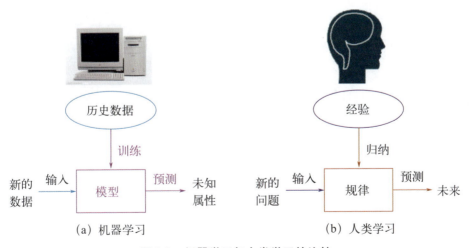

图6-2　机器学习与人类学习的比较

6-4 机器学习是如何分类的？

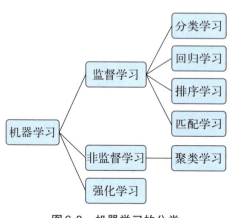

图6-3 机器学习的分类

机器学习的分类方法很多，如基于学习策略的分类、基于学习方法的分类、基于学习方式的分类、基于数据形式的分类、基于学习目标的分类等，其中最常用的分类是基于学习方式的分类。

基于学习方式的分类，机器学习分为监督学习、非监督学习和强化学习，其中监督学习又分为分类学习、回归学习、排序学习、匹配学习等，如图6-3所示。

（1）监督学习 监督学习是指从给定的训练数据集中学习出一个函数（模型参数），当新的数据到来时，可以根据这个函数预测结果。监督学习的训练集要求包括输入和输出，也可以说是特征和目标。分类是最常见的机器学习应用问题，如垃圾邮件过滤、人脸检测、用户画像、网页归类等，本质上都是分类问题。

监督学习是训练神经网络和决策树的常用技术。这两种技术高度依赖事先确定的分类系统给出的信息，对于神经网络，分类系统利用信息判断网络的错误，然后不断调整网络参数；对于决策树，分类系统用它判断哪些属性提供了最多的信息。

监督学习最典型的算法是K近邻算法和支持向量机。

（2）非监督学习 对于非监督学习，输入数据没有标签，也没有确定的结果。样本数据类别未知，需要根据样本间的相似性对样本集进行聚类，试图使类内差距最小化，类间差距最大化。非监督学习目标不是告诉计算机怎么做，而是让计算机自己去学习怎样做事情。

（3）强化学习 强化学习就是通过结果的反馈来对有效规则进行强化，并弱化无效或者较差的规则。与监督学习不同之处在于，在学习器的训练前没有标记样本的结果，而需要通过尝试来得到各行为的结果，进而来对训练本身进行反馈。

6-5 机器学习的常用算法有哪些?

机器学习的常用算法主要有决策树、朴素贝叶斯、支持向量机、随机森林、人工神经网络、关联规则、期望最大化算法等。

(1) 决策树 使用决策树进行决策的过程就是从根结点开始,测试待分类项中相应的特征属性,并按照其值选择输出分支,直至到达叶子结点,将叶子结点存放的类别作为决策结果。

图6-4所示为预测一个人是否会购买计算机的决策树。利用这棵树,可以对新记录进行分类。从根结点(年龄)开始,如果某个人的年龄为中年,就直接判断这个人会买计算机;如果是青少年,则需要进一步判断是否是学生;如果是老年,则需要进一步判断其信用等级。假设客户甲具备以下4个属性:年龄20岁,低收入,是学生,信用一般。通过决策树的根结点判断年龄,判断结果为客户甲是青少年,符合左边分支;再判断客户甲是否是学生,判断结果为客户甲是学生,符合右边分支,最终客户甲落在"是"的叶子结点上。所以预测客户甲会购买计算机。

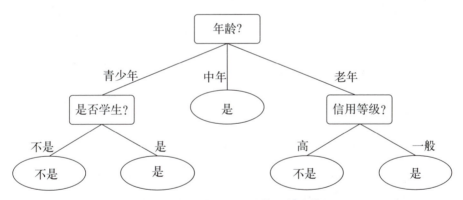

图6-4 预测是否购买计算机的决策树

(2) 朴素贝叶斯 朴素贝叶斯是基于贝叶斯定理与特征条件独立假设的分类方法。在所有的机器学习分类算法中,朴素贝叶斯和其他绝大多数的分类算法都不同。对于大多数的分类算法,比如决策树、支持向量机等,它们都是判别方法,也就是直接学习出特征输出Y和特征X之间的关系,要么是决策函数$Y=f(X)$,要么是条件分布$P(Y|X)$。但是朴素贝叶斯却是生成方法,也就是直接找出特征输出Y和特征X的联合分布$P(X,Y)$,然后用$P(Y|X)=P(X,Y)/P(X)$得出。朴素贝叶斯很直观,计算量也不大,在很多领域有广泛的应用。

（3）支持向量机 支持向量机是一个分类器，是一个能够将不同类样本在样本空间分隔的超平面。换句话说，给定一些标记好的训练样本，支持向量机算法输出一个最优化的分隔超平面。支持向量机可应用于垃圾邮件识别和人脸识别等多种分类问题。

假设给定一些分属于两类的二维点，如图6-5所示，这些点可以通过直线分割，需要找到一条最优的分割线。注意：在这个示例中，只考虑直角平面坐标系的点和线，而不考虑高维的向量与超平面。这一简化是为了以更加直观的方式建立起对支持向量机的理解，但是其基本原理同样适用于更高维的样本分类。

在图6-5中，可以观测到有多条直线可以将两类样本分开，但哪一条是最优的？可以定义评价直线最优的标准：距离样本太近的直线不是最优的，因为这样的直线对噪声敏感度高，泛化性较差。目标是找到一条离所有点的距离最远的直线。

支持向量机算法的实质就是找出一个能够将某个值最大化的超平面，这个值就是超平面离所有训练样本的距离最小，这个最小距离称为间隔。最优分割超平面就是最大化训练数据的间隔，如图6-6所示。

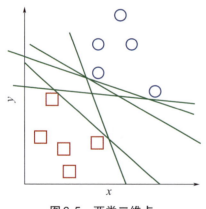
图6-5 两类二维点

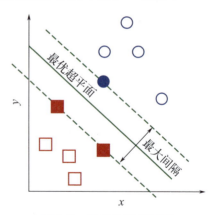
图6-6 最优分割超平面

（4）随机森林 随机森林是指利用多棵决策树对样本数据进行训练、分类并预测的一种方法，它在对数据进行分类的同时，还可以给出各个变量（基因）的重要性评分，评估各个变量在分类中所起的作用。随机森林主要应用于回归和分类这两种场景，又侧重于分类。对于分类问题，按多棵树分类器投票决定最终分类结果；对于回归问题，则由多棵树预测值的均值决定最终预测结果。随机森林分类过程示意如图6-7所示。

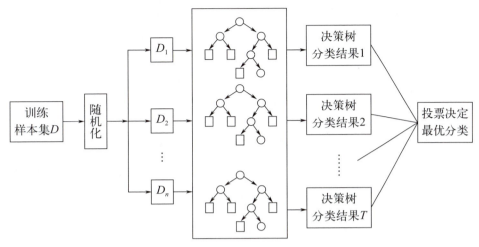

图 6-7　随机森林分类过程示意

（5）人工神经网络　人工神经网络是从信息处理角度对人脑神经元网络进行抽象，建立某种简单模型，按不同的连接方式组成不同的网络。

典型的人工神经网络的逻辑架构分成输入层、隐含层和输出层。输入层负责接收信号，隐含层负责对数据进行分解与处理，最后的结果被整合到输出层。每层中的一个圆代表一个处理单元，可以认为是模拟了一个神经元，若干个处理单元组成了一个层，若干个层再组成一个网络，也就是神经网络。图 6-8 所示为具有双隐含层的人工神经网络结构。

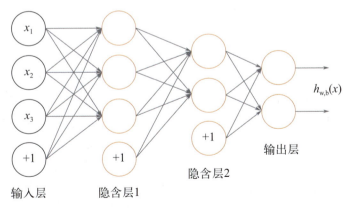

图 6-8　具有双隐含层的人工神经网络结构

（6）关联规则　关联规则是指用规则去描述两个变量或多个变量之间的关系，是客观反映数据本身性质的方法。它是机器学习的一大类任务，可分为两个阶段，先从资料集中找到高频项目组，再去研究它们的关联规则，得到的分析结果即是对变量间规律的总结。

（7）期望最大化 期望最大化算法是统计学中通过不断迭代得到模型中参数的最大似然或最大后验概率的方法，其中模型依赖于未观测的隐藏变量。

例如，食堂的大师傅炒了一份菜，要等分成两份给两个人吃，显然没有必要用天平精确地去称分量，最简单的办法是先随意地把菜分到两个盘子中，然后观察是否一样多，再把比较多的那一份取出一点放到另一个盘子中，这个过程一直迭代地执行下去，直到大家看不出两个盘子所容纳的菜有什么分量上的不同为止。

6-6 机器学习在无人驾驶汽车中有什么应用？

机器学习在无人驾驶汽车中有以下应用。

（1）传感器数据的处理和分析 无人驾驶汽车需要收集大量的传感器数据，包括图像、毫米波雷达、激光雷达和GPS等信息，这些数据需要进行处理和分析才能帮助汽车做出正确的决策。机器学习技术可以帮助无人驾驶汽车进行实时数据分析，以提高数据的准确性和实时性。

（2）目标识别和检测 目标识别和检测是无人驾驶汽车的核心任务之一。机器学习可以训练计算机识别道路标志、交通信号灯、车辆、行人等物体，以及了解它们的位置、方向、速度等信息。机器学习算法如卷积神经网络和循环神经网络等，已经在无人驾驶汽车中得到了广泛应用。

（3）路径规划 无人驾驶汽车需要能够规划最佳路径并遵循交通规则。机器学习可以帮助无人驾驶汽车分析和理解道路信息与交通状况，以及考虑车辆和行人的行为，规划最优的路径。机器学习算法如强化学习和深度强化学习等，已经在无人驾驶汽车的路径规划中得到了应用。

（4）提供无人驾驶汽车的安全性 无人驾驶汽车的安全性是人们关注的重点。机器学习可以帮助无人驾驶汽车识别和预测潜在的危险情况，并及时采取措施避免交通事故的发生。机器学习算法如异常检测、分类和回归等，已经在无人驾驶汽车的安全性方面得到了广泛应用。

总体来说，机器学习在无人驾驶汽车的各个方面都发挥着重要作用，不仅能提高无人驾驶汽车的准确性和效率，而且能够提高道路交通的安全性。

6-7 什么是深度学习？

深度学习是机器学习的子集，灵感来自人脑，由人工神经网络组成，它模仿人脑中存在的相似结构。在深度学习中，学习是通过相互关联的神经元的一个深层的、多层的网络来进行的。"深度"一词是指网络中的层数，层数越多，网络越深。传统的神经网络只包含2层或3层，而深度网络可能有几百层。

深度神经网络由一个输入层、多个隐含层和一个输出层组成。各层通过节点或神经元相互连接，每个隐含层使用前一层的输出作为其输入，如图6-9所示。

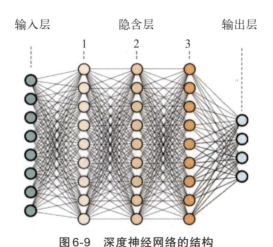

图6-9 深度神经网络的结构

6-8 深度学习有哪些特点？

深度学习通常具有以下特点。

（1）**数据量** 深度学习对数据集需求较高，收集数据尤其是收集带标签的数据，代价往往是昂贵的。数据集的形成通常需要手动采集、爬虫爬取原始数据并清洗掉无效样本，再通过人类去标注数据样本，这会不可避免地引入主观偏差和随机误差。因此研究数据量需求较少的算法模型是非常有用的一个方向。

（2）**计算能力** 深度学习非常依赖并行加速计算设备，目前的大部分神经网络均使用英伟达的图形处理器和谷歌的张量处理器或其他神经网络并行加速芯片训练模型参数。如围棋程序AlphaGo Zero，在64块图形处理器上从零开始训练40天，才得以超越所有的AlphaGo历史版本；自动网络结构搜索算法使用800块图形处理器同时训练，才能优化出较好的网络结构。目前普通消费者能够使用的深度学习加速硬件设备主要来自英伟达的图形处理器。

（3）网络规模　随着深度学习的兴起和计算能力的提升，神经网络层数不断增加，8层、16层、22层、50层、121层的模型相继被提出，同时输入图片的大小也从28×28逐渐增大，变成224×224、299×299等，这些使得网络的总参数量可达到千万级别。网络规模的增大，使得神经网络的容量相应增大，从而能够学习到复杂的数据模态，模型的性能也会随之提升；另外，网络规模的增大，意味着更容易出现过拟合现象，训练需要的数据集和计算代价也会变大。

（4）通用智能　在过去，为了提升某项任务上的算法性能，往往需要手动设计相应的特征和先验设定，以帮助算法更好地收敛到最优解。这类特征或者先验往往是与具体任务场景强相关的，一旦场景发生变动，这些依靠人工设计的特征或先验无法自适应新场景，往往需要重新设计算法模型，模型的通用性不强。

设计一种像人脑一样可以自动学习和自我调整的通用智能机制一直是人类的共同愿景。从目前来看，深度学习是最接近通用智能的算法之一。在计算机视觉领域，过去需要针对具体的任务设计特征和添加先验的做法，已经被深度学习完全抛弃，目前在图像识别、目标检测、语义分割等方向，几乎全是基于深度学习端到端的训练，获得的模型性能好，适应性强。

6-9 深度学习在无人驾驶汽车中有什么应用？

深度学习在无人驾驶领域主要用于图像处理，也就是用在摄像头上。当然也可以用于雷达的数据处理，但是基于图像极丰富的信息以及难以手工建模的特性，深度学习能最大限度地发挥其优势。

深度学习在无人驾驶汽车中主要用于物体识别、可行驶区域检测和行驶路径检测等。

（1）物体识别　无人驾驶汽车行驶时要识别周围的各种物体，如车辆、行人、障碍物等。一般物体识别效果如图6-10所示。有一个长方形框能识别出来车在哪里，但其具体位置、朝向信息则完全没有。

图6-11所示为基于深度学习的物体识别效果。基于深度学习的物体

识别可以实现非常准确的车辆正面及侧面的检测,以及完全正确地区分左边侧面以及右边侧面,可以相对精确地估算出车的位置、行驶方向等重要信息,与人看到后可以推测的信息基本一致。

(2)**可行驶区域检测** 以前的可行驶区域检测(传统检测)主要有两种方法:一是基于双目摄像头立体视觉;二是基于局部特征的图像分割。传统检测的可行驶区域检测如图6-12所示。可行驶区域的左边部分涵盖了道路的路边石以及人行道,因为路边石也就比路面高10cm左右,靠立体视觉是很难与道路区分开来的。而传统的图像分割也很困难,因为局部特征上,路边石和路面的颜色极其接近,区分两者需要对环境的综合理解。

图6-13所示为基于深度学习的可行驶区域检测。基于深度学习的可行驶区域检测不仅可以准确检测可行驶区域的边界,连为什么是边界的原因也可以检测出来。图6-13中鼠标位置表示的是护栏。在正常情况下知道哪些区域是可以行驶的,而在紧急情况下,也可以知道哪里是可以冲过去的。

(3)**行驶路径检测** 在车道线清楚的情况下,行驶路径

图6-10 一般物体识别效果

图6-11 基于深度学习的物体识别效果

图6-12 传统检测的可行驶区域检测

图6-13 基于深度学习的可行驶区域检测

图6-14 车道线清楚情况下的行驶路径检测

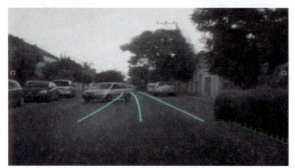

图6-15 没有车道线情况下的行驶路径检测

图6-16 雪天情况下的行驶路径检测

检测没有任何问题。图6-14所示为车道线清楚情况下的行驶路径检测。

在没有车道线或者车道线状况很差的情况下,无人驾驶汽车如何行驶?深度学习为此提供了一个解决办法。可以用人在没有车道线的路况下驾驶的数据来训练神经网络,训练好之后,神经网络在没有车道线的时候也能大概判断未来车可以怎么行驶。这一部分原理也是比较清楚的,找一个人驾驶汽车,把整个驾驶的过程用摄像头录像并保存下来,把人驾驶的策略和车辆的行驶路径也保存下来。用每一帧图片作为输入,车辆未来一段时间(很短的时间)的路径作为输出训练神经网络。图6-15所示为没有车道线情况下的行驶路径检测,可以看到,神经网络提供的行驶路径基本上符合人类的判断。

图6-16所示为雪天情况下的行驶路径检测,没有深度学习,这种场景是完全不可能检测的。

当然,不能完全依靠深度学习来做路径规划,最好是传统的车道线检测与深度学习相融合,得到一个稳定、完美的行驶路径。

6-10 什么是语义分割?

语义分割是将标签或类别与图像的每个像素关联的一种深度学习算

法。它用来识别构成可区分类别的像素集合。例如,无人驾驶汽车需要识别车辆、行人、交通信号、人行道和其他道路特征等。

语义分割的一个简单例子就是将图像划分成两类,如图6-17所示,一幅图像显示一个人在海边,与之相配的版本显示分割为两个不同类别的图像像素:人和背景。

语义分割并不局限于两个类别,可以更改对图像内容进行分类的类别数。例如,图6-17中的图像也可分割为四个类别:人、天空、水和背景。

除语义分割外,还有实例分割和全景分割。实例分割是目标检测和语义分割的结合,在图像中将目标检测出来(目标检测),然后将每个像素打上标签(语义分割);全景分割是语义分割和实例分割的综合,旨在同时分割实例层面的目标和语义层面的背景内容,将输入图像中的每个像素点赋予类别标签和实例ID,生成全局的、统一的分割图像。图6-18所示为三种分割的示意。

图6-17 语义分割

(a) 原图

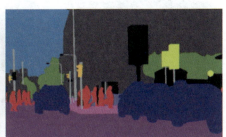

(b) 语义分割

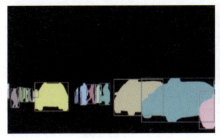

(c) 实例分割

(d) 全景分割

图6-18 三种分割的示意

6-11 语义分割和目标检测有什么区别?

目标检测的任务是找出图像中所有感兴趣的目标(物体),确定它们的类别和位置,是计算机视觉领域的核心问题之一。由于各类物体有不同的外观、形状、姿态,再加上光照、遮挡等因素的干扰,目标检测在计算机视觉中也是一项具有挑战性的任务。机器视觉中关于目标检测有以下4大类任务。

(1)**分类** 给定一张图片或一段视频,判断里面包含什么类别的目标。

(2)**定位** 定位出这个目标的位置。

(3)**检测** 在定位出这个目标的位置后知道目标物是什么。

(4)**分割** 分割分为实例分割和场景分割,解决"每一个像素属于哪个目标物或场景"的问题。

语义分割可以作为对象检测的一种有用替代方法,因为它允许感兴趣对象在像素级别上跨越图像中的多个区域。这种技术可以清楚地检测到形态不规则的对象,相比之下,目标检测要求目标必须位于有边界的方框内,如图6-19所示。

(a)目标检测　　　　　　　　(b)语义分割

图6-19　目标检测和语义分割的区别

目标检测和语义分割主要是输出不同及算法原理不同。

(1)**输出不同** 目标检测通常输出图像中物体的位置、大小和类别等信息;而语义分割则是为图像中的每个像素分配一个标签,标识其所属的类别。

(2)**算法原理不同** 目标检测通常基于区域提取和分类,将图像分成若干个区域,然后对每个区域进行分类和定位;而语义分割则是将整张图像分成若干个像素,并为每个像素分配一个标签,通常使用卷积神经网络实现。

6-12 语义分割在无人驾驶汽车中有什么应用？

语义分割已成为场景理解的关键步骤之一，尤其是在自动驾驶场景中。因为语义分割会给图像中的像素加上标签，所以精确性高于其他形式的目标检测。这使得语义分割适合各种需要准确图像映射的行业应用，如无人驾驶汽车通过区分道路、行人、人行道、电线杆和其他汽车等，让汽车识别可行驶的路径。图6-20所示为无人驾驶场景的语义分割。

(a) 原始图像

(b) 分割结果

图6-20 无人驾驶场景的语义分割

图6-21所示为激光雷达点云的语义分割。

(a) 激光点云　　　　　(b) 分割结果

图6-21 激光雷达点云的语义分割

图6-22所示为汽车屏幕显示了汽车前方场景的语义分割示例。

图6-22　汽车屏幕显示了汽车前方场景的语义分割示例

6-13 什么是卷积神经网络？

卷积神经网络（convolutional neural networks，CNN）是一类包含卷积计算且具有深度结构的前馈神经网络，是深度学习的代表算法之一。特别是在模式分类领域，由于该网络避免了对图像的复杂前期预处理，可以直接输入原始图像，因而得到了更为广泛的应用。

卷积神经网络包括一维卷积神经网络、二维卷积神经网络以及三维卷积神经网络。一维卷积神经网络主要用于序列类的数据处理，二维卷积神经网络常应用于图像类文本的识别，三维卷积神经网络主要应用于医学图像以及视频类数据识别。

卷积神经网络是一个多层的神经网络，每层由多个二维平面组成，而每个平面由多个独立神经元组成，如图6-23所示。

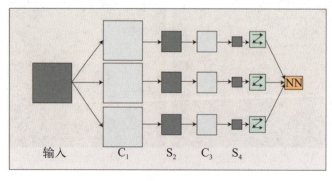

图6-23　卷积神经网络结构

输入图像通过与三个可训练的滤波器和可加偏置进行卷积,卷积后在C_1层产生三个特征映射图,然后特征映射图中每组的四个像素再进行求和,加权值,加偏置,通过一个S型函数得到三个S_2层的特征映射图。这些映射图再经过滤波得到C_3层。这个层级结构再和S_2一样产生S_4。最终,这些像素值被光栅化,并连接成一个向量输入传统的神经网络,得到输出。

一般地,C层为特征提取层,每个神经元的输入与前一层的局部感受野相连,并提取该局部的特征,一旦该局部特征被提取后,它与其他特征间的位置关系也随之确定下来;S层为特征映射层,网络的每个计算层由多个特征映射组成,每个特征映射为一个平面,平面上所有神经元的权值相等。特征映射结构采用S型函数作为卷积网络的激活函数,使得特征映射具有位移不变性。

此外,由于一个映射面上的神经元共享权值,因而减少了网络自由参数的数量,降低了网络参数选择的复杂度。卷积神经网络中的每一个特征提取层(C层)都紧跟着一个用于求局部平均与二次提取的计算层(S层),这种特有的两次特征提取结构使网络在识别时对输入样本有较高的畸变容忍能力。

6-14 卷积神经网络的处理程序是怎样的?

下面通过一个案例介绍卷积神经网络的处理程序。假设给定一张图,可能是字母X或者字母O,通过CNN即可识别出是X还是O,如图6-24所示,那怎么做到的呢?

卷积神经网络的处理顺序为图像输入、特征提取、卷积、池化、激活函数、深度神经网络、全连接层、卷积神经网络。

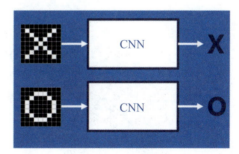

图6-24 识别字母

(1)图像输入 采用经典神经网络模型,需要读取整幅图像作为神经网络模型的输入,即全连接的方式。图像尺寸越大,其连接的参数也变得很多,从而导致计算量非常大。

人类对外界的认知一般是从局部到全局,先对局部有感知认识,再逐步对全体有认知,这是人类的认识模式。在图像中的空间联系也是类似的，局部范围内的像素之间联系较为紧密，而距离较远的像素则相关性较弱。因而，每个神经元其实没有必要对全局图像进行感知，只需要对局部进行感知，然后在更高层将局部的信息综合起来就得到全局的信息，这种模式就是卷积神经网络中降低参数数目的局部感受野。

局部感受野就是视觉感受区域的大小。在卷积神经网络中，局部感受野的定义是卷积神经网络每一层输出的特征图上的像素点在原始图像上映射的区域大小，如图6-25所示。

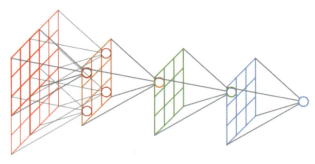

图6-25　局部感受野

经典神经网络与卷积神经网络的图像输入对比如图6-26所示。

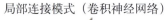

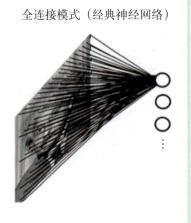 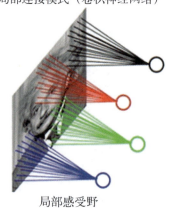

图6-26　经典神经网络与卷积神经网络的图像输入对比

（2）特征提取　如果字母X和字母O是固定不变的，那么最简单的方式就是图像之间的像素一一比对即可，但在现实生活中，字体都有各个形态上的变化，例如平移、缩放、旋转、微变形等，如图6-27所示。

目标是对于各种形态变化的X和O，都能通过CNN准确地识别出来，这就涉及应该如何有效地提取特征，作为识别的关键因子。对于CNN，它是一小块一小块地进行比对，在两幅图像中大致相同的位置找到一些粗糙的特征（小块图像）进行匹配，相比起传统的整幅图逐一比对的方式，CNN的这种小块匹配方式能够更好地比较两幅图像之间的相似性，如图6-28所示。

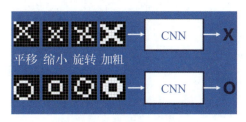

图6-27 字母形态的变化

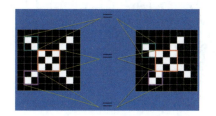

图6-28 CNN的小块匹配

以字母X为例，可以提取出三个重要特征，两条交叉线和一条对角线，如图6-29所示。

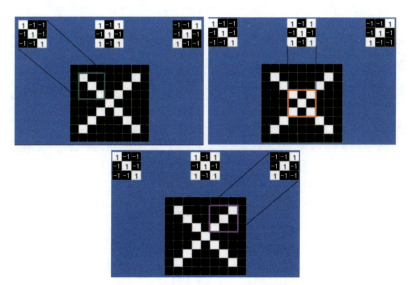

图6-29 字母X的三个重要特征

假如以像素值"1"代表白色，像素值"–1"代表黑色，则字母X的像素值特征如图6-30所示。那么这些特征又是怎么进行匹配计算呢？

图 6-30　字母 X 的像素值特征

（3）卷积　当给定一张新图时，CNN 并不能准确地知道这些特征到底要匹配原图的哪些部分，所以它会在原图中把每一个可能的位置都进行尝试，相当于把这个特征变成一个过滤器。这个用来匹配的过程称为卷积操作，这也是卷积神经网络名字的由来。卷积的操作如图 6-31 所示。

在本案例中，要计算一个特征和其在原图上对应的某一小块的结果，只需将两个小块内对应位置的像素值进行乘法运算，然后将整个小块内乘法运算的结果累加起来，最后除以小块内像素点总个数即可。

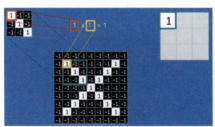

（a）图像　　　　　（b）卷积

图 6-31　卷积的操作

如果两个像素点都是白色（值均为 1），那么 1×1=1，如果均为黑色；那么（-1）×（-1）=1，也就是说，每一对能够匹配上的像素，其相乘结果都为 1。类似地，任何不匹配的像素相乘结果都为 -1。具体过程如图 6-32 所示，第一个、第二个……直至最后一个像素的匹配结果。

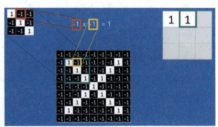

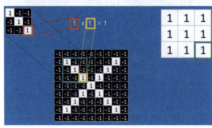

图 6-32　字母 X 的像素匹配

根据卷积的计算方式，第一块特征匹配后的卷积计算如图 6-33 所示，结果为 1。

对于其他位置的匹配也是类似的,例如中间部分的匹配,如图 6-34 所示。

字母 X 中间部分卷积的计算结果如图 6-35 所示。

以此类推,对三个特征图像不断地重复着上述过程,通过每一个特征的卷积操作,都会得到一个新的二维数组,称为特征映射。其中的值越接近 1,表示对应位置和特征的匹配越完整;越是接近 –1,表示对应位置和特征的反面匹配越完整;而值接近 0 的表示对应位置没有任何匹配或者说没有什么关联。当图像尺寸增大时,其内部的加法、乘法和除法操作的次数会增加得很快,每一个特征的大小和特征的数目都呈线性增长。由于有这么多因素的影响,很容易使得计算量变得相当庞大。

(4)池化 CNN 使用池化减少计算量。池化就是将输入图像进行缩小,减少像素信息,只保留重要信息。池化的操作也很简单,通常情况下,池化区域是 2×2 大小,然后按一定规则转换成相应的值,例如取这个池化区域内的最大值、平均值等,以这个值作为结果的像素值。

图 6-36 所示为左上角 2×2 池化区域的最大结果,取该区域(0.77,–0.11,–0.11,1.00)的最大值 1.00 作为池化后的结果。

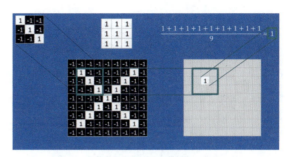

图 6-33　第一块特征匹配后的卷积计算

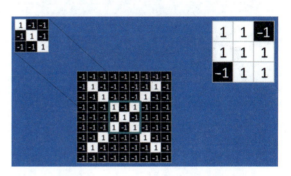

图 6-34　字母 X 中间部分的匹配

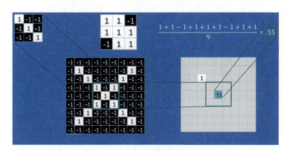

图 6-35　字母 X 中间部分卷积的计算结果

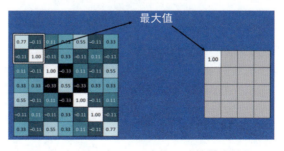

图 6-36　左上角 2×2 池化区域的最大结果

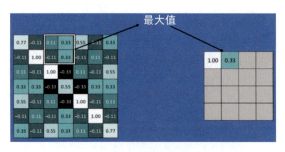

图 6-37　第二小块区域的池化结果

第二小块区域（0.11,0.33,−0.11,0.33）取大值0.33作为池化后的结果，如图6-37所示。

其他区域也是类似的，取区域内的最大值作为池化后的结果，最终的池化结果如图6-38所示。可以对所有的特征映射进行池化。

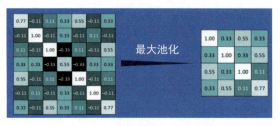

图 6-38　最终的池化结果

最大池化保留每一小块内的最大值，也就是相当于保留这一块最佳的匹配结果（因为值越接近1表示匹配越好）。也就是说，它不会具体关注窗口内到底是哪一个地方匹配了，而只关注是不是有某个地方匹配上了。通过加入池化层，图像缩小了，能在很大程度上减少计算量，降低机器负载。

（5）激活函数　常用的激活函数有S型函数（sigmoid）、双曲正切（tanh）、线性整流函数（relu）等，前两者常见于全连接层，后者常见于卷积层。

感知机接收各个输入，然后进行求和，再经过激活函数后输出，如图6-39所示。激活函数的作用是用来加入非线性因素，把卷积层输出结果做非线性映射。

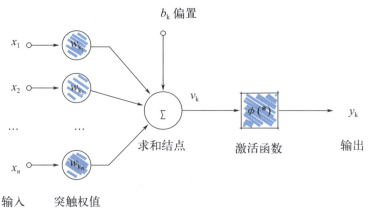

图 6-39　激活函数

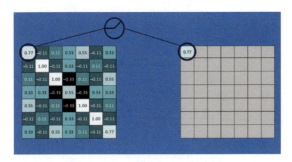

图6-40 取max(0,0.77)的结果

在卷积神经网络中,激活函数一般使用relu,它的特点是收敛快,求梯度简单。计算公式也很简单,为max(0,T),即对于输入的负值,输出全为0,对于正值,则原样输出。

下面看一下本案例的relu激活函数操作过程。

第一个值,取max(0,0.77),结果为0.77,如图6-40所示。

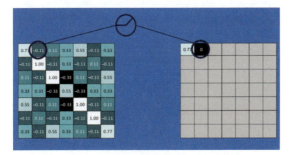

图6-41 取max(0,−0.11)的结果

第二个值,取max(0,−0.11),结果为0,如图6-41所示。

以此类推,经过relu激活函数后,结果如图6-42所示。可以对所有的特征映射执行relu激活函数操作。

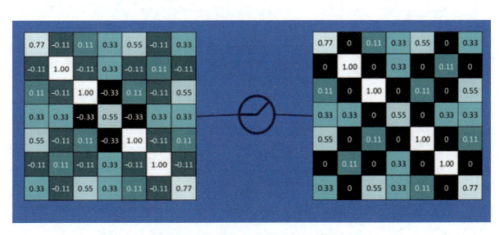

图6-42 经过relu激活函数后的结果

(6)深度神经网络 通过将卷积、激活函数、池化组合在一起,以及加大网络的深度,增加更多的层,就得到了深度神经网络,如图6-43所示。

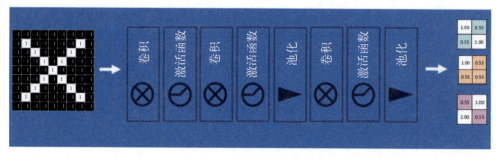

图6-43 深度神经网络

（7）**全连接层** 全连接层在整个卷积神经网络中起到"分类器"的作用，即通过卷积、激活函数、池化等深度网络后，再经过全连接层对结果进行识别分类。

将经过卷积、激活函数、池化等深度神经网络后的结果串联起来，如图6-44所示。

由于神经网络属于监督学习，在进行模型训练时，根据训练样本对模型进行训练，从而得到全连接层的权重，如预测字母X的所有连接的权重，如图6-45所示。

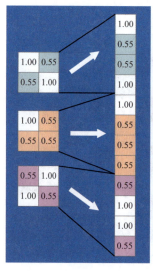

图6-44 串联深度神经网络的结果

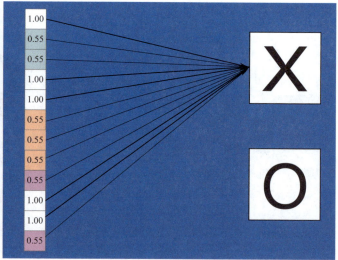

图6-45 预测字母X的所有连接的权重

在利用该模型进行结果识别时，根据刚才提到的模型训练得出来的权重，以及经过前面的卷积、激活函数、池化等深度网络计算出来的结果,进行加权求和,得到各个结果的预测值,然后将取值最大的作为识别的结果,如图 6-46 所示,最后计算出字母 X 的识别值为 0.92,字母 O 的识别值为 0.51,则结果判定为 X。

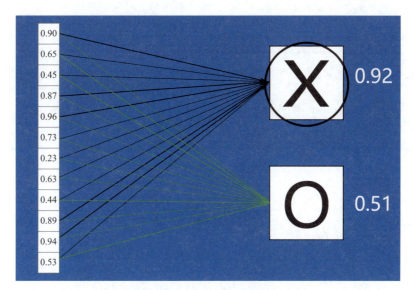

图 6-46　字母的识别结果

上述这个过程定义的操作为全连接层,全连接层也可以有多个,如图 6-47 所示。

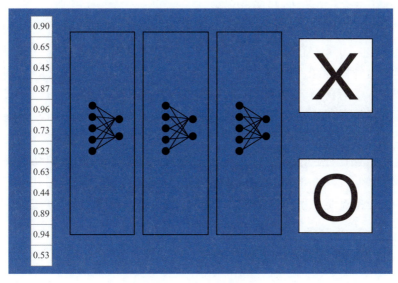

图 6-47　多个全连接层

(8)卷积神经网络 将以上所有结果串联起来后,就形成了一个卷积神经网络结构,如图6-48所示。

图6-48　卷积神经网络

卷积神经网络主要由两部分组成,一部分是特征提取(卷积、激活函数、池化),另一部分是分类识别(全连接层)。

卷积神经网络在本质上是一种从输入到输出的映射,它能够学习大量的输入与输出之间的映射关系,而不需要任何输入和输出之间的精确的数学表达式,只要用已知的模式对卷积神经网络加以训练,网络就具有输入/输出对之间的映射能力。

卷积神经网络一个非常重要的特点就是头重脚轻,即输入权值越小,输出权值越多,呈现出一个倒三角的形态,这就很好地避免了BP神经网络中反向传播的时候梯度损失得太快。

卷积神经网络主要用来识别位移、缩放及其他形式扭曲不变形的二维图形。由于卷积神经网络的特征检测层通过训练数据进行学习,所以在使用卷积神经网络时,避免了显式的特征抽取,而隐式地从训练数据中进行学习;再者由于同一特征映射面上的神经元权值相同,所以网络可以并行学习,这也是卷积神经网络相对于神经元彼此相连网络的一大优势。卷积神经网络以其局部权值共享的特殊结构在语音识别和图像处理方面有着独特的优越性,其布局更接近于实际的生物神经网络,权值共享降低了网络的复杂性,特别是多维输入向量的图像可以直接输入网络这一特点避免了特征提取和分类过程中数据重建的复杂度。

6-15 什么是大数据技术?

大数据是指无法在一定时间范围内用常规软件工具进行捕捉、管理和处理的数据集合，是需要采用新处理模式才能具有更强的决策力、洞察发现力和流程优化能力的信息资产。大数据是未来的新"石油"。

从对象角度，大数据是数据规模超出传统数据库处理能力的数据集合；从商业模式角度，大数据是企业获得商业价值的业务创新方向；从技术角度，大数据是从海量数据中快速获得有价值信息的技术；从应用角度，大数据是对特定数据集合应用相关技术获得价值的行为。

6-16 大数据有哪些特征？

大数据特征可以归纳为规模性、多样性、高速性和价值性。

（1）**规模性** 大数据不再以GB或TB为单位来衡量，而是以PB、EB或ZB为计量单位，集中储存/集中计算已经无法处理巨大的数据量。数据存储单位之间的换算关系见表6-1。

表6-1 数据存储单位之间的换算关系

单位	换算关系
B（字节）	1B=8bit
kB（千字节）	1kB=1024B
MB（兆字节）	1MB=1024kB
GB（吉字节）	1GB=1024MB
TB（太字节）	1TB=1024GB
PB（拍字节）	1PB=1024TB
ZB（艾字节）	1EB=1024PB
ZB（泽字节）	1ZB=1024EB

（2）**多样性** 大数据的数据来源众多，科学研究、企业应用和Web应用等都在源源不断地生成新的数据。交通大数据、医疗大数据、电信大数据、电力大数据、金融大数据等都呈现出井喷式增长，所涉及的数据量巨大。

大数据的数据类型丰富，包括结构化数据和非结构化数据。其中，结构化数据占10%左右，主要是指存储在关系型数据库中的数据；非结构化数据占90%左右，种类繁多，主要包括邮件、图片、音频、视频、微信、微博、地理位置信息、手机呼叫信息、网络日志等。如此类型繁多的异构数据，对数据处理和分析技术提出了新的挑战，也带来了新的机遇。

（3）高速性 大数据时代的数据产生速度非常快，例如大型电子对抗机，大约每秒产生6亿次的碰撞，每秒生成约700M的数据，有成千上万台计算机分析这些碰撞。

大数据时代的很多应用都需要基于快速生成的数据给出实时分析结果，用于指导生产和生活实践。因此，数据处理和分析的速度通常要达到秒级响应，这一点和传统的数据挖掘技术有着本质的不同，后者通常不要求给出实时分析结果。

为了达到快速分析海量数据的目的，新兴的大数据分析技术通常采用集群处理和独特的内部设计。例如，谷歌公司的交互式数据分析系统是一种可扩展的、交互式的实时查询系统，用于只读嵌套数据的分析，通过结合多级树状执行过程和列式数据结构，它能做到几秒内完成对万亿张表的聚合查询，系统可以扩展到成千上万的中央处理器上，满足谷歌公司上万用户操作PB级数据的需求，并且可以在2～3s内完成PB级别数据的查询。

（4）价值性 大数据的价值密度低，商业价值高；只要合理利用数据并对其进行准确的分析，将会带来很高的价值回报。

6-17 大数据技术在无人驾驶汽车中有什么应用？

无人驾驶汽车每行驶8h将产生并消耗约40TB的数据，这意味着无人驾驶汽车将像依赖石油或电力一样依赖数据。无人驾驶汽车可以通过大数据分析，做出明确、合理的决策，保障汽车安全行驶。无人驾驶主要依靠智能传感器感知周围环境信息，并自行做出驾驶行为决策，控制车辆到达既定目的地。其核心在于深度的人工智能算法，但这又依靠海量大数据和高性能计算。

大数据技术在无人驾驶汽车中有以下作用。

（1）环境感知 尽管无人驾驶汽车配有雷达和视觉传感器，使它们能够感知周围的环境，若不能获得可靠的数据流，以及了解周围的情况和未来的预判，无人驾驶汽车就会存在安全风险。未来的无人驾驶汽车可以依靠传感器和已有的大数据，将不同数据有效融合起来，建立一个基于大数据的感知系统，保障无人驾驶汽车的安全行驶。

（2）驾驶行为决策 无人驾驶汽车在行驶过程中，如何将汽车控制好，这样的驾驶行为决策在路况简单时，过去传统的方式是基于规则的判定。而在未来更复杂的环境包括拥堵情况，基于数据驱动的驾驶行为的决策，会变成未来整个发展的主流。

如何将海量数据高效地传输到运营点和云集群中，如何将全部海量数据成体系地组织在一起，快速搜索，灵活使用，为数据流水线和各业务应用如训练平台、仿真平台、汽车标定平台提供数据支撑，均涉及大数据技术。

6-18 什么是云计算技术？

云计算没有统一的定义，简单来说，云计算就是将很多计算机资源和服务集中起来，人们只要接入互联网，就能很轻易、方便地访问各种基于云的应用信息，省去安装和维护的烦琐操作。

美国国家标准与技术研究院对云计算的定义：云计算是一种按使用量付费的模式，这种模式提供可用的、便捷的、按需的网络访问，进入可配置的计算资源共享池（资源包括网络、服务器、存储、应用软件、服务），这些资源能够被快速提供，只需投入很少的管理工作，或与服务供应商进行很少的交互。

云计算是分布式计算技术的一种，是通过网络将庞大的计算处理程序自动分拆成无数个较小的子程序，再交由多部服务器所组成的庞大系统经搜寻、计算分析之后将处理结果回传给用户。通过这项技术，网络服务提供者可以在数秒之内，达成处理数以千万计甚至亿计的信息，达到和超级计算机同样强大效能的网络服务。

云计算是一种资源交付和使用模式，指通过网络获得应用所需的资源。提供资源的网络被称为"云"。之所以称为"云"，是因为它在某些方面具有现实中云的特征：云一般较大，云的规模可以动态伸缩，它的边界是模糊的；云在空中飘忽不定，无法也无须确定它的具体位置，但它又的确存在于某处。"云"中的资源在使用者看来是可以无限扩展的，并且可以随时获取，按需使用，随时扩展。

6-19 云计算有哪些特点？

云计算具有以下特点。

（1）**超大规模**　"云"具有相当的规模，谷歌云计算已经拥有100多万台服务器，亚马逊、IBM、微软、雅虎等的"云"均拥有几十万台服务器。企业私有云一般拥有成百上千台服务器。"云"能赋予用户前所未有的计算能力。

（2）虚拟化 云计算支持用户在任意位置、使用各种终端获取应用服务。所请求的资源来自"云"，而不是固定的有形的实体。应用在"云"中某处运行，但实际上用户无须了解，也不用担心应用运行的具体位置。只需要一台笔记本电脑或者一部手机，就可以通过网络服务来实现所需要的一切，甚至包括超级计算的任务。

（3）高可靠性 "云"使用了数据多副本容错、计算节点同构可互换等措施来保障服务的高可靠性，使用云计算比使用本地计算机可靠。

（4）通用性 云计算不针对特定的应用，在"云"的支撑下可以构造出千变万化的应用，同一个"云"可以同时支撑不同的应用运行。

（5）高可扩展性 "云"的规模可以动态伸缩，满足应用和用户规模增长的需要。

（6）按需服务 "云"是一个庞大的资源池，可按需购买；"云"可以像自来水、电、煤气那样计费。

（7）价格低廉 由于"云"的特殊容错措施，可以采用极其廉价的节点来构成"云"，"云"的自动化集中式管理使大量企业无须负担日益高昂的数据中心管理成本，"云"的通用性使资源的利用率较之传统系统大幅提升，因此用户可以充分享受"云"的低成本优势。

6-20 云计算技术在无人驾驶汽车中有什么应用？

无人驾驶汽车上的传感器将会产生大量的数据，所以无人驾驶汽车离不开云服务。未来"云+汽车"将变成一个信息、数据的采集工具。车辆将收集的数据信息回传到云端进行深度学习，再通过远程升级为汽车带来新的能力，而汽车也能产生新的数据，通过这样的循环可以打造更安全的无人驾驶。

无人驾驶主要依靠传感器感知周围环境信息，并自行做出驾驶行为决策，控制车辆到达既定目的地。其核心在于深度的人工智能算法，但这又依靠海量大数据和高性能计算。使用云计算，每辆汽车都能够与路上的其他汽车"交谈"。在未来的无人驾驶汽车中，数据是驱动汽车的"燃料"。

无人驾驶汽车实际运行中产生的各类数据对远程故障诊断、定期检测是必不可少的。但海量的数据存储、备份和分析则带来成本上的压力。云端存储和大数据分析能力极大减少了这方面的成本，并且能降低因数据丢失导致的风险。其中云端实时地处理无人驾驶汽车传来的道路数据，识别哪些可以被以后数据处理应用，更新数据；哪些需要实时处理，并把对应的数据传给无人驾驶汽车等均涉及云计算技术。

无人驾驶汽车的功能设计、开发和测试环境的维护，其成本都是极其昂贵的，但使用效率并不高。使用云计算技术，可以快速地在云端搭建起虚拟开发测试环境，一旦新的功能和服务开发测试完成，也可以直接通过云端推送给用户。无人驾驶算法的研发流程（开发、训练、验证、调试）在云端实现，从而大幅提升算法迭代效率，云计算技术对于无人驾驶是非常重要的。

6-21 什么是边缘计算技术？

边缘计算是指一种在网络边缘进行计算的新型计算模式，其对数据的处理主要包括两部分：其一是下行的云服务；其二是上行的万物互联服务。其中，边缘计算当中的"边缘"是一个相对的概念，主要是指从数据源到云计算中心路径之间的任意计算、存储以及网络相关资源。从数据源的一端到云服务中心的一端，在此路径上根据应用的具体需求和实际应用场景，边缘可以是此路径之上的一个或多个资源节点。

边缘计算具有邻近性、低时延、本地性、位置感知性四大特点。

（1）**邻近性** 边缘计算靠近信息源，适用于通过数据优化捕获和分析大数据中的关键信息，并且可以直接访问设备，更加高效地服务于边缘智能，易于衍生出特定商业应用场景。

（2）**低时延** 边缘计算服务靠近产生数据的终端设备，相对于云计算，极大地降低了时延，尤其是在智能制造和智能驾驶等应用场景中，使得反馈过程更加快速。

（3）**本地性** 边缘计算可以与网络的其余部分隔离运行，可实现本地化、相对独立的计算。一方面保证了本地数据的安全性，另一方面降低了计算对网络质量的依赖性。

（4）**位置感知性** 当边缘网络是无线网络的一部分时，边缘计算式的本地服务可以利用相对较少的信息来确定所有连接设备的位置，这些可以应用于LBS（基于位置的服务）等业务场景。

6-22 边缘计算技术在无人驾驶汽车中有什么应用？

无人驾驶汽车仅仅实现单车的"智慧"是不够的。如图6-49所示，需要通过车联网V2X实现车辆与道路以及交通数据的全面感知，获取比单车的内外部传感器更多的信息，增强对超视距范围内环境的感知，并通过高清3D动态地图实时共享无人驾驶汽车的位置。例如在雨雪、大雾等恶劣天气下，或在交叉路口、拐弯等场景下，雷达和摄像头无法清晰辨别前方障碍，通过V2X来获取道路、行车等实时数据，可以实现智能预测路况，避免意外事故的发生。

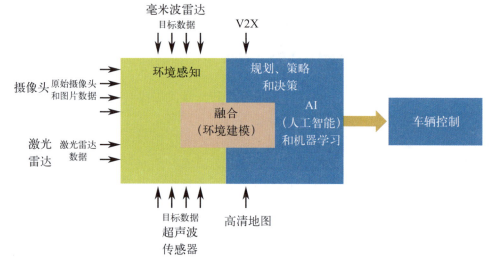

图6-49 无人驾驶结合V2X进行感知、规划和控制

无人驾驶汽车每天可以产生庞大的原始数据，这些原始数据需要在本地进行实时处理、融合、特征提取，包括基于深度学习的目标检测和跟踪等；同时需要利用V2X提升对环境、道路和其他车辆的感知能力，通过3D高精度地图进行实时建模和定位、路径规划和选择、驾驶策略调整，进而安全地控制车辆。由于这些计算任务都需要在车内终结来保证处理和响应的实时性，因此需要性能强大可靠的边缘计算平台来执行。考虑到计算任务的差异性，为了提高执行效率并降低功耗和成本，一般需要支持异构的计算平台。

无人驾驶汽车的边缘计算架构依赖于边云协同和LTE/5G提供的通信基础设施及服务。边缘侧主要指车载单元、路侧单元或移动边缘计算服务器等。其中车载单元是环境感知、决策规划和车辆控制的主体,但依赖于路侧单元或移动边缘计算服务器的协作,如路侧单元给车载单元提供了更多关于道路和行人的信息。但是有些功能运行在云端更加合适甚至无法替代,例如车辆远程控制、车辆模拟仿真和验证、节点管理、数据的持久化保存和管理等。图6-50所示为无人驾驶汽车的边缘计算平台。

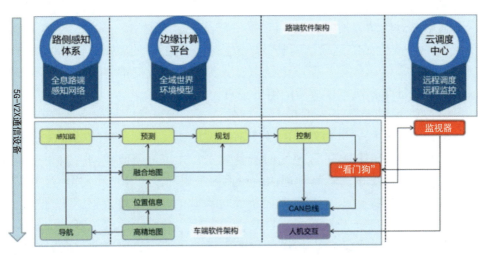

图6-50　无人驾驶汽车的边缘计算平台

6-23 什么是区块链技术?

区块链是一个信息技术领域的术语。区块链是一种由多方共同维护,使用密码学保证传输和访问安全,能够实现数据一致存储、难以篡改、防止抵赖的记账技术,也称为分布式账本技术。典型的区块链以块-链结构存储数据。作为一种在不可信的竞争环境中低成本建立信任的新型计算范式和协作模式,区块链凭借其独有的信任建立机制,正在改变诸多行业的应用场景和运行规则,是未来发展数字经济、构建新型信任体系不可或缺的技术之一。

区块链技术是利用块链式数据结构来验证与存储数据、利用分布式节点共识算法来生成和更新数据、利用密码学的方式保证数据传输和访问的安全、利用由自动化脚本代码组成的智能合约来编程和操作数据的一种全新的分布式基础架构与计算方式。

6-24 区块链技术在无人驾驶汽车中有什么应用？

区块链在无人驾驶汽车上的应用还处于探索阶段，未来有可能在以下方面得到应用。

（1）解决自动驾驶的安全信任　当前全球汽车数量超过20亿辆，并持续增长，自动驾驶的安全事故、自动驾驶决策的信任问题正日益凸显。为解决这些问题，可以通过区块链的加密及去中心化特征，不断增强用户对自动驾驶的数据信任。

① 安全始终是自动驾驶技术放在第一位考量的因素。经过区块链记录的汽车传感数据、行驶记录以及人为干预的数据都将被认证而不可篡改，保证了在汽车事故后的清晰追责。

② 尽管目前还未发现无人驾驶汽车被黑客攻击或者人为干扰的情况，但并不代表自动驾驶的数据不能被攻破。而区块链的数据被分布式记录，只有在80%的区块同时遭受攻击，才可能篡改数据，因此，运行在区块链之上的自动驾驶通信信息将保证更高的可靠性和安全度。

③ 区块链可以为自动驾驶提供更高效的数据传播效果。自动驾驶的本质就是汽车不断地获得来自路况、车辆本身以及周围车辆、行人等反馈的数据信息的系统，传统的物联网通信协议将使得这种数据通信变得极为复杂。而区块链的分布式分类记账的方法可以让网络中的任何节点同时准确访问其他任何数据，通过创建一个分布式汽车网络并无缝进行数据的点对点传输，将更好地构建自动驾驶的安全网络环境。

（2）加速自动驾驶测试数据的验证进程　先期布局自动驾驶的巨头企业几乎掌握了最大规模的自动驾驶测试数据，成为数据的垄断者，也成为企业最重要的竞争优势。区块链的分布式账本技术则可以从不同品牌的汽车制造商、大型车队、私家车主那里获取自动驾驶的记录，通过这种"众包"的方式加速自动驾驶测试数据的验证进程。同时，由于是这些设备的所有者主动上传数据，区块链会确认这些数据可以由其生产者拥有和控制。这些生产者可以是个人、车队、制造商或者是城市路政交通部门。

（3）自动驾驶实现更好的车路协同　目前来看，单车的自动驾驶的智能系统已经进入一个瓶颈点。尽管其智能系统已经达到非常高的水平，比如95%的道路路牌和红绿灯识别率，但是越向上其投入的成本越高而成效越小。存在的任何一点安全风险都会让无人驾驶汽车大打折扣。而车路协同便成为以更小代价解决更为复杂场景问题的解决方案。

通过在车载系统、云端平台和路网系统中加入区块链技术，可以提高车辆感知数据、云端预测分析以及路网信息传输的整体效率。比如，一辆无人驾驶汽车对于所处地区的高精准地图的读取，将不再完全从云端数据库，而可以通过与当前分布式记录的边缘侧数据中心通信，即可高效获取当前的地图信息，完成道路信息的识别和判断。

（4）加快实现汽车共享　随着汽车共享概念逐渐落实，电子移动技术也正在推动交通领域的发展，将区块链技术引入汽车移动空间，从充电站到支付解决方案，都接入区块链，可以更好地减少拥堵和污染、缩短通勤时间和降低运营成本。区块链技术在汽车共享上的应用，旨在降低汽车共享平台的使用成本，可用来记录车辆的所有权，并且处理某些特定类型的金融交易。

6-25 什么是5G技术？

5G是指第5代移动通信系统，是4G的延伸，是对现有无线接入技术（包括3G、4G和Wi-Fi）的技术演进，以及一些新增的补充性无线接入技术集成后解决方案的总称。5G与支撑技术相结合，可以实现万物互联，实现各种控制功能，如图6-51所示。

图6-51　5G技术

6-26 5G移动通信技术具有哪些特点？

5G移动通信技术具有以下特点。

（1）高速度　对于5G的基站峰值要求不低于20Gbit/s，用户可以每秒下载一部高清电影，也可能支持VR视频。高速度给未来对速度有很高要求的业务提供了机会和可能。

（2）泛在网　随着业务的发展，网络业务需要无所不包，广泛存在。只有这样才能支持更加丰富的业务，才能在复杂的场景上使用。泛在网有两个层面的含义，一是广泛覆盖，二是纵深覆盖。广泛是指社会生活的各个地方，需要广覆盖，以前高山和峡谷就不一定需要网络覆盖，因为生活的人很少，但是如果能覆盖5G，可以大量部署传感器，进行环境、空气质量甚至地貌变化、地震的监测，这就非常有价值。5G可以为更多这类应用提供网络。

（3）低功耗　5G要支持大规模物联网应用，就必须要有功耗的要求。如果能把功耗降下来，让大部分物联网产品一周充一次电，甚至一个月充一次电，就能大大改善用户体验，促进物联网产品的快速普及。

（4）低时延　5G时延降低到1ms，5G的一个新场景是无人驾驶汽车，需要中央控制中心和汽车进行互联，车与车之间也应进行互联。在高速行驶中，需要在最短的时延中，把信息送到车上，进行制动与车控反应。

（5）万物互联　5G时代，终端不是按人来定义的，因为每个人、每个家庭都可能拥有数个终端。通信业对5G的愿景是每平方千米，可以支撑100万个移动终端。

（6）重构安全　在5G基础上建立的是智能互联网，智能互联网不仅要实现信息传输，还要建立起一个社会和生活的新机制与新体系。智能互联网的基本精神是安全、管理、高效、方便，这就需要重新构建安全体系。

5G网络具备三大特性，即增强移动宽带、海量机器通信和超高可靠低时延，支撑三大典型应用场景，如图6-52所示。

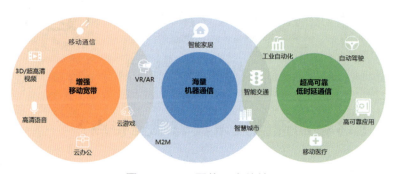

图6-52　5G网络三大特性

6-27 5G技术在无人驾驶汽车中有什么应用?

5G技术对无人驾驶汽车的支撑体现在以下几个方面。

① 5G可以实现高精度地图的实时传导、高速状态下反馈信息的及时送达等,为无人驾驶汽车提供低时延、高可靠、高流量的网络支持。5G真正实现高精度地图的实时传输,实现厘米级导航,从而实现低时延的全局路径规划导航,为自动驾驶提供坚实的基础。

② 5G网络可以大大缩短响应时间。响应时间对于无人驾驶汽车非常重要,0.1s的时间差就有可能造成不可逆转的损失。5G的高带宽、低时延、大容量数据传输特性,能够迅速将数据传输至云端,真正实现实时计算和处理,保障了车辆及其他驾驶人的安全,并且可以帮助实现汽车内部的数字服务,提高乘客的体验感。

③ 无人驾驶汽车可与智慧交通的智能基础设施通过5G进行连接。无人驾驶汽车的行车路线规划、时速、启停均可受到智慧交通的统一管理。车辆传感器会将行车过程中的路况信息及时与智慧交通进行同步,并且可以增强无人驾驶汽车之间和车路之间的相互通信效率,提升车辆避险和编队的能力。当有紧急或意外情况发生时,无人驾驶汽车能主动控制,同时向智慧交通进行实时汇报,以便等候进一步的处理指令。而智慧交通则会向其他相关无人驾驶汽车进行信息同步,并产生进一步的自动控制。5G高可靠、高带宽、低时延等诸多优势推动着无人驾驶汽车的车车协同、车路协同、车人协同等一系列应用共同发展。

车路协同是5G用于无人驾驶汽车的典型应用场景之一。车路协同主要涉及车载系统、路侧系统以及数据交互系统三个主要部分。车载系统主要负责对车辆自身状态信息的控制和对周围行车环境的感知,协助驾驶人完成车辆的安全驾驶,比如车车避撞、人车避撞、交叉路口安全通行、换道辅助驾驶等;路侧系统与各个传感器之间进行通信,可以获得当前的道路情况,包括交叉路口行人信息采集、突发事件快速识别与定位、密集人群信息采集、多通道交通流量监测、通道异物侵入信息的获取、处理、分析和发送;数据交互系统实现路侧设备与车载单元之间的交互,以及各种行车安全、交通控制和信息服务应用的打通,最终确保整个车路协同系统快速稳定运行。

车路协同创新生态架构如图6-53所示,主要包括基础设施、平台服务、业务应用。

图6-53　车路协同创新生态架构

① 在基础设施层面，车路协同的落地实施需要依托人工智能技术和云计算资源为车路协同打造闭环能力。同时，随着5G的快速普及，基于边缘计算的车联网V2X架构将在出行场景有着广阔的应用。

② 在平台服务层面，模拟仿真服务、高精地图服务、MEC（mobile edge computing，移动边缘计算）开源服务、自动驾驶服务等应用环境，为车路协同提供技术支持和应用落地，有效提升车路协同的安全性和效率。

③ 在业务应用层面，基于场景驱动、智能交互、个性化推荐服务等应用，可以进一步加强对用户需求的理解，以及对真实时间和空间场景的理解，一方面向用户及时推送实时路况信息、高精定位、辅助安全驾驶等能力，另一方面结合具体应用场景，把互联网的相关服务直接面向客户主动推送，从"人找服务"向"服务找人"进行转变。

6-28 什么是V2X技术？

V2X是指车用无线通信技术，它是将车辆与一切事物相连接的新一代信息通信技术，其中V代表车辆，X代表任何与车辆交互信息的对象，当前X主要包含车辆、行人、路侧基础设施和网络。

V2X交互的信息模式包括车辆与车辆（V2V）、车辆与路侧基础设施（V2I）、车辆与行人（V2P）、车辆与网络（V2N）之间的交互，如图6-54所示。

（1）V2V技术　V2V是指通过车载终端进行车辆间的通信。车载终端可以实时获取周围车辆的车速、位置、行车情况等信息，车辆间也可以构成一个互动的平台，实时交换文字、图片和视频等信息。将V2V技术应用于交通安全领域，能够提高交通的安全系数、减少交通事故、降

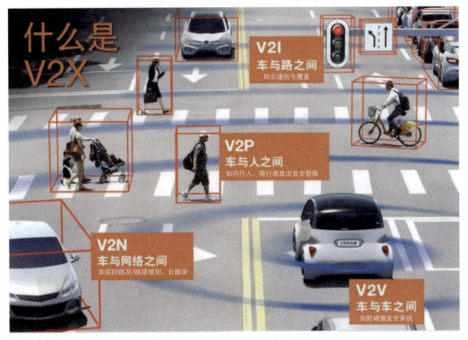

图6-54　V2X通信技术

低直接和非直接的经济损失，减少地面交通网络的拥塞；当前面车辆检测到障碍物或车祸等情况时，将向周围发送碰撞警告信息，提醒后面车辆潜在的危险。

（2）V2I技术　V2I是指车载设备与路侧基础设施（如交通信号灯、交通摄像头、路侧单元等）进行通信，路侧基础设施也可以获取附近区域车辆的信息并发布各种实时信息。V2I通信主要应用于道路危险状态提醒、限速提醒、信号灯提醒、绿波通行等。

（3）V2P技术　V2P是指弱势交通参与者（包括行人、骑行者等）使用用户设备（如手机、穿戴设备等）与车载设备进行通信。V2P通信主要应用于避免或减少交通事故、信息服务等。

（4）V2N技术　V2N是指车载设备通过接入网/核心网与云平台连接，云平台与车辆之间进行数据交互，并对获取的数据进行存储和处理，提供车辆所需要的各类应用服务。V2N通信主要应用于车辆导航、车辆远程监控、紧急救援、信息娱乐服务等。

V2X将"人、车、路、云"等交通参与要素有机地联系在一起，不仅可以支撑车辆获得比单车感知更多的信息，促进自动驾驶技术创新和应用，而且有利于构建一个智慧的交通体系，促进汽车和交通服务的新模式新业态发展，对提高交通效率、节省资源、减少污染、降低事故发生率、改善交通管理具有重要意义。

6-29 什么是C-V2X通信技术和LTE-V通信技术？

C-V2X是基于蜂窝的V2X通信技术，它是基于4G/5G等蜂窝网通信技术演进形成的车用无线通信技术，包含了两种通信接口：一种是车、人、路之间的短距离直接通信接口（PC5）；另一种是终端和基站之间的蜂窝通信接口（Uu），可实现长距离和更大范围的可靠通信，如图6-55所示。

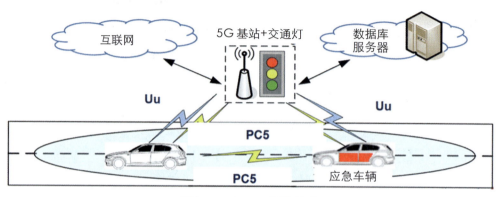

图6-55　C-V2X通信技术

LTE-V是指基于LTE网络的V2X通信技术，是C-V2X现阶段的主要解决方案。LTE-V按照全球统一规定的体系架构及其通信协议和数据交互标准，在车辆与车辆（V2V）、车辆与路侧基础设施（V2I）、车辆与行人（V2P）之间组网，构建数据共享交互桥梁，助力实现智能化的动态信息服务、车辆安全驾驶、交通管控等。

LTE-V系统由用户终端（汽车）、路侧单元（RSU）和基站3部分组成，如图6-56所示。LTE-V针对车辆应用定义了两种通信方式，即蜂窝链路式（LTE-V-Cell）和短程直通链路式（LTE-V-Direct），其中LTE-V-Cell通过Uu接口承载传统的车联网Telematics业务，操作于传统的移动宽带授权频段；LTE-V-Direct通过PC5接口实现V2V、V2I直接通信，促进实现车辆安全行驶。在LTE-V-Direct通信模式下，车辆之间的信息交互基于广播方式，可采用终端直通模式，也可经由RSU来进行交互，大大减少了RSU需要的数量。

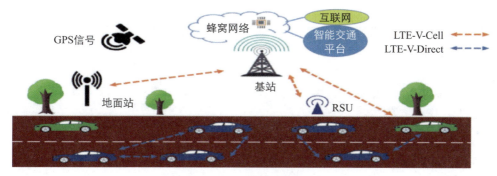

图 6-56　LTE-V 通信技术

6-30　V2X 技术在无人驾驶汽车中有什么应用？

借助人、车、路、云平台之间的全方位连接和高效信息交互，V2X 正从信息服务类应用向交通安全和提高效率应用发展，并将逐步向支持实现自动驾驶的协同服务类应用演进。

（1）辅助驾驶应用场景　辅助驾驶应用场景见表 6-2，这些应用场景基于 V2X 信息交互，实现车辆、路侧基础设施、行人等交通参与者之间的实时状态共享，辅助自动驾驶系统进行决策。

表 6-2　辅助驾驶应用场景

序号	类别	应用名称
1	安全	前向碰撞预警
2		交叉路口碰撞预警
3		左转辅助
4		盲区预警/变道辅助
5		逆向超车预警
6		紧急制动预警
7		异常车辆提醒
8		车辆失控预警
9		道路危险状况提示
10		限速预警
11		闯红灯预警
12		弱势交通参与者碰撞预警

续表

序号	类别	应用名称
13	效率	绿波车速引导
14		车内标牌
15		前方拥堵提醒
16		紧急车辆提醒
17	信息服务	汽车近场支付

图6-57所示为基于V2V的交叉路口碰撞预警。交叉路口碰撞预警是指主车驶向交叉路口，与侧向车辆在交叉路口存在碰撞危险时，应对主车自动驾驶系统进行预警，避免或减轻侧向碰撞。其中交叉路口包括十字路口、丁字路口、环岛、高速匝道等。

图6-57　基于V2V的交叉路口碰撞预警

图6-58所示为基于V2P的弱势交通参与者碰撞预警。弱势交通参与者碰撞预警是指汽车在行驶过程中，若发现与弱势交通参与者存在碰撞

图6-58　基于V2P的弱势交通参与者碰撞预警

危险时，则对自动驾驶系统进行预警，避免或减轻碰撞危险。其中P可为行人、自行车等，P可具备短程无线通信能力，若P不具备通信能力，则路侧单元可通过雷达、视觉传感器检测周边P，并广播P的相关信息。

（2）**自动驾驶应用场景** 5G技术的更大数据吞吐量、更低时延、更高安全性和更海量连接等特性，极大地促进了智能驾驶和智慧交通发展。产业各方开始了面向自动驾驶的增强型应用场景的研究与制定，一方面从基础典型应用场景的实时状态共享过渡到车辆与车辆、车辆与路侧基础设施、车辆与云端的协同控制，增强信息交互复杂程度，可实现协同自动驾驶与智慧交通的应用；另一方面，基于通信与计算技术的提升，交通参与者之间可以实时传输高精度视觉传感器数据，甚至局部动态高精度地图数据，提高感知精度与数据丰富程度。自动驾驶应用场景见表6-3。

表6-3 自动驾驶应用场景

序号	类别	应用名称
1	安全	协作式变道
2		协作式匝道汇入
3		协作式交叉路口通行
4		感知数据共享/车路协同感知
5		道路障碍物提醒
6		慢行交通轨迹识别及行为分析
7	效率	车辆编队
8		协作式车队管理
9		特殊车辆信号优先
10		动态车道管理
11		车辆路径引导
12		场站进出服务
13		基于实时网联数据的交通信号配时动态优化
14		高速公路专用道柔性管理
15		智能停车引导
16	信息服务	浮动车数据采集
17		差分数据服务
18		基于车路协同的主被动电子收费
19		基于车路协同的远程软件升级

（3）MEC与V2X融合应用场景 MEC与C-V2X融合是将C-V2X业务部署在MEC平台上，借助Uu接口或PC5接口支持实现"人-车-路-云"协同交互，可以降低端到端数据传输时延、缓解终端或路侧智能设施的计算与存储压力，减少海量数据回传造成的网络负荷，提供具备本地特色的高质量服务。MEC与C-V2X融合的场景如图6-59所示。

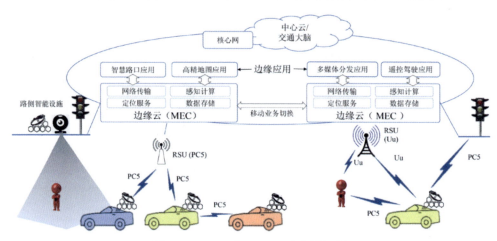

图6-59　MEC与C-V2X融合的场景

MEC与C-V2X融合场景可按照"路侧协同"与"车辆协同"的程度进行分类。无须路侧协同的C-V2X应用可以直接通过MEC平台为车辆或行人提供低时延、高性能服务；当路侧部署了能接入MEC平台的路侧雷达、摄像头、智能红绿灯、智能化标志标识等智能设施时，相应的C-V2X应用可以借助路侧感知或采集的数据为车辆或行人提供更全面的信息服务。在没有车辆协同时，单个车辆可以直接从MEC平台上部署的相应C-V2X应用获取服务；在多个车辆同时接入MEC平台时，相应的C-V2X应用可以基于多个车辆的状态信息，提供智能协同的信息服务。

依据是否需要路侧协同以及车辆协同，将MEC与C-V2X融合场景分为单车与MEC交互、单车与MEC及路侧智能设施交互、多车与MEC协同交互、多车与MEC及路侧智能设施协同交互，如图6-60所示。

① 单车与MEC交互场景。在C-V2X应用中，本地信息分发、动态高精度地图、车载信息增强、车辆在线诊断等功能通过单车与MEC进行交互即可实现，其应用场景示意如图6-61所示。

② 单车与MEC及路侧智能设施交互场景。在C-V2X应用中，危险驾驶提醒、车辆违章提醒等功能可通过单车、路侧智能设施及MEC进行交互实现，其应用场景示意如图6-62所示。

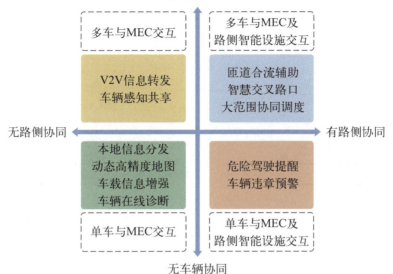

图 6-60　MEC 与 C-V2X 融合场景分类

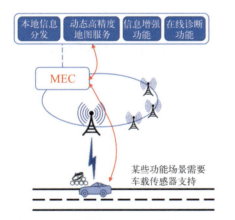

图 6-61　单车与 MEC 交互场景示意

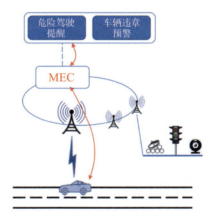

图 6-62　单车与 MEC 及路侧智能设施交互场景示意

③ 多车与 MEC 协同交互场景。在 C-V2X 应用中，V2V 信息转发、车辆感知共享等功能可通过多车与 MEC 协同交互实现，其应用场景示意如图 6-63 所示。

④ 多车与 MEC 及路侧智能设施协同交互场景。C-V2X 应用中，匝道合流辅助、智慧交叉路口、大范围协同调度等功能可通过多车、路侧智能设施及 MEC 进行协同交互实现，其应用场景示意如图 6-64 所示。

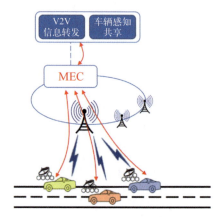
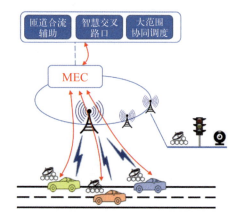

图6-63 多车与MEC协同交互场景示意　　图6-64 多车与MEC及路侧智能设施协同交互场景示意

参考文献

[1] 崔胜民. 智能网联汽车技术[M]. 北京：机械工业出版社，2021.

[2] 崔胜民. 智能网联汽车环境感知技术[M]. 北京：人民邮电出版社，2020.

[3] 崔胜民. 一本书读懂智能网联汽车[M]. 北京：化学工业出版社，2019.

[4] 崔胜民. 面向汽车的新一代信息技术[M]. 北京：机械工业出版社，2020.

[5] 甄先通，黄坚，王亮，等. 自动驾驶汽车环境感知[M]. 北京：清华大学出版社，2020.

[6] 杨宽，陆盛赟. 一本书读懂无人驾驶[M]. 北京：化学工业出版社，2022.

[7] 韩毅，陈姝廷，关甜. 图说智能汽车无人驾驶汽车[M]. 北京：化学工业出版社，2023.

[8] 熊璐，康宇宸，张培志，等. 无人驾驶车辆行为决策系统研究[J]. 汽车技术，2018（7）：1-9.

[9] 李晓旭，马兴录，王先鹏. 移动机器人路径规划算法综述[J]. 计算机测量与控制，2022，30（7）：9-19.

[10] 张岩坤. 基于强化学习的无人驾驶行为决策算法研究[D]. 哈尔滨：哈尔滨工业大学，2022.

[11] 罗艳，张重阳，田永鸿，等. 深度学习行人检测方法综述[J]. 中国图象图形学报，2022，27（7）：2094-2111.